现代农业园区
规划设计与综合评价研究

肖　新　李新伟　陈　红　著

合肥工业大学出版社

前 言

现代农业园区是现代农业的展示窗口，是农业科技成果转化的孵化器，是乡村振兴的重要载体，其建设既存在诸多机遇，又面临一定困难挑战。因此，现代农业园区建设必须做好总体发展、基础设施、产业布局和生态环境安全保护等系统的规划设计。鉴于相关机构、现代农业经营主体和农业园区管理者对现代农业园区规划认知的不系统性，特编写《现代农业园区规划设计与综合评价研究》，希望帮助相关人士更加系统、深入地了解现代园区规划内容、评价体系和运营管理，以推动现代农业园区的健康持续发展。

为专业科学地进行现代园区规划和设计，我们搭建了新惟度规划设计创客工作室，本工作室隶属于安徽科技学院，是安徽省级大学生创客工作室，以安徽科技学院多名优秀专家为技术顾问，集科研教学、服务社会、培养创客于一体。我们从事现代农业园区规划已有多年，重点围绕现代农业示范园区、有机农业园、休闲农业园、农业科技园、智慧农业园、田园综合体、乡村振兴等领域开展规划设计研究与实践，有较为丰富的规划经验，规划项目得到社会各界的广泛认可。

本书自2020年开始编写与整理，通过多次讨论，围绕休闲农业园区、农业科技园区和智慧农业园区三类农业园区，选取四个典型案例，从研究概述、国内外研究进展、研究内容与方法、评价实证、规划实证等方面系统阐述现代农业园区规划设计方法、主要内容和评价体系。本书可作为城乡规划、农学、园林、农业资源与管理等涉及现代农业园区相关领域规划设计人员、高校师生及政府决策部门人员的参考资料，还可作为农业经营主体和农业园区管理者的参考用书。

本书由肖新、李新伟、陈红等共同撰写，第一篇由肖新、石笑娜、唐小倩和陈红完成，第二篇由肖新、李新伟、江旭聪和邓艳萍完成，第三篇由肖新、张孝倩、陈红和邓艳萍完成，第四篇由肖新、李新伟、杜超和赵蕊完成。在此，感谢合肥工业大学出版社的大力支持以及工作室成员的辛勤付出。

由于现代农业园区规划设计与评价体系内容的综合性、复杂性以及工作室成员水平有限，难免有疏漏之处，恳请广大专家、读者提出宝贵的意见和建议。

作　者

2021 年 4 月

目录

Contents

第四篇　基于产业融合理念的休闲农业园区规划设计与评价 >>>159

第一篇　基于可食地景与乡村景观耦合分析的休闲农业园区规划设计与评价

随着美丽乡村建设的推进和乡村振兴战略的实施，可食地景作为传统农业景观复兴的产物，与乡村景观的关系开始变得密不可分，特别是国家加大对休闲农业和乡村旅游的实施力度，可食地景逐渐成为乡村景观升级重构的关键力量，成为乡村休闲农业发展的重要一环。而休闲农业园区作为休闲农业的基本载体，规划建设中愈发地注重乡村景观的开发与可食地景的应用。因此，进行区域内可食地景与乡村景观的耦合，在休闲农业园区的规划中实现可食地景与乡村景观的契合发展是一个较为新颖并具有实践意义的课题。

鉴于此，本研究在梳理国内外休闲农业园区、可食地景、乡村景观和耦合评价的研究基础上，选取蚌埠市为实证研究对象，建立可食地景与乡村景观的耦合评价模型，分析二者的发展水平以及耦合协调情况，进而对休闲农业的发展以及休闲农业园区的规划提出建议。在此理论基础上，完成蚌埠沙沟篱笆院子规划。

第一，通过分析可食地景营造与乡村景观升级重构的相互关系，得出可食地景促进乡村景观升级重构，乡村景观带动可食地景营造，二者之间存在耦合关系，并受外在因素影响，二者关系逐渐密切。通过引入三维坐标体系，建立可食地景与乡村景观的耦合动力机制。利用对驱动力、支撑力和协调力三力的分解，构建可食地景与乡村景观耦合概念模型。

第二，选择既立足于各系统，又影响两个系统的指标，建立可食地景与乡村景观耦合评价的预选指标体系。邀请专家对指标进行打分，运用算术平均数与标准差，对预选指标进行筛选，最终建立结合可食地景和乡村景观的关联要素形成的 2 个系统、7 个一级指标、24 个二级指标的耦合评价指标体系。

第三，以物理学上容量耦合模型为原型构建可食地景与乡村景观耦合评价模型，包括综合评价指数函数、耦合度评价和耦合协调度评价。

第四，以安徽省蚌埠市为实证研究的案例，收集整理蚌埠市 2015—2018 年相关指标数据，运用熵值法计算指标权重，代入耦合评价模型进行实证分析，得出蚌埠市 2015—2018 年可食地景与乡村景观两系统耦合度值一直在 0.9 以上，处于高度耦合的状态，且两个系统之间也逐渐从 2015 年勉强失调 0.5 转变为 2018 年良好协调 0.8 的发展状态。

第五，根据以上结果，从形态、业态、文态和生态四个方面对休闲农业的建设提出建议，对基于可食地景与乡村景观协调发展的休闲农业园区规划，从资源挖掘、合理布局，精心规划、明确主题，综合管理、做好宣传等多个方面提出建议。

第六，在此理论基础上，对蚌埠沙沟村篱笆院子进行规划设计，以期为蚌埠市休闲农业园区规划中可食地景与乡村景观的协调发展提供有力指导，同时也期望对全国休闲农业的发展以及休闲农业园区的规划提供帮助。

1 引 言

1.1 研究背景

中国的城镇化不断侵占城郊土地，各种建筑场地与智能设施席卷乡村，导致乡村面积不断减少，城乡景观边界愈发模糊，乡村浑然天成的优美环境与历史沉淀下的农耕文化受到了破坏，传统农业景观面临消解，地域景观特色逐渐消失，千篇一律的乡村被复制克隆，乡村景观亟须升级与重构。在此环境下，人们渴望回归自然乡村、崇尚农耕文化的初心依旧不变。尤其在乡村振兴和美丽乡村建设稳步推进的大背景下，乡村旅游发展迅速，人们对乡村景观的品质追求也越来越高，欣赏乡村风土风貌的同时还渴望更多趣味性和设计感的景观创作。因此，要进一步满足人们的需求，缓解城市居民的压力，推动乡村旅游的生态健康发展，乡村景观的科学合理设计则显得尤为重要。

可食地景是利用农田、牧场、荒地等场所，运用园林艺术设计手法和生态设计方式构建园艺景观，使其变为兼具旅游价值和生态价值的游赏地。其在美丽乡村的规划与建设中发挥着重大的作用，通过蔬菜与花卉的搭配，营造既满足生产又具有美感的景观，实现休闲农业和乡村景观的可持续发展，推动生态乡村建设和农村经济发展，逐渐成为美丽乡村建设的新途径。

《乡村振兴战略规划（2018—2022）》中提出要发展壮大乡村产业，全面助力乡村振兴。自此，休闲农业和乡村旅游活动不断升级。2019 年 9 月，农业农村部还积极开展中国美丽休闲乡村的推介活动，促进休闲农业和乡村旅游精品工程的实施。因此，秉持着规划先行的原则，积极开展休闲农业规划是十分必要的，而休闲农业园区规划作为其最基本的载体，更应行之有效。

鉴于此，在乡村振兴的大背景下，结合可食地景与乡村景观的相互作用以及二者所产生的效益，在耦合理论及其在相关学科运用的基础上，以安徽省蚌埠市为例，研究区域内可食地景与乡村景观的综合发展状况以及二者的协调发展水平，以研究结果为依据，对休闲农业发展、休闲农业园区规划等提出建议，并在此指导下完成沙沟篱笆院子规划。

1.2 研究目的及意义

1.2.1 研究目的

（1）分析可食地景与乡村景观二者之间的互动关系，以及对休闲农业发展的影响和休闲农业园区规划的指导意义。

（2）分析耦合理论在可食地景与乡村景观协调发展水平研究中的具体应用过程，通过建立耦合评价指标体系研究乡村中可食地景的发展水平与乡村景观的营造状态之间的协调发展水平，从不同角度提出两者之间如何协调促进休闲农业发展。

（3）分析蚌埠市可食地景与乡村景观的发展水平及对应指标要素的发展情况，基于研究结果对蚌埠市可食地景与乡村景观的耦合情况进行评析，进而针对蚌埠市休闲农业建设和休闲农业园区规划提出建议。

1.2.2 研究意义

（1）理论意义

目前对于可食地景和乡村景观的研究，大部分是可食地景在休闲农业园区的应用，或是休闲农业园区中乡村景观如何打造，但没有针对这两个在休闲农业园区规划中占据重要地位的系统进行探究。本研究基于耦合理论，进行休闲农业中可食地景与乡村景观的耦合评价研究，实现将这两个系统结合起来，研究休闲农业中可食地景与乡村景观的耦合协调现状，进而对休闲农业园区的规划提出理论性的指导。本研究对可食地景和乡村景观的互动关系、相互耦合动力机制、二者耦合协调度评价、协调路径探讨以及对休闲农业的发展、休闲农业园区的规划具有理论指导意义。

（2）实践意义

无论是可食地景还是乡村景观，都能够促进休闲农业的发展。而如何实现可食地景与乡村景观耦合协调发展，提升休闲农业的发展水平，尤其对休闲农业园区的规划产生实践指导是一道难题。本研究考虑从两者之间的互动关系出发，构建可食地景与乡村景观的耦合评价指标体系和耦合评价模型，以蚌埠市为实证研究案例，对蚌埠市可食地景与乡村景观具体发展情况和耦合关系作出评价，为蚌埠市休闲农业发展和休闲农业园区规划提供建议，促进休闲农业和乡村旅游的发展，助力乡村振兴。

1.3　技术路线

技术路线图如图 1.1.1 所示。

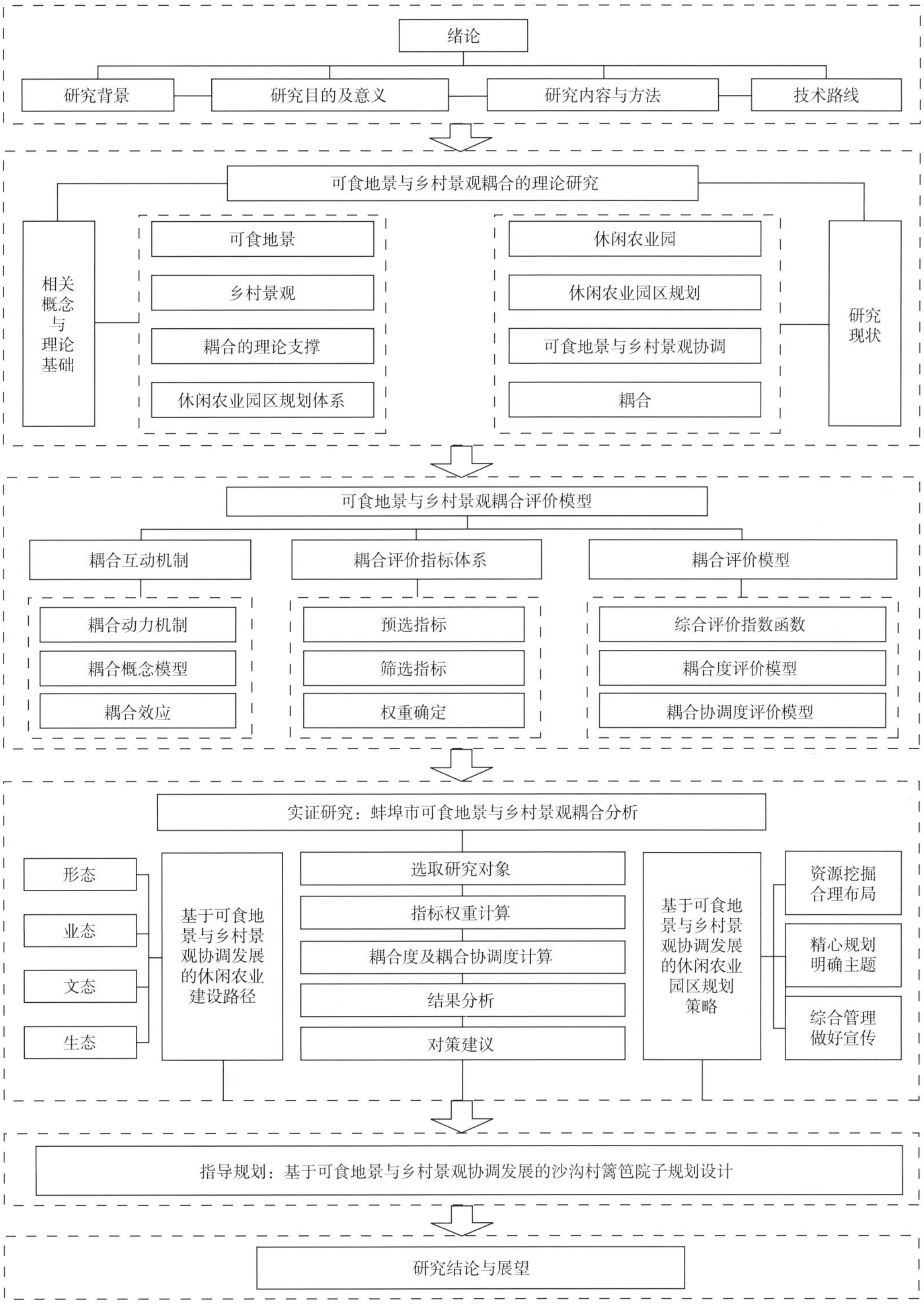

图 1.1.1　技术路线图

2 国内外相关理论与研究进展

2.1 相关概念

2.1.1 可食地景

（1）可食地景的概念

可食地景，即可食用的大地景观，它代表园林设计与农业生产的融合。通过食用性植物与装饰性植物搭配来构建园林景象，运用园林艺术设计手法和生态技术使农田、菜园、荒地等变为兼具观赏价值和生态价值的游赏地，满足人们渴望田园、返璞归真等不同层次的需求。

（2）可食地景的空间布局与应用形式

可食地景的空间布局从尺度上可以划分为大、中、小 3 种尺度，其应用形式也不尽相同。大尺度的可食地景常常表现为大地艺术的形式，多以展示当地特色农业为主，兼具生态建设、经济生产和观赏游览等功能，具体营造中较为注重整体的协调与统一，植物配置较为简单，还可结合雕塑与装置艺术进行展现。中尺度的乡村景观的营造以乡土植物为主，遵循生态和自然的原则，仿照自然生态系统构建景观来进行美化环境和观赏游憩，常表现为休闲农业园、公园、广场、道路等。在植物的选择方面，更青睐于形态和颜色较为美观的植物，物种也较为丰富。小尺度的乡村景观主要以宅旁绿地、自家菜园、小花园为主，兼具可食与可赏功能，多为当地居民主要的食物补给站。

（3）可食地景常见植物种类

植物的选择是确保可食地景后续发挥较强景观价值的重要条件。可应用于可食地景的常见植物种类有粮食作物类，一般包括谷类、薯类、豆类、油料和糖类作物，主要有水稻、小麦、高粱、大豆等，它们相互之间或与其他可食用植物搭配种植；观赏蔬菜类，常指观赏价值较高的植株，不但可以美化环境，还可以带来农业经济收益，当前比较常见的有羽衣甘蓝、红叶甜菜、茼蒿等；观赏果木、花卉类，观赏果木以乔灌木为主，可食果还可观花，也有爬藤类植物用于垂直绿化，观赏花卉不仅具有观赏价值，还可进行加工制成食品，部分可以直接鲜食；可食药草类，常指那些具有药效、可供食用的植物，可食用全株或者带有茎、叶、花以及果实的地上部分，可食药草类景观可以形成一种独特的康养式花园，常见的有薄荷、甘草、桔梗等。

2.1.2　乡村景观

（1）乡村景观的概念

乡村景观（Rural Landscape）来自“乡村”（Rural）和“景观”（Landscape）的组合。乡村现指城市之外展示乡村特征的区域，景观指一定地域综合体内呈现的视觉效果，因此乡村景观可以概述为具有乡村地域特征的景观综合体。Gilg 等指出乡村景观因其田园式的生产性景观和粗放的土地利用景观而区别于其他景观而存在。因此乡村景观可以定义为常态化田园生产过程中形成的，以生产生活生态为根本的，结合风俗文化、民风等具有强烈的自然生态与农耕文化属性的景观，兼具经济、社会、生态和美学价值。

（2）乡村景观的分类

乡村景观的要素包括自然和人文两方面。金其铭等将乡村景观划分为乡村聚落景观和非聚落景观。肖笃宁以人类对乡村景观的干预程度为依据，将其划分为自然景观、经营景观和人工景观。李振鹏运用功能形态分类方法将乡村景观分为景观区、景观类、景观亚类和景观单元。杨梦琪考虑到景观的功能和特征，将乡村景观分为自然要素景观、生产要素景观和生活要素景观。

综合各位专家对乡村景观的分类，参考邓意对乡村景观的分类方式，本文从自然和人文的角度将乡村景观分为自然要素景观、物质文化要素景观、精神文化要素景观（见表 1.2.1）。

表 1.2.1　乡村景观分类表

乡村景观类型	景观要素
自然要素景观	气候、地形地貌、河流山川等
物质文化要素景观	历史遗迹、农耕文化、农作活动、农耕器具等
精神文化要素景观	乡村风俗、民间艺术、美食文化等

2.2　可食地景与乡村景观耦合分析的理论基础

2.2.1　系统理论

系统是指多个元素之间相互影响相互作用的统一的有机整体，这个有机整体称为总系统，多个元素称为子系统，他们之间的关系既存在简单的线性关系，也存在复杂的非线性关系，各个子系统相互协调统一达到总系统的稳定。系统理论注重整体、个体的概念，认为系统内部之间相互影响、相互作用，因此系统理论的基本思想就是将研究的对象看成是一个内部相互连接的整体，分析这个系统的结构和功能，从外部环境、内部组成以及系统整体进行分析来完成对系统的改善和优化。

2.2.2　耦合理论

耦合原属物理学范畴，主要指电容器间的状态或是不同模块间的关联程度。后被引入系统论，用于研究系统间相互作用影响的动态关联现象，现已应用到城乡规划学、风景园林学、旅游资源学、地理信息学、生态学等学科领域，用于表示各系统之间良好互动、相互协调的结果。

2.2.3 协调发展理论

协调本指各系统间或系统内部要素之间的一致性，系统抑或是各要素配合有序，以促使组织目标实现的一种事物间的良好循环关系。协调发展指的是系统间或系统内部各要素通过相互作用影响，促使系统或系统要素逐渐向良性循环转变，实现从无序到有序。

2.2.4 可持续发展理论

可持续发展理论要求发展要兼顾社会、经济和环境效益，主要指自然资源与生态环境、经济、人类社会之间的可持续发展。应用到休闲农业园区的规划中，即指既要满足农业生产的需要，解决人们的生存需求，又使得景观小品、文化习俗等资源得到循环利用，满足后代对精神的需求，同时整个过程中，协调着社会、经济和环境的关系。

2.3 国内外研究进展

2.3.1 休闲农业园研究概况

（1）国外关于休闲农业园区的研究

休闲农业园作为休闲农业的重要载体，必然会紧跟休闲农业的发展步伐。休闲农业最早始于 19 世纪 30 年代，源于欧洲，并逐步传入亚洲。休闲农业发展至今，经历了 3 个阶段：19 世纪 60 年代至 20 世纪初，城市居民开始利用闲暇时间参观农业生产活动，乡村旅游活动增多；20 世纪 50 年代至 80 年代，迫于经济和城市快节奏的压力，人们需要一个释放压力、放松身心的场所，以农业旅游活动服务的休闲观光农场应势而生，并结合食、住、购等旅游要素，形成“农业＋旅游”的新形式；20 世纪 80 年代至今，人们已不满足于纯粹的农业观光活动，开始参与到农业生产管理中，各种新的农业旅游活动方式不断被开发出来，这也标志着休闲农业的发展逐步成熟。

在休闲农业的发展过程中，各个国家休闲农业园结合自身的地理位置和人文资源优势也逐渐发展起来。1865 年，意大利“农业与旅游全国协会”成立，标志着休闲旅游农业园诞生。

① 欧洲

第一次工业革命为欧洲休闲农业园区的发展奠定了坚实的物质基础。该阶段主要为游客提供旅游观光与瓜果采摘品尝活动。到 1996 年初，休闲农业朝体验型与度假型方向发展（见表 1.2.2）。

表 1.2.2 欧洲休闲农业园典型代表

主要国家	典型代表	表现形式
德国	市民农园	出租郊区供城市居民养花种菜
意大利	农业旅游	与当地自然和人文资源结合
西班牙	家庭旅馆	把自家房屋改造装修为旅馆接待游客

（续表）

主要国家	典型代表	表现形式
法国	农场、农庄	提供部分农产品，兼顾生态景观、休闲娱乐和教育体验等功能
英国	田园城市	制定一系列策略提高农业竞争力

② 美洲

美洲城郊型观光农业蓬勃发展（见表 1.2.3）。

表 1.2.3 美洲休闲农业园典型代表

主要国家	典型代表	表现形式
美国	市民农园（亦称耕种社区）	农场和社区互惠互助，保证产品供给需求
阿根廷	乡村旅游业	政府推出“马背上的阿根廷”等特色活动，以资金补贴和优惠贷款形式鼓励发展旅游

③ 亚洲

亚洲的休闲农业园快速发展（见表 1.2.4）。

表 1.2.4 亚洲休闲农业园典型代表

主要国家	典型代表	表现形式
日本	承租农园	居民可以租赁市民农园里的土地
新加坡	高科技、高产值的农业科技园	采用最先进的技术种植＋展览＋娱乐场所
马来西亚	高科技农业	兼具休闲观光功能的休闲农业园，还为农业生产提供研究和实验的场所

经过半个多世纪的发展，国外的休闲农业已经由观光式农园演变为集多功能于一体的综合性休闲农业园区，且规模逐年扩大。同时，国外学者对休闲农业园及相关内容进行了研究。从概念角度，Inskeep 认为休闲农业的范畴包含观光旅游等物质层面和文化习俗等精神层面。从功能活动角度，Deborahetal 提出休闲农业具有乡村游、农耕体验、瓜果采摘等多种项目类型；Roberta Sonnino 认为休闲农业活动以农业为基础，以农村为场所，为城市压力大的居民提供释放压力的服务。从发展角度，Greffe 认为应依据消费者的类型制定不同的发展方针；Oppermann 从文化创意角度出发，认为农村风俗是影响休闲农业园可持续发展的重要因素；Daniele LaRosa 从可持续发展角度出发，提出现代城市受到环境质量下降、自然和农业景观遭到破坏等多重威胁，休闲农业的多功能性和发展前景越来越值得关注。从分类角度，国外学者认为休闲农业园可以从旅游活动类型、农业多样化角度、农业活动与旅游之间的联系程度、农业劳作与旅游体验之间同经营农场程度的不同联系方式等方面进行分类。

（2）国内关于休闲农业园区的研究

我国的休闲农业相对于国外起步较晚，但发展迅速。我国休闲农业兴起于台湾，改革开放后，休闲农业逐步扩展到各地。其发展历程可以概括为三个阶段：起步阶段（1980—1990 年），休闲农业以林果观光为主，功能较为单一，城市周边地区的农民自发利用传统农业要素与旅游活动相结合，形成了农业观光、采摘品尝等旅游活动。发展阶段（1990—2000 年），休闲农业出现垂钓、采摘、野餐等活动形式，并逐渐出现各种具有地域特色的观光农业景区。规范经营阶段（2000 年至今），休闲农业进入全面发展阶段，逐步规范化。

东部沿海城市的休闲农业较其他城市发展成熟。目前，北京、上海和深圳等大城市郊区休闲农业较为发达，生命力旺盛（见表 1.2.5）。

表 1.2.5　中国休闲农业园典型代表

代表	发展历程	开端	特点
北京	农园主自行发展 政府扶持引导与制定相关管理规范 园区质量优化与环境改善	20 世纪 80 年代，北京开始开发昌平区的十三陵旅游开发区	独具北方特色
上海	20 世纪 80 年代后期萌芽 20 世纪 90 年代出现了有组织的休闲农业旅游	1986 年上海第一个休闲农业园中日园艺场正式营业	涉及农、林、牧、渔等多领域，多位于市郊
深圳	“农家乐”型 “农业娱乐”型 “乡村度假”	1987 年，深圳市第一家精致农业与旅游结合的公园青青世界动工兴建	数量多、规模大、基础条件好

知网统计数据显示，大陆地区对休闲农业的研究始于 20 世纪 90 年代，此后，一直处于热门研究。杜兴军、陈曦认为休闲农业园首先应具备第一社会属性——乡村性，其次具有地方属性。徐悦认为休闲农业园区以农村生活为基础，旅游为农产品促销的途径。柯佑鹏、范武波、过建春等认为休闲农业园区通过农业生产，满足游客观光游览等多项需求，包括乡村旅游、休闲农业等方面。国内各个学者从营业时期、开发方式、距中心城市远近、功能等方面对休闲农业园区进行分类。

综合来看，国内外学者对休闲农业园的重视程度逐渐加大，研究步伐日渐加快，研究内容更广泛。然而，国内休闲农业的理论建设相对于实践发展较为滞后，依旧有一些问题与缺陷要去攻克，要根据实际发展反映出来的问题进一步完善。

2.3.2　休闲农业园区规划研究概况

（1）国外关于休闲农业园区规划的研究

国外各领域学者都对休闲农业园区的规划进行了研究。如麦克哈格提出“设计结合自然”的景观规划思想。建筑师弗兰克·劳埃德·赖特基于“广亩城市”角度考虑，认为休闲农业应与城乡密切联系，从中间地带自然过渡，建设田园景观。费农拉坦和速水雄次郎提出技术诱导理论，对休闲农业园区的选址以及规划布局提供了理论支撑。

（2）国内关于休闲农业园区规划的研究

由于我国休闲农业园的快速发展，休闲农业园区的规划设计也广受关注。休闲农业园区的规划涉及农业、土地、景观等诸多学科，不同领域的学者进行不同角度、不同方向的研究，对休闲农业园区规划的定义、规划理论、规划方法、规划原则、规划内容、评价等都有较多的研究成果。

定义：徐明华认为休闲农业园区规划是在村级或产业集群的基础上进行统筹规划的。王艳婕认为可以将休闲农业园区定位成一个微小的城市或整体，以土地规划为基础进行规划。

规划理论：杜兴军指出休闲农业园区的总体定位必须尊重当地自然环境、文化传统等，以及要统筹整合发展的营造理念。李晓庆等提出利用可持续发展理论和3E理论指导休闲农业园区规划设计。李迎洁在进行休闲农业园区功能区的规划时提出将生态环境保护与文化保护理念融入设计当中。

规划方法：吴人韦、杨建辉提出一种以提高农产品竞争力为园区目标的新规划思路。贺坤等提出基于复合视角的休闲农业园区规划理念，同时以浙江万家丰现代休闲农业园区规划建设为案例，进行生境共生与产业融合的复合视角下的现代休闲农业园规划。陈冬生可以在大数据的科学分析下进行休闲农业园区的选址、规划安排等。

规划原则：郭焕成指出休闲农业园区景观设计应遵循生态性、经济性、特色性、多样性原则。汪晓文、张胜利等认为休闲农业园区规划应该因地制宜，充分利用当地自然资源。李媛媛在进行园区规划时提出休闲农业园区在规划设计时应以“以人为本”为核心。

规划内容：邝嘉慧认为休闲农业园区的规划设计包括总体规划布局、分区及具体的景观要素设计等方面。李迎洁提出道路、水系的规划布局是休闲农业园区的动脉。马天翼指出在休闲农业园区规划建设中，应以农业景观营造为主。

评价：庄丽丽从创新性、艺术性、科学性和经济性等方面构建休闲农业园区的评价指标。乔丽芳等建立了BP神经网络模型，以功能定位、空间布局、农业特色、交通组织、景区景点、服务设施、植被景观7个指标对都市休闲农业园区的规划方案进行评估。

2.3.3 可食地景与乡村景观协调研究概况

(1) 国外关于可食地景与乡村景观协调的相关研究

早在10世纪，古巴比伦和古埃及就开始进行农作物与装饰性植物搭配。18世纪初期至末期，英国出现了大量的牧场风光，传递出“生产结合美学”的理念，同时还催生出一批画家、诗人、庄园主和风景园林师，他们营造了大量自然乡村景观。1980年，霍华德提出田园城市理论，人们开始将城市建设与乡村景观相结合。随后，园林景观设计师、环保主义者Robert Kourik创造了专有名词edible landscaping（可食地景），代表着生产与景观的有机融合。1982年，Rosalind Creasy出版了*The Complete Book of Edible Landscaping*（《可食地景完全指南》）专著。

迪斯康索花园（Descanso Garden）整齐的草坪与精致的可食花园相搭配，苏黎世苹果园运用各种农作物与果树设计成不同的图案迷宫，乌里恩斯城堡花园（les Jardins du Chateau de Vullierens）春夏秋冬不同的花卉与7月的麦田搭配，伯尔尼的玫瑰园用玫瑰与香菜搭配一起种植等规划案例无一不是国外可食地景与乡村景观协调发展的杰作。

(2) 国内关于可食地景与乡村景观协调的相关研究

近年来，在美丽乡村的建设中，可食地景使得美丽乡村景观建设更加生态化，并逐渐成为美丽乡村景观建设的新途径。陈传荣通过阐述可食景观的概念、发展历程、设计原则等，为可食地景在美丽乡村景观建设中提供了理论支撑。刘舒怡、吴焱研究可食地景在乡村景观营造中的现状与趋势，探讨其在乡村发展中的应用方式、策略和发展意义。翟美珠等肯定了可食地景对农业生态保护和乡村景观修复的积极作用。杨莉等通过对可食地景的概念、起源及相关案例的研究，总结出可食地景应用的三种形式。

福建的平潭北港梯田的可食地景示范区、浙江的青田稻鱼系统、云南的哈尼梯田、普洱古茶园等大尺度可食地景，北京的密云紫海香堤香草艺术庄园、铜川草莓星球等中尺度可食景观，四川的蒲江县明月村远远的阳光房蔬菜花园等小尺度可食地景都是国内可食地景与乡村景观协调发展的案例。

2.3.4 耦合研究概况

目前，关于耦合的研究已经涉及各个学科与领域，主要应用于物理学、生态学、城乡规划学、风景园林学等学科领域。在现有的研究中，耦合研究大多是结合数据进行定量研究。

耦合现象是普遍的。在城乡规划的研究中，耦合主要应用于休闲农业、美丽乡村、乡村旅游、乡村振兴、城镇化等各系统内部或各系统之间。如何成军等通过建立休闲农业与美丽乡村 6 个要素 18 个指标的耦合度评价体系，对都江堰现代农业区进行评价。郁忠雨、王方构建了视觉类景观要素、功能设施类景观要素、文化与活动体验类景观要素 3 个一级子系统，22 个二级指标景观要素的耦合评价指标体系，以巢湖市“三瓜公社”为实证案例，进行乡村旅游景观耦合评价分析。孟翔通过分析山东地区乡村景观特征，构建休闲农业和乡村旅游的耦合模型，分析两者之间的耦合动力，提出了休闲农业和乡村旅游的耦合机制。

综上所述，国内外学者对休闲农业园以及休闲农业园区的规划建设研究已较为成熟，但对可食地景在休闲农业园区中的应用，以及如何基于乡村景观的休闲农业园区中可食地景的营造还没有具体的理论与实践的指导研究。因此，本书基于可食地景与乡村景观的关系，分析二者间的耦合协调关系，研究成果对休闲农业园区规划具有指导意义。

2.4 休闲农业园区规划设计体系

2.4.1 规划设计的理论依据

（1）景观生态学

景观生态学由地理学家 Carl Troll 提出。景观生态学涉及景观学、生态学、地理学等多个学科，斑块、廊道和基质是景观生态学的组成部分，他们之间进行物质和能量的交换。景观生态学要求设计者在设计过程中要多方位、多角度考虑，考虑设计场地中的单独存在因素和其他潜在要素，关注它们随时间的变化。景观生态学下，休闲农业园区是由水田和聚居地等构成的斑块，行道树、沟渠和道路等构成的廊道以及超过 50%覆盖率的景观要素如农田等基质组成，各要素之间相互影响联系。

（2）农业生态学

近年来，生态农业已成为农业发展的必然趋势。农业生态学是研究农业生态系统之间联系、演变、调节控制的学科，通过分析农业生物的生存、活动、繁殖与外界的能量变化过程，研究农业生态系统的结构、调控和管理，实现农业生产效益的提高以及生态平衡。

（3）景观农业

景观农业既属于景观生态学的范畴又属于系统论的理念，景观农业是景观层面的自然生态系统与农业生态系统的综合表达，并进行物质和能量的相互调节。良好的景观农业，可以发挥巨大的潜力，在休闲农业园区的规划中增添色彩，同时提高农业产值。

（4）旅游心理学

旅游心理学是对旅游者进行心理探索的一个学科，了解人们旅游的缘由、旅途中的心里路程与旅游产品的体验感受等，找到游客的兴趣点，分析游客的心理需求和行为动机，切实有效地营造符合游客心理需求的休闲景观空间。比如设置充分体现园区主题文化的景观小品，开展具有特色的休闲农业体验活动，如垂钓、采摘与摄影等，以此来吸引游客进行旅游活动。

（5）生态旅游

现代人愈发地重视优美环境、绿色产品等生态方式，注重资源的保护与利用。生态旅游就是将现存资源采用一种生态的方式进行组合，是一种绿色出行的践行方式，既维护了生态健康，又满足了人类需求。

2.4.2 规划设计的原则

（1）因地制宜原则

《园冶》中提到“巧于因借”，意思是造园者要善于借用现有资源，将其放到合适的位置，因势布局，才能发挥最大效益。休闲农业园区的规划意在通过规划设计将农业资源、生态资源（如各种农作物、农村风俗、田园景观等）进行精巧布局，达到资源的最大化利用。因此，休闲农业园区规划时应进行充分的前期调研，了解当地独特的自然资源与文化，因地制宜、因景制宜地对现有地形进行开发建设，合理布局，同时注重文化的融入，打造独具魅力、富有当地特色的园区。

（2）生态性原则

在规划设计中要尽量不破坏原有的生态环境及区域生物群落。本着生态性原则，利用当地自然景观与生态资源进行景观塑造，最大限度地降低人为活动对环境的影响，增强人们生态环保意识。在建设中注重园区中废弃物的排放、生活垃圾的产生等问题，主张绿色生产，营造绿色、生态的环境。实现人与自然协调发展，创建生态相对稳定和谐的环境。

（3）整体协调性原则

一方面，园区内部的各景观要素要与整体的自然环境相融合，包括设计材料、风格、形态、色彩等方面，整体风格相统一，体现地域特色。另一方面，园区的规划要与上位规划一致，从园区选址到定位，以及园区未来的长远规划，都要与城市建设相统一，从而使休闲农业、乡村旅游、城市规划和新农村建设都得到均衡协调发展，实现社会、生态和经济的良性循环。

（4）艺术性原则

在做休闲农业园区规划时，注意平面的布局形式要与原有的农业肌理相协调，包括色彩、形态、比例等多方面既要保持协调，也可在统一中进行变化，达到各功能区与园区整体的创造，小到一花一草的布局，充分发挥艺术创造的空间，打造诗情画意的创想空间。

（5）经济性原则

规划中坚持以农业生产为本，合理利用每一块土地资源，保证生产质量的前提下，开发特色产品和休闲活动项目获得更多的收入来源。在生产中，运用先进的农业技术，以科技为支撑，指导促进农业高效生产，带动农民就业。

2.4.3 规划设计内容

（1）规划分析

规划分析主要包含规划背景分析、场地现状分析和规划的定位研究等。规划背景分析重点对规划区位置及周边环境、规划区现状、规划区土地利用情况等进行调查分析；场地现状分析主要是对场地内的水系、沟渠、动植物、生境及场地周边环境的现场调研及深度分析；规划的定位研究是继规划背景分析、场地现状分析之后，对园区的风格、功能定位、分区布局等进行规划，对规划的目标做一个展望以及思考规划理念中如何利用农业与现代化的理念做到“休闲”。

（2）总体规划

首先是空间规划。空间规划最直观的就是对场地内起伏的地形、水系的走向进行合理规划，因地制宜、因形造势，在不破坏原有地形地貌的前提下，根据现状地形进行整改，给人以空间感的体验。

其次是景观结构规划。景观结构规划是在空间规划的基础上进行景观节点的布置，移步异景，或对景或障景或框景等，形成一个较好的景观视线，为游客提供较为丰富的视觉感官体验。

最后是功能分区规划。休闲农业园的典型分区包括农业观光区、生产区、农业科教示范区、产品营销区、休闲体验区、综合管理服务区。但不限于此，可根据园区的发展模式、发展定位和现状条件进行调整。

（3）专项规划

专项规划主要包括对园区内的水电路网等基础设施规划建设、其他服务类设施规划建设和景观规划设计。

水电路网等基础设施规划建设。水——给排水，建立园区内部的给排水管网系统，满足园区生活与生产的用水需求，同时主要污水集中处理排放。电——照明，设置不同的高中低路灯，满足夜间活动的需求。路——交通，包括游玩路线与生产路线，连接并划分不同的功能分区。网——网络，包括园区日常办公的网络需求，以及智慧园区的物联网设计。

其他服务类设施规划建设。从服务角度出发的配套设施，包括园区内管理服务中心、停车场、公共卫生间分布点、餐饮、住宿等的选址以及规划，还有不同性质的标识牌、解说牌、展示栏等。

景观规划设计。其包含重要景观节点、植物配置、夜景设计等。运用场地内现有的自然资源，完成瓜果蔬菜与花卉的搭配，运用水体、建筑、山体等景观要素进行点缀，设置观赏点供游人欣赏，结合植物配置，打造四季各异的景观，还可以结合园林景灯的设计打造独具魅力的夜景。

3 研究内容与方法

3.1 研究内容

3.1.1 可食地景与乡村景观耦合动力机制

在参阅大量国内外关于可食地景、乡村景观、耦合协调等方面的文献基础上，分析可食地景与乡村景观之间的互动关系，研究两者之间的耦合协调过程并引入三维坐标概念分析工具，建立二者耦合的动力机制，为后续研究奠定基础。

3.1.2 可食地景与乡村景观耦合概念模型及耦合效应

通过对可食地景系统的要素投入、景观效果、经济效益和可持续发展四个方面以及乡村景观系统的社会经济、生态环境、景观效应三个方面的分析，从外部机遇和内部需求角度，在环境要求与生态技术、景观格局与空间布局、美感效果与精神需求三方面的支撑下，规划制约、管理机制、产业融合的协调下，构建可食地景与乡村景观的耦合概念模型，分析可食地景与乡村景观的耦合效应。

3.1.3 可食地景与乡村景观耦合评价指标体系

参考国内外相关文献，构建可食地景与乡村景观耦合评价指标体系，邀请专家对预选指标进行科学性与合理性打分，运用算术平均数和标准差筛选评价指标，保留专家意见集中度和协调度较高的指标，最终构建可食地景与乡村景观耦合评价指标体系。

3.1.4 可食地景与乡村景观耦合评价模型

在指标体系构建的基础上，对可食地景系统、乡村景观系统和耦合系统进行综合评价，基于容量耦合模型，建立可食地景与乡村景观耦合评价模型。

3.1.5 可食地景与乡村景观耦合协调度评价实证

以安徽省蚌埠市为例，搜集蚌埠市统计年鉴、国民经济和社会发展统计公报、政府工作报告等相关数据，运用评价指标体系和耦合评价模型进行定量分析，分析蚌埠市可食地景与乡村景观的耦合协调发展情况，对蚌埠市休闲农业的发展建设、休闲农业园区的规划提供建议。

3.1.6 基于可食地景与乡村景观耦合分析的休闲农业园区规划设计

根据对可食地景与乡村景观耦合的评价结果和对策建议，运用基于可食地景与乡村景观耦合分析的休闲农业园区规划体系对沙沟篱笆院子进行规划。

3.2 研究方法

3.2.1 文献分析

根据选定课题，通过网络平台和图书馆等途径搜集整理相关文献，整理与选定课题相关的研究内容；通过收集研究区域内统计年鉴、统计报告、政府部门年终总结等资料，分析整理相关数据。

3.2.2 定性与定量分析相结合

构建可食地景与乡村景观耦合评价模型，基于熵权法，运用数据分析软件计算各指标权重，根据可食地景与乡村景观数据，定量分析可食地景与乡村景观的综合评价指数、耦合度、耦合协调度。基于计算结果，定性分析蚌埠市可食地景与乡村景观的发展水平。

3.2.3 实证研究

使用定量模型对实证研究区域进行深入分析，基于分析结果对蚌埠市休闲农业与乡村旅游的发展、休闲农业园区的规划提供对策建议，进而指导沙沟篱笆院子规划。

4 可食地景与乡村景观耦合互动机制

4.1 耦合互动关系分析

4.1.1 可食地景促进乡村景观升级重构

可食地景是新时期下乡村旅游的新型产物，是一种创新创意的休闲农业形式，能够整合乡村旅游资源，升级重构乡村景观，使其朝多元化方向发展。

（1）可食地景丰富了乡村景观的表现形式

可食地景是现代园林发展到一定阶段后一种传统农业景观复兴的产物。可食地景结合园林设计手法，可以使乡村景观兼顾生产性与美观性的同时，融入园林设计要素，体现野趣、自然田园风光。例如，大地艺术、雕塑小品、螺旋花园等。

（2）可食地景维续了乡村景观的生态性和本土性

可食地景在规划设计之初，就充分考虑种植和耕作的本土性，采用生态园林的设计手法，使用乡土植物进行搭配，应用有机肥代替化肥等生态种植技术，有利于维护生态多样性的持续发展，不仅美化了乡村居住系统，也稳定了乡村的景观生态系统。

（3）可食地景为乡村景观升级提供了资金支持

可食地景使可食用的农作物在成本基本保持不变的情况下实现了价值的升华及功能的提升。同时还衍生了众多的可食地景周边创意产品，增加了购物的空间，有利于提高收入。

4.1.2 乡村景观带动可食地景营造

乡村景观的本质特征是“农”，兼具效用、美学、娱乐和生态等价值，是多重价值的景观综合体，能为可食地景的营造提供多重资源，并且在自身转型升级过程中带动可食地景的发展。

（1）乡村景观为可食地景的营造提供了资源支持

乡村景观是一种综合资源，包括以农业生产为核心的自然资源、土地资源、田园环境资源和资本资源等，并且都以一定的规模形式存在，如河流、森林等自然资源，梯田等田园资源。它们内部及彼此之间所形成的微环境可作为可食地景的本底，为可食地景的营造提供载体。

（2）乡村景观的规划建设带动了可食地景的发展

乡村景观规划在乡村振兴的大背景下如火如荼地展开。乡土景观进行升级重构，农耕文化深入挖掘，在原有自然环境得以保留的状态下使自然素材和土地资源得以“活用”。可食地景的园林设计与农业生产结合的特征在乡村景观的建设联动下，得到了充分地展现，有效带动了可食地景的发展。

（3）乡村景观为可食地景的营造提供了人力支撑

乡村景观是数千年来人与自然和谐共存的重要载体，“农”为灵魂，“农民”为设计师，同时也是可食地景的规划师与参与者。

4.2 耦合动力机制分析

4.2.1 耦合动力机制模型

可食地景与乡村景观之间的耦合发展受到一系列外在因素的作用，推动着可食地景的营造与乡村景观的升级，二者之间关系逐渐密切。借鉴三维坐标模型，对两者耦合的动力机制做出以下分析：

可食地景和乡村景观在乡村区域系统内，受来自乡村系统外部机遇和内部需求的驱动开始耦合，生态环境的可持续发展、景观格局尺度的契合、共同追求的美感等方面的支撑，加上规划、管理部门和三产融合的综合协调，可食地景营造和美丽乡村升级逐步耦合，最终汇成一个“点”——可食地景与乡村景观合二为一，统筹发展，使得乡村区域系统得到改善，乡村旅游越来越繁荣，整个动力机制如图1.4.1所示。可食地景与乡村景观耦合的动力机制（coupling dynamic mechanism of edible landscaping and rural landscape）可用以下函数表示：

$$\mathrm{CDMELRL}=f\,(D,\ H,\ C)$$

式中，D 表示驱动力，主要指乡村系统的外部机遇和内部需求；H 表示支撑力，主要影响因素是资源的开发利用和相关的技术；C 表示协调力，包括规划师和公众等。

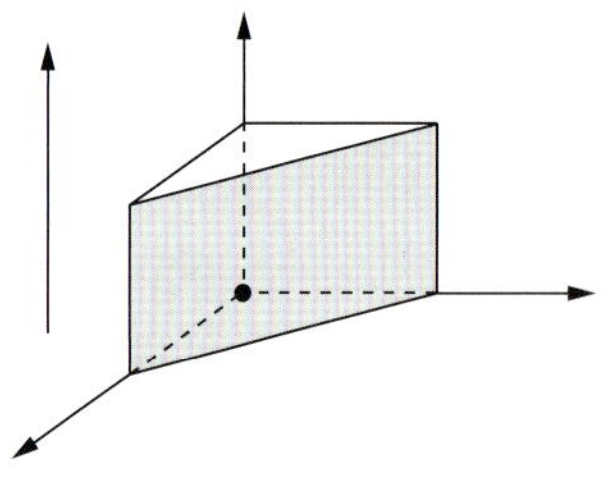

图1.4.1　可食地景与乡村景观耦合动力机制图

（注：参考何成军的休闲农业与美丽乡村耦合动力机制图，有修改）

4.2.2　耦合驱动力

驱动力是指乡村在发展过程中面临的外部机遇和内部需求构成可食地景营造与乡村景观升级重构耦合的内生“双轮”共同驱动耦合。

2017年，习近平总书记在党的十九大报告中提出“乡村振兴战略”，对“三农”工作作出了重要部署，尤其提到新时代必须重视农村生态环境改善问题。乡村景观作为提高乡村生态环境效益的重要基础，对乡村振兴战略实施起到了举足轻重的作用。另外，乡村振兴战略提出“产业兴旺”的要求，这说明在强化乡村生态景观改善时，还应实现一产向二、三产转化。可食地景集生态、生产、景观三功能于一体，乡村景观保障城市居民基础生活生产功能，这为可食地景与乡村景观的耦合提供了较好的发展契机，这是来自外部的机遇。

随着乡村振兴战略的进行，中国城镇化的快速发展也带来了许多问题。比如，乡村景观边界越来越模糊，城市规划理念引入乡村，与乡村规划方法格格不入，导致农业景观原本淳朴的乡风习俗丢失；随着乡村振兴战略的实施，大跃进式的乡村美化运动层出不穷，追求短期的经济利益；乡村景观的价值之一就是明显的区域性，然而在乡村景观规划重构的过程中，割裂了乡村“农”与“土”的关系，景观趋于同质化，趣味体验匮乏，功能空间俗套。因此，营造可食地景、重构乡村景观也是乡村振兴背景下乡村内部获取建设和发展的需求。

外部机遇和内部需求共同驱动了可食地景和乡村景观的耦合，但这只是耦合的“萌芽”，并未形成一定的影响。

4.2.3　耦合支撑力

可食地景与乡村景观之间的耦合，是以一定环境要求与生态技术运用、景观格局与空间布局的资源利用、美感效果与精神需求契合作为支撑。

(1) 环境要求与生态技术方面。可食地景作为一种生态园林的设计表现手法，从设计到建造再到产出，全程无污染、无公害，其自身产生的生物废料也可以作为生物有机肥进行资源循环使用，有效减少了环境污染，减缓气候变化，同时促进农产品和景观环境的有序更新。乡村景观具有保护生态、美化环境的功能，这些与可食地景的营造目标一致。因此，可食地景与乡村景观存在共同的技术要求和环境效益，这给予了耦合环境支撑和技术保障。

(2) 景观格局与空间布局方面。可食地景在应用布局上分为三个尺度，大尺度多以大地艺术的形式呈现，如云南的哈尼梯田；中尺度常表现为乡村中的公共绿地、道路两旁的绿地以及农业园；小尺度包括宅前及庭院的花园、菜园等。不同尺度的可食地景可以吸引昆虫、鸟类及其他动物，维系生态多样性的持续发展。乡村景观的地域性就在于它的本土性，乡村的每一处环境包括村落、农田、道路、河流等都以一定的规模存在，形成各类型的斑块，同时作为本底为不同生物提供了栖息的生境。因此，丰富的景观格局以及生物多样性是可食地景与乡村景观共有的特征，为二者的耦合提供了支撑。

(3) 美感效果与精神需求方面。可食地景的出现源于那些“久居樊笼里”的城市居民对田园的向往和对农耕的乡愁，他们对可食用植物精心选择和搭配营造，融入稻草人等与农业相关的小品，打造多种景观节点，丰富景观空间，构建富有美感的景观场地。乡村独特的田园景观和民风习俗往往是乡村旅游的最大亮点，也是乡村景观重要构成要素。现代都市人常常利用闲暇时间感受乡村景观中沁人心脾的田园气息、鬼斧神工般的山川河流以及农耕互动的丰收之喜，沉醉于最纯真朴实的乡村景观环境，缓解精神压力。因此，可食地景与乡村景观共有的美感特征及共同满足人们的精神需求成为它们耦合的支撑力之一。

4.2.5 耦合协调力

可食地景与乡村景观的耦合除驱动力和支撑力之外，还存在协调力的作用。可食地景和乡村景观都是人类漫长生活过程中与社会和自然竞争而形成的“第二自然”。“第二自然”的发展自然也离不开人的作用，大到各级政府与农村合作社、农业技术推广站之间的协调，小到农业园、企业与个人的协调，这些组织机构甚至个人都对可食地景与乡村景观的协调起到关键性作用。具体表现在：第一，制定可食地景和乡村景观之间共同的规划，对景观格局、空间布局、农业产业结构与形式、景观小品、农耕文化等方面做出详尽的规划。第二，建立政府、村民、游客三方共同作用的管理机制。政府为可食地景与乡村景观的耦合发展提供方向上的指引与政策上的保障，同时给予适度的监督，保障可食地景与乡村景观的顺利耦合；村民作为建设者，在耦合过程中居于主导地位，应充分发挥其主人翁精神，与政府政策保持一致的前提下，积极参与营建；游客在享受体验的过程中，也应注意文明游园，同时进行积极地反馈，以便更好地改善。第三，对区域内的人员进行合理分工，包括引导当地居民围绕农业、旅游业等自主创业，产业联动，带动区域内的文化、餐饮、住宿等行业，吸收劳动力，拓宽资金来源，为可食地景营造与乡村景观升级重构发挥积极作用。

4.3 耦合概念模型构建

通过对可食地景和乡村景观互动关系的分析可得出：在乡村这个大的系统中，有可食地景子系统和乡村景观子系统存在，两个子系统间和其系统各构成部分之间相互作用，并受到一系列外在因素的推动与影响，各种动力的结合推动着可食地景的营造与乡村景观的升级重构，二者之间联系逐步紧密，并逐渐实现从简到繁、从单一到多元、从杂乱到有序的过程，这就是可食地景与乡村景观子系统间耦合作用的表现（见图 1.4.2）。

可食地景和乡村景观在乡村区域系统内，在乡村系统外部机遇和内部需求的驱动下开始耦合，在政策制度要求、资源循环利用诉求、生态环境支持、技术条件不断完善等方面的支撑下，在相关管理机构的综合协调（在驱动力、支撑力和协调力三个力的共同作用）下，逐步耦合，最终形成可食地景——乡村景观耦合发展系统。在驱动阶段时，基于外部机遇创造的条件，可食地景营造和乡村景观升级重构的耦合还处于催生萌芽阶段，其主导动力为内部需求力，随着乡村旅游越来越热，盲目的乡村改造导致乡土性缺失加重，使得乡村景观的“千村一面”以及体验感差等问题成为可食地景与乡村景观耦合的主要动力。在此条件下，两个子系统间逐渐趋于一致。可食地景通过升级农业生产系统、增强景观协调度和优化视觉效果等措施，促进了可食地景对乡村景观的升级重构，以自身适应和优化形式推动系统的优化，实现可食地景的永续发展。而乡村景观升级重构在生态格局的质量要求、美感效果的体验以及技术升级等客观上也带动可食地景升级，两者之间互联互作，在所有支撑力下共同发展。

同时，可食地景系统与乡村景观系统还与外界进行物质能量沟通，在规划和管理的共同制约下，产业联动，耦合协调。

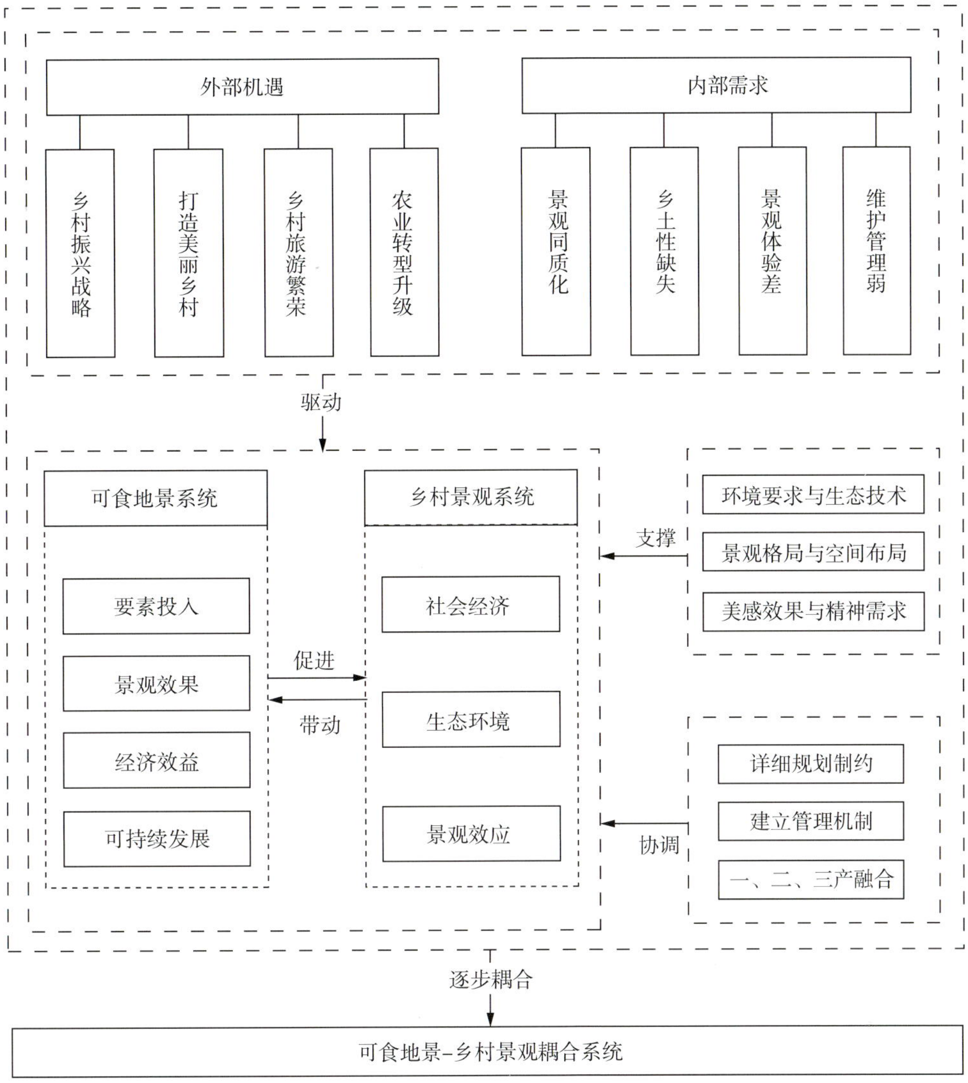

图 1.4.2　可食地景与乡村景观耦合概念模型图

4.4　可食地景与乡村景观耦合效应分析

4.4.1　耦合的经济效益

可食地景与乡村景观的耦合，符合农村现代化建设的规律，有利于休闲农业和乡村旅游的发展以及农村经济的提高。首先，可食地景与乡村景观的耦合能够解决农产品的供需不足和农业供给质量不到位等问题，通过土地要素供给和资源的有效配置，实现本土农业资源深度开发，实现资源循环利用，保证农业产出率。其次，二者的耦合作为一种新型农业生产方式，融合了一、二、三产业，拓展了农业功能，使得农业不仅产生农产品收入，还能获得休闲旅游所带来的附加值。最后，可食地景与乡村景观的耦合有利于打破农村生产的季节性阻碍，弥补生产时景观效益差的缺陷，为乡村发展注入新的活力。

4.4.2 耦合的生态效益

可食地景的营造采用生态园林的设计手法，全程无污染、无公害，在植物的选择上也尽可能地使用乡土植物进行搭配，不仅降低环境污染的可能性，保育当地的生态系统，同时有助于维持当地动植物的多样性。乡村景观包括农田、牧场、河流和村庄等生态系统，包括了可食地景营造的各种自然资源。因此，二者的耦合将会延续可食地景绿色发展的理念，保护生态环境，维续人与自然的可持续发展。

4.4.3 耦合的社会效益

可食地景与乡村景观的耦合对乡村地区的社会环境同样具有积极的作用。第一，可食地景的营造与乡村景观的升级重构都遵从以“农”为本的原则，鼓励村民积极参与，二者的耦合对解决农民就业问题、带动农民脱贫致富、推动农民创业创新具有一定的积极作用。第二，可食地景将创意性农业与旅游体验结合在一起，弥补乡村景观观赏性差、体验度低的缺点。可食地景作为生产性旅游景观，与乡村景观的耦合形成了新时代乡村旅游的最大亮点，能够有效促进乡村振兴与全域休闲农业和乡村旅游的发展。第三，可食地景与乡村景观耦合以乡村为本，依托乡村浑然天成的自然资源、悠久的民风习俗等，结合观赏采摘、科普教育等形式加以创新利用，增加乡村文化的深度和广度，同时满足人们内心对田园自然的渴望。

5 评价指标与评价模型

5.1 可食地景与乡村景观耦合评价指标体系构建

5.1.1 指标体系构建原则

可食地景系统与乡村景观系统是两个独立的系统，但彼此之间又存在着复杂的关系，因此，在选取可食地景与乡村景观耦合评价指标的研究中，需要遵循合理性、系统性、科学性、可量化、动态性等原则，具体解读如下：

（1）合理性。选取的指标能够反映系统内某方面的品性，选择具有代表性的指标，同时指标数量要适当，指标间不可有冲突，也不可过于烦琐。

（2）系统性。选取的指标要能成一个体系，指标间要存在逻辑关系。一方面既要选择可单独代表可食地景与乡村景观系统的指标，又要选择两个系统中相互影响的指标；另一方面，考虑可食地景与乡村景观耦合所带来的效益影响，从多方面反映二者的耦合情况。

（3）科学性。运用科学的评价方法，减少人为的主观因素影响。同时指标的选取要确保真实地反映可食地景与乡村景观的发展情况，保证科学性，明确指标数据来源。

（4）可量化。指标在选取时考虑其是否可以被量化，以及可获取性和可操作性。

（5）动态性。可食地景与乡村景观两个系统的耦合过程是一个动态的过程，指标的选取也要随着时间的变化而变化。

5.1.2 指标体系选取

目前，学术界对可食地景的研究尚处于发展阶段，针对可食地景与乡村景观的耦合研究还未形成统一权威的指标体系。文中参考前人相关研究成果，基于耦合概念模型，遵循合理性、系统性等原则，考虑到数据的可获取性，既选择立足于可食地景与乡村景观两个系统，又选择两个系统相互影响的指标，尝试建立可食地景与乡村景观的耦合评价指标体系。

（1）可食地景评价指标体系

当前，可食地景在乡村景观营造中处于发展阶段，对于可食地景的数据还未进行全面系统的统计。基于可食地景是对乡村传统农业景观的复兴，并多以田园景观、休闲农业等形式出现，本书中的可食地景系统主要从要素投入、景观效果、经济效益、可持续发展 4 个方面遴选了 16 个指标来反映可食地景发展水平。

（2）乡村景观评价指标体系

关于乡村景观评价指标体系的研究相对较多，如谢花林、刘黎明基于乡村景观 3 层功能的具体含义，构建了 3 个项目层 11 个因素层 32 个指标的城市边缘区乡村景观评价指标体系；王云才认为乡村景观的评价体系应包括乡村景观美感度、敏感度、可达性、相容性和可居性评价 5 个方面。在参考上述研究的基础上，本书乡村景观系统选取了社会经济、生态环境、景观效应 3 个方面 15 个指标来评价乡村景观建设情况（见表 1.5.1）。

表 1.5.1　预选指标体系表

系统层	一级指标	二级指标
可食地景	要素投入	可改造为可食地景土地面积（千公顷）
		可食地景播种面积（公顷）
		省级农民合作社示范社个数（个）
		休闲农业从业人员总数（人）
	景观效果	休闲观光农园（庄）（个）
		农家乐（个）
		家庭农场（个）
		可食地景大地景观密度（%）
	经济效益	可食地景产值（万元）
		可食地景-蔬菜供养能力指数
		可食地景农民就业（%）
		休闲农业从业农民人均可支配收入比（%）
	可持续发展	建成区绿地覆盖率（%）
		城镇化率（%）
		农村居民恩格尔系数（%）
		可食地景认可度（%）
乡村景观	社会经济	农村居民人均可支配收入增长率（%）
		休闲农业与乡村旅游综合营业收入占比（%）
		休闲农业与乡村旅游游客接待量（%）
		土地综合产出率（万元/千公顷）
		地均从业人数（%）
	生态环境	市级生态村（个）
		创建森林村庄（个）
		农村自来水普及率（%）
		农村卫生厕所普及率（%）
		生活垃圾处理率（%）
	景观效应	田园景观面积（万公顷）
		农村常住居民人均住房建筑面积（平方米）
		乡村旅游示范村个数（个）
		一村一品专业示范村个数（个）
		A 级旅游景区（个）

5.1.3 指标筛选

可食地景与乡村景观均是多因子构成的复杂系统，在进行指标选取中存在一定的主观性以及包含部分主观性指标。因此，为了保证指标的科学合理性，本书邀请 9 名专家，对指标进行打分，然后运用算术平均数与标准差综合计算各指标分数情况，综合专家意见建立指标体系。标准差计算是根据专家对指标的打分情况，计算各个指标的算术平均数以及变异系数，得出多个专家综合的结果。

设计打分规则如下：将上述 31 个指标划分为 5 个等级，按重要程度从高到低依次为“绝对重要”“十分重要”“很重要”“比较重要”“一般重要”，分别赋值：9 分、7 分、5 分、3 分、1 分。获取打分结果，进行算术平均数与标准差的计算：

$$V=(1/n)\sum_{i=1}^{n}R_{ji}\text{，}W=\sqrt{\frac{1}{n-1}\sum_{i=1}^{n}(R_{ji}-V)^{2}}\text{，}L=W/V$$

式中，R_{ji} 为第 j 个专家对第 i 指标的打分；n 为专家总数，这里 $n=9$；V 为指标的算术平均数，反映了专家的意见集中度，其值越大，意见集中度越高，指标就越重要；W 为指标标准差；L 为指标变异系数，反映专家意见协调度，其值越小，意见协调度越高，计算结果保留两位小数(见表 1.5.2)。

表 1.5.2 预选指标算术平均数与变异系数计算表

系统层	一级指标	二级指标	V 值	L 值
可食地景	要素投入	可改造为可食地景土地面积（千公顷）	6.78	0.32
		可食地景播种面积（公顷）	6.11	0.22
		省级农民合作社示范社个数（个）	4.33	0.49
		休闲农业从业人员总数（人）	6.11	0.35
	景观效果	休闲观光农园（庄）（个）	7.67	0.17
		农家乐（个）	6.33	0.26
		家庭农场（个）	5.89	0.28
		可食地景大地景观密度（%）	7.00	0.30
	经济效益	可食地景产值（万元）	7.22	0.20
		可食地景-蔬菜供养能力指数	6.11	0.31
		可食地景农民就业（%）	5.89	0.32
		休闲农业从业农民人均可支配收入比（%）	7.89	0.17
	可持续发展	建成区绿地覆盖率（%）	6.11	0.35
		城镇化率（%）	5.67	0.41
		农村居民恩格尔系数（%）	7.89	0.13
		可食地景认可度（%）	8.56	0.10
乡村景观	社会经济	农村居民人均可支配收入增长率（%）	7.22	0.24
		休闲农业与乡村旅游综合营业收入占比（%）	7.67	0.17
		休闲农业与乡村旅游游客接待量（%）	7.22	0.28
		土地综合产出率（万元/千公顷）	6.78	0.35
		地均从业人数（%）	4.56	0.34

（续表）

系统层	一级指标	二级指标	V 值	L 值
乡村景观	生态环境	市级生态村（个）	5.89	0.40
		创建森林村庄（个）	6.11	0.35
		农村自来水普及率（%）	6.11	0.27
		农村卫生厕所普及率（%）	7.00	0.19
		生活垃圾处理率（%）	7.44	0.17
	景观效应	田园景观面积（万公顷）	6.56	0.19
		农村常住居民人均住房建筑面积（平方米）	4.78	0.46
		乡村旅游示范村个数（个）	6.56	0.31
		一村一品专业示范村个数（个）	6.56	0.24
		A 级旅游景区（个）	7.67	0.25

通过上述方法，保留协调度值小于 0.35、集中度值大于 6 的指标，筛选所有指标，最终建立 24 个二级指标的可食地景与乡村景观耦合评价指标体系（见表 1.5.3）。

表 1.5.3　可食地景与乡村景观耦合评价指标体系表

系统层	一级指标	二级指标	指标释义	指标正负
可食地景 U_1	要素投入	可改造为可食地景土地面积（千公顷）X_1	耕地面积表示，反映最大限度的可食地景	+
		可食地景播种面积（公顷）X_2	蔬菜播种面积＋瓜果类农作物播种面积＋花卉种植面积	+
		休闲农业从业人员总数（人）X_3	反映可食地景的人力资源投入	+
	景观效果	休闲观光农园（庄）（个）X_4	反映不同经营形态的可食地景-园区形式，提供旅游休闲活动	+
		农家乐（个）X_5	反映不同经营形态的可食地景-农户为单元，提供旅游休闲活动	+
		可食地景大地景观密度（%）X_6	可改造为可食地景土地面积/土地总面积	+
	经济效益	可食地景产值（万元）X_7	蔬菜园艺作物产值＋水果、坚果、饮料和香料作物产值	+
		可食地景-蔬菜供养能力指数 X_8	蔬菜产量/（农村居民家庭平均每人蔬菜消费量×乡村人口）	+
		休闲农业从业农民人均可支配收入比（%）X_9	休闲农业从业农民人均可支配收入/农村居民人均可支配收入，反映可食地景为农民带来的收益	+
	可持续发展	建成区绿地覆盖率（%）X_{10}	反映城市建设中可食地景的应用前景	+
		农村居民恩格尔系数（%）X_{11}	反映人们对旅游层次的需求，恩格尔系数越低，人们越富裕，休闲需求和消费越趋向于多样化、个性化	−
		可食地景认可度（%）X_{12}	休闲农业从业人员总数/第一产业就业人员总数	+

（续表）

系统层	一级指标	二级指标	指标释义	指标正负
乡村景观 U_2	社会经济	农村居民人均可支配收入增长率（%）Y_1	反映农村居民的收入水平	+
		休闲农业与乡村旅游综合营业收入占比（%）Y_2	休闲农业与乡村旅游综合营业收入/旅游总收入，反映乡村景观所带来的旅游收益变化	+
		休闲农业与乡村旅游游客接待量（%）Y_3	休闲农业与乡村旅游游客接待量/旅游接待游客，反映乡村景观的吸引力	+
		土地综合产出率（万元/千公顷）Y_4	农林牧渔业增加值/耕地面积	+
	生态环境	创建森林村庄（个）Y_5	反映乡村的生态建设情况	+
		农村自来水普及率（%）Y_6	反映农村环境状况	+
		农村卫生厕所普及率（%）Y_7	反映农村环境状况	+
		生活垃圾处理率（%）Y_8	反映清洁度	+
	景观效应	田园景观面积（万公顷）Y_9	全年粮食作物种植面积	+
		乡村旅游示范村个数（个）Y_{10}	反映乡村旅游业发展状况	+
		一村一品专业示范村个数（个）Y_{11}	反映乡村的区域特色	+
		A级旅游景区（个）Y_{12}	反映乡村旅游资源单体数	+

5.1.4　指标权重确定

指标的权重是构建评价指标体系最关键的一步，通常采用德尔菲法、聚类分析法、熵值法和层次分析法等。本书在研究可食地景系统（U_1）与乡村景观系统（U_2）耦合时，考虑到二者的耦合协调是一个时间变化的进程以及各个指标的可获取性，所以采用熵值法进行指标权重的确定，避免主观因素影响，又体现耦合的时间梯度。

采用熵值法对可食地景评价体系中的数据进行处理，具体步骤如下：

设 X_{ij} 为可食地景评价体系中第 i 年第 j 项指标的数值（$i=1, 2, \cdots, m$；$j=1, 2, \cdots, n$）。

（1）由于两大系统各个指标的原始数据量纲会存在一定差异，因此首先应该对数据无量纲化处理，文中运用极差标准化进行处理，为避免极差标准化后出现零值，对指标标准化后的值去零化，公式如下：

$$X_{ij'}=\frac{X_{ij}-X_{j\min}}{X_{j\max}-X_{j\min}}\times 0.99+0.01 \quad 正向指标$$

$$X_{ij'}=\frac{X_{j\max}-X_{ij}}{X_{j\max}-X_{j\min}}\times 0.99+0.01 \quad 负向指标$$

式中，$X_{ij'}$ 为该指标去零化后的值；$X_{j\max}$、$X_{j\min}$ 分别为第 j 项指标的最大值与最小值。

（2）计算第 j 项下，i 年份的比重

$$U_{ij}=\frac{X_{ij'}}{\sum_{i=1}^{m}X_{ij'}}$$

(3) 计算第 j 项指标的熵值

$$E_j = -\frac{1}{\ln(m)}\sum_{i}^{i=m} U_{ij} \times \ln(U_{ij})$$

(4) 为了消除指标内的不利因素，计算信息熵的冗余值

$$D_j = 1 - E_j$$

(5) 计算指标的权重为

$$A_j = \frac{D_j}{\sum_{j=1}^{n} D_j}$$

同理，设 Y_{ij} 为乡村景观评价体系中第 i 年第 j 项指标的数值($i=1$, 2, …, m; $j=1$, 2, …, n)，按照上述步骤可得出乡村景观评价体系中各指标的权重为

$$B_j = \frac{D_j}{\sum_{j=1}^{n} D_j}$$

5.2　可食地景与乡村景观耦合评价模型构建

5.2.1　综合评价指数函数

综合评价指数是对可食地景与乡村景观两个系统的综合情况反映，可用线性加权法来表示，因此，i 年份可食地景的综合评价指数函数为

$$f(x) = \sum_{j=1}^{n} A_j \times X_{ij'}$$

式中，j 为可食地景指标体系中指标的个数；A_j 为其指标的权重，$\sum_{j=1}^{n} A_j = 1$；$X_{ij'}$ 为 i 年份第 j 个指标标准化值。$f(x)$ 值越大，说明可食地景的综合评价指数越高。

i 年份乡村景观的综合评价指数函数为

$$g(y) = \sum_{j=1}^{n} B_j \times Y_{ij'}$$

式中，j 为乡村景观指标体系中指标的个数；B_j 为其指标的权重，$\sum_{j=1}^{n} B_j = 1$；$Y_{ij'}$ 为 i 年份第 j 个指标标准化值。$g(y)$ 值越大，说明乡村景观的综合评价指数越高。

5.2.2　耦合度评价

耦合度用来反映系统之间或系统内部组成要素之间作用程度，因此适用于可食地景与乡村景观之间互相作用程度的计算，借鉴物理学上的容量耦合模型，建立多系统耦合度模型：

$$C = n\left\{\left(\prod_{i=1}^{n} U_n\right) \Big/ \left[\prod_{i=1}^{n-1} (U_i + U_{i+1})\right]^n\right\}^{1/n}$$

所以，可食地景与乡村景观两个系统的耦合度函数为

$$C=2\{[f(x)\times g(y)]/[f(x)+g(y)]^2\}^{1/2}$$

式中，C为两个系统的耦合度；$f(x)$为可食地景的综合评价指数；$g(y)$为乡村景观的综合评价指数。耦合度值$C\in[0,1]$，C越趋向于0说明耦合度越小，越趋向于1说明耦合度越大。按耦合度数值，可划分为六个阶段(见表1.5.4)。

表 1.5.4　耦合度等级分类表

耦合度	0.0	0～0.3	0.3～0.5	0.5～0.8	0.8～1.0	1.0
耦合阶段	完全不耦合	低度耦合	拮抗	磨合	高度耦合	良性共振

5.2.3　耦合协调度评价

单一的耦合度研究难以反映可食地景与乡村景观两个系统之间的作用效果与协调发展效益，还需要做进一步的耦合协调度评价。因为在实践中，即便是两个系统都处于较低发展水平的状态，也可能会发生耦合度值较高，这就与现实情况相矛盾。所以，仅仅进行耦合度的评价是不够的，还需要进行耦合协调度的计算与评价。耦合协调度是评价系统在耦合过程中协调程度的大小，体现了系统发展从凌乱向有序发展的状态趋势。进行耦合协调度评价是对耦合度评价的补充与完善。具体函数如下：

$$D=(C\times T)^{1/2}$$

$$T=\alpha f(x)+\beta g(y)$$

式中，C为耦合度；D为耦合协调度；T为可食地景与乡村景观两个系统的综合评价系数；α、β为待定系数，分别代表可食地景系统和乡村景观系统对整体的贡献程度，本研究认为可食地景与乡村景观同样重要，即取$\alpha=\beta=0.5$。

为了更加直观地表示系统间的协调发展程度，将不同程度的耦合协调度值划分区间并赋予不同协调程度文字表述，设计具体的耦合协调度等级分类表（见表1.5.5）。

表 1.5.5　耦合协调度等级分类表

耦合协调度值	协调等级	$f(x)$ 和 $g(y)$ 关系	协调发展类型
$0.0\leqslant D\leqslant 0.1$	极度失调	$f(x)<g(y)$ $g(y)<f(x)$ $f(x)=g(y)$	可食地景发展滞后型 乡村景观发展滞后型 同步发展型
$0.1<D\leqslant 0.2$	严重失调		
$0.2<D\leqslant 0.3$	中度失调		
$0.3<D\leqslant 0.4$	轻度失调		
$0.4<D\leqslant 0.5$	濒临失调		
$0.5<D\leqslant 0.6$	勉强失调		
$0.6<D\leqslant 0.7$	初级协调		
$0.7<D\leqslant 0.8$	中级协调		
$0.8<D\leqslant 0.9$	良好协调		
$0.9<D\leqslant 1.0$	优质协调		

6 评价实证

6.1 选取研究对象

6.1.1 研究对象

蚌埠，地处淮河中游，古乃采珠之地，誉称“珠城”。蚌埠市自然环境基地良好，自然风光优美，生态环境良好，拥有各种旅游资源单体300个；蚌埠市文化资源类型丰富，各种物质和非物质文化景观丰富；蚌埠市是农业强市，拥有品牌粮油产业、规模养殖产业、健康渔业产业、高效瓜菜产业、农产品加工业、休闲观光农业六大主导产业；蚌埠市物产资源富饶，特色农业显著，有怀远石榴、白莲坡贡米等地理标志产品，更有怀远糯米、老任桥牛肉等特色优质产品，各种名优产品荟萃，乡村物产丰富；蚌埠市的优势特色产业为三产融合提供了基础，且与休闲农业与乡村旅游有不同程度的融合。

6.1.2 数据来源

书中相关基础数据来自2016—2019年《蚌埠市统计年鉴》、2016—2018年《蚌埠年鉴》、2015—2018年蚌埠市国民经济和社会发展统计公报、2015—2018年蚌埠市休闲农业与乡村旅游资料、蚌埠市农业农村局资料、蚌埠市文化和旅游局资料等，个别缺失指标数据是运用一定数学运算方法推导得出，具体数据见表1.6.1所列。

表1.6.1 可食地景与乡村景观耦合评价指标原始数据表

二级指标	2015年	2016年	2017年	2018年
可改造为可食地景土地面积（千公顷）X_1	377.17	377.48	377.2	378.24
可食地景播种面积（公顷）X_2	89005	89814	89856	58984
休闲农业从业人员总数（人）X_3	18257	18490	18819	19035
休闲观光农园（庄）（个）X_4	17	64	71	81
农家乐（个）X_5	28	86	107	118

（续表）

二级指标	2015 年	2016 年	2017 年	2018 年
可食地景大地景观密度（%）X_6	63.38	63.43	63.39	63.56
可食地景产值（万元）X_7	685436	752731	857156	875719
可食地景-蔬菜供养能力指数 X_8	17.69	16.26	13.26	8.61
休闲农业从业农民人均可支配收入比（%）X_9	1.422437673	1.313636725	1.260512746	1.171099643
建成区绿地覆盖率（%）X_{10}	38.2	39.8	41.2	41.8
农村居民恩格尔系数（%）X_{11}	31.1	36.4	36	35
可食地景认可度（%）X_{12}	0.041026966	0.042603687	0.043969626	0.044683099
农村居民人均可支配收入增长率（%）Y_1	9.9	9	9.4	9.5
休闲农业与乡村旅游综合营业收入占比（%）Y_2	0.155880906	0.144920193	0.113688259	0.121505126
休闲农业与乡村旅游游客接待量（%）Y_3	0.279115628	0.262825871	0.246529811	0.23125518
土地综合产出率（万元/千公顷）Y_4	5103.648222	5443.355939	5604.209968	5656.078151
创建森林村庄（个）Y_5	22	33	22	20
农村自来水普及率（%）Y_6	61.25	80	85	86
农村卫生厕所普及率（%）Y_7	77.13	85.63	85.25	91.07
生活垃圾处理率（%）Y_8	99.09	99.3	100	100
田园景观面积（万公顷）Y_9	47.5	48.3	49.05	51.57
乡村旅游示范村个数（个）Y_{10}	9	10	22	22
一村一品专业示范村个数（个）Y_{11}	3	4	8	9
A 级旅游景区（个）Y_{12}	36	28	28	31

6.2　蚌埠市可食地景与乡村景观耦合协调度计算

6.2.1　指标权重计算

根据前文构建的指标权重计算方法，运用熵值法进行可食地景与乡村景观耦合评价体系中各指标权重的计算（见表 1.6.2）。

表 1.6.2　可食地景与乡村景观耦合评价指标体系权重计算表

系统层	一级指标	二级指标	权重
可食地景 U_1	要素投入 0.299293	可改造为可食地景土地面积（千公顷）X_1	0.157396
		可食地景播种面积（公顷）X_2	0.060846
		休闲农业从业人员总数（人）X_3	0.081051

（续表）

系统层	一级指标	二级指标	权重
可食地景 U_1	景观效果 0.273102	休闲观光农园（庄）（个）X_4	0.062074
		农家乐（个）X_5	0.063712
		可食地景大地景观密度（%）X_6	0.147316
	经济效益 0.223075	可食地景产值（万元）X_7	0.077490
		可食地景-蔬菜供养能力指数 X_8	0.067711
		休闲农业从业农民人均可支配收入比（%）X_9	0.077874
	可持续发展 0.204531	建成区绿地覆盖率（%）X_{10}	0.070873
		农村居民恩格尔系数（%）X_{11}	0.062201
		可食地景认可度（%）X_{12}	0.071457
乡村景观 U_2	社会经济 0.270026	农村居民人均可支配收入增长率（%）Y_1	0.063013
		休闲农业与乡村旅游综合营业收入占比（%）Y_2	0.082247
		休闲农业与乡村旅游游客接待量（%）Y_3	0.068839
		土地综合产出率（万元/千公顷）Y_4	0.055927
	生态环境 0.312152	创建森林村庄（个）Y_5	0.121590
		农村自来水普及率（%）Y_6	0.053730
		农村卫生厕所普及率（%）Y_7	0.057809
		生活垃圾处理率（%）Y_8	0.079024
	景观效应 0.417822	田园景观面积（万公顷）Y_9	0.088994
		乡村旅游示范村个数（个）Y_{10}	0.102509
		一村一品专业示范村个数（个）Y_{11}	0.085159
		A 级旅游景区（个）Y_{12}	0.141161

6.2.2 耦合度和耦合协调度计算

把蚌埠市 2015—2018 年的数据代入前文中的评价模型中，计算出可食地景 U_1 和乡村景观 U_2 的综合评价指数与二者的耦合度及耦合协调度（见表 1.6.3）。

表 1.6.3 蚌埠市可食地景与乡村景观耦合评价模型综合评价表

	$f(x)$	$g(y)$	C	T	D
2015 年	0.212706	0.380227	0.959259	0.296466	0.533280
2016 年	0.516221	0.402072	0.992244	0.459146	0.674971
2017 年	0.551214	0.496069	0.998613	0.523642	0.723129
2018 年	0.779368	0.630067	0.994374	0.704717	0.837109

6.2.3 结果分析

为了更直观地表示安徽省蚌埠市 2015—2018 年可食地景与乡村景观各系统的综合发展情况和二者

之间的作用程度以及协调发展情况，建立了安徽省蚌埠市2015—2018年可食地景与乡村景观耦合协调发展情况图（见图1.6.1）。

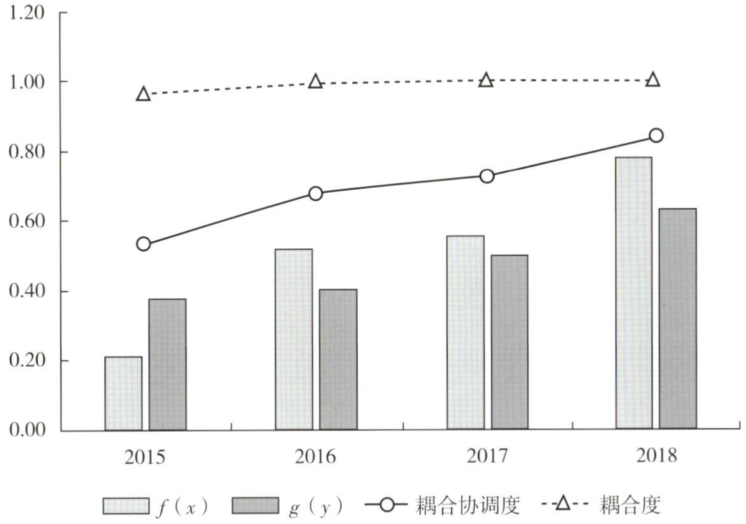

图1.6.1　安徽省蚌埠市2015—2018年可食地景与乡村景观系统综合评价指数图

（1）可食地景-乡村景观各系统发展分析

由图可知，2015—2018年间蚌埠市可食地景评价指数呈稳定增长趋势，且增长幅度较大，2016年甚至是呈两倍增长，此后该系统发展一直优于乡村景观系统，说明安徽省蚌埠市可食地景的营造成果显著。原因主要在于蚌埠市自2016年9月，发布《关于大力发展休闲农业的指导意见》之后，大力发展特色种养，围绕花卉苗木绿色生产、牧渔业生态养殖和设施农业建设等，积极发展休闲观光农业，这都促使了可食地景的发展。虽然目前蚌埠市对可食地景的营造尚处于萌芽阶段，但已经具备发展可食地景的基础条件。

与可食地景相比，乡村景观增长趋势较缓。2015—2016年，乡村景观增长幅度较小，分析原因主要在于原众多A级旅游景区因经营管理不善、标识标牌等基础设施消失、服务不到位、资源保护措施不力等被取消了A级旅游资质，这些A级旅游景区大多依附于乡村，承载着乡村的各种资源，包括对乡村田园、农村习俗等乡村景观的应用，取消A级旅游资质后，势必会对乡村景观的发展产生影响。2016—2018年，蚌埠市不断落实农业农村部关于推动落实休闲农业和乡村旅游的相关政策，大力实施休闲农业和乡村旅游精品工程。

（2）耦合度与耦合协调度时序分析

由图可知，从2015—2018年，蚌埠市的可食地景系统和乡村景观系统在整个耦合系统中，耦合度在0.9以上，一直处于高度耦合的发展水平，说明可食地景系统与乡村景观系统之间联系密切，彼此之间存在很强的相互作用，甚至相互依赖。同时两个系统之间耦合协调度值也从2015年的0.5逐渐上升到2018年的0.8，两者之间也从勉强失调逐渐转变为良好协调的发展状态。具体可从以下两个阶段进行分析：①2015—2016年。可食地景系统发展滞后于乡村景观系统，二者之间的协调发展关系逐渐从失调转向协调。原因在于2015年蚌埠市实施建设了五河县新一禾生态休闲农业、固镇县玉鹏生态产业园等3个一、二、三产融合建设项目，成功创建了10个市级现代农业示范区，现代农业发展迅速。②2016—2018年。2016年之后，可食地景系统开始追赶乡村景观系统发展，并逐渐超越，二者之间相互制约、协调；2018 年底，二者呈现良性协调发展状态。具体原因如下：2016 年，蚌埠市秉持着创新强农、协调惠农、绿色兴农、开放助农、共享富农的理念，以农业产业化为基础，推进农业结构调整，加快农业现代化进程；2017 年，蚌埠市整合近郊农业资源，积极进行休闲观光旅游农业示范点和特色小镇的创建，不断推动特色产业经济的发展，推进近郊农业建设发展；2018 年，继续优化农业产业结构，深化农业供给侧结构性改革。

6.3 基于可食地景与乡村景观协调发展的休闲农业建设路径

6.3.1 形态建设

合理利用农村土地，进行统一规划部署，主要体现在乡村农田景观和聚落景观的可食地景营造。①乡村农田景观。将农田景观这一特有乡村资源特质发挥到最大，借助特定的景观设计手法，将农村可食用景观与观赏植物搭配种植，打造特色的大地农业景观，如花田、稻田画等。②乡村聚落景观。乡村居住地也是反映田园风光的重要元素之一，对于此类乡村景观可食地景的营造，首先整合乡村居住地中的零碎空间，如宅旁绿地、屋顶、阳台、农村闲置地等，在符合乡村整体规划的前提下，对其重新规划，激活再生，既可自产自销，满足居民的生产生活需求，又为乡村景观增添了一份姿色。除此之外，还可打造蔬菜专类园、瓜果类公园、农业园的景观形式，这些景观形式不仅可以营造可食地景，还可结合园林小品、游乐设施等，打造集生产、休闲、观光等多种功能于一体的休闲农业园区。

6.3.2 业态建设

三产融合，构建多层次的产业链和价值链，提高农业与其他产业的关联度，突破传统的农业种植、养殖方式，提高农业的附加值，形成农业＋乡村产业发展的创意农业。创意农业使怀远成为一个集观光、石榴文化科普、石榴酿酒技术展示、石榴手工制作等多功能于一体的县城。例如，依托于怀远县石榴种植，配套旅游设施，可以进行种植采摘等活动；结合加工产业，创造石榴汁、石榴酒等附加产品；打造石榴品种培育科研产品等。

6.3.3 文态建设

充分挖掘当地的民风习俗、传统文化等，并在此基础上对这些乡村文化进行加深记忆。注重收集村落遗址、农耕工程、耕作工具等农业文化遗产，创造民俗博物馆等乡村记忆工程项目，并加以保存。围绕这些乡村文化打造特色产品，将农业农村农民以及文化等多元素融入特色产品设计中，打造出凝聚新思想、新技术和新创造的产物，展现乡村文化智慧、独特和艺术性的特点，在传承传统文化和精神的同时，培育和谐、创新、开放、共享的新时代乡村休闲文化。例如，可以在可食地景的营造中结合农耕小品的点缀，将可食地景的休闲活动中与乡村的特色习俗活动相结合。

6.3.4 生态建设

在乡村景观和可食地景的营造时注重生态性，在种植上尽可能选择乡土植物进行搭配，这样既提高了存活率，又保育了当地的生态系统。在设施材料的选择上，以低碳环保为前提，充分利用居民生活中的废弃材料进行加工重构，实现资源的循环化利用。在生产的过程中，拒绝使用化学肥料和农药，改用厨余堆肥，消解居民生活中的厨余垃圾和当地畜禽粪污。

6.4　基于可食地景与乡村景观协调发展的休闲农业园区规划设计策略

6.4.1　资源挖掘，合理布局

设计中，尊重场地，因势利导，在了解当地独特的自然资源与文化的前提下，以景观生态学、农业生态学为指导，以土地规划为基础，因地制宜地对现有的资源进行合理的开发应用。同时根据甲方的需求，结合生产、休闲、观光等不同的功能将园区划分为不同的功能区。例如，为满足生产需要设置蔬菜园、果园、花田、养殖区；为方便园区管理同时满足游客需求，设置综合服务区或智能中心、餐饮区域、停车场等；为满足游客赏景种植采摘等需求，设置农业观光区、花海、一米菜园、螺旋花园等；为满足科普教育、文化展览等需求，设置农业科教示范区、蔬果文化区等。

6.4.2　精心规划，明确主题

在规划设计过程中，应充分了解游客的心理，以旅游心理学为指导，抓住游客的好奇点、兴趣点，设置独特的、具有当地特色的游玩项目，激发游客旅游动机，吸引大众。同时为园区确定一个主题，好的主题是一个园区的灵魂。结合可食地景可以建设具有高效保健和药用价值的野生蔬菜园，观赏价值高、植株矮小精致的蔬菜盆景园，栽培方便、效益高的水生蔬菜园，各种名、优、特、稀的蔬菜展览的特色蔬菜展示园，棚架或长廊上攀爬的瓜果类蔬菜园等。还可以结合园林小品、装置艺术、特色活动等塑造可食地景，增加游玩的趣味性与丰富度，如利用蔬菜栽培与园林小品结合，打造蔬菜的主题公园；通过造型设计、艺术创作等手段，将蔬菜打造为观赏性艺术展品。

6.4.3　综合管理，做好宣传

鼓励政府、园区员工、游客共同参与管理与运营，政府为建设初期做好设计指导和资金筹建，并做好后期监督。园区员工是园区的主导者，参与园区的建设施工与农业的生产，做好园区的日常管理。游客在游园中要尊重爱护园区，建设开放、互动的评价平台，积极参与园区的升级改进。同时做好园区的宣传。扩大知名度，可通过举办不同的活动来吸引游客，如根据当地的农产品和季节性的特点，举办大型赏花采果活动，也可用可食地景产品为食材，举办“可食地景丰收节”厨艺大赛等。

在园区生产链条中，可建立与餐饮店、零售店等企业的合作机制和线上线下销售平台。建设初期，积极招募农民，参与园区生产，带动社会就业。建设中期，通过模块化管理园区生产，采用智能化管理，智能灌溉。建设后期，园区内瓜果蔬菜等各种粮食收获后，通过“市民果蔬箱”的形式向餐饮店和零售店提供蔬菜，同时在园区售卖处和网上平台同步销售。

7 规划实证

7.1 规划概括

7.1.1 规划区位置

规划区位于安徽省蚌埠市怀远县榴城镇沙沟村。规划区交通便利，毗邻涡河有坝顶双淝路，水泥路贯穿全村。

“怀远宫宋杨林四大家，赶不上沙沟一孙家”。规划区所在的沙沟村，是省级美丽乡村，近年来又因“生态宜居村庄美”声名鹊起。美丽乡村建设以来，沙沟村积极进行村庄规划，启动农田保护、环境整治、产业发展等建设项目，现已形成了鸟语花香的优美环境。但更让沙沟村人骄傲的是他们流传已久的“果蔬之乡”的美称（见图 1.7.1）。

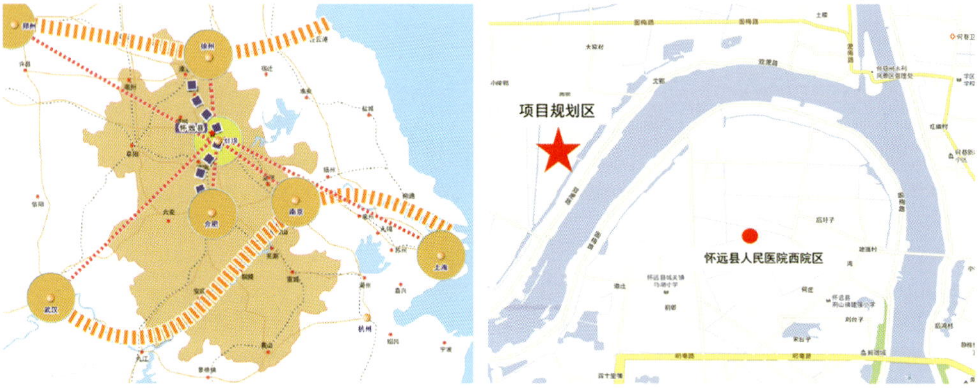

区域大环境：位于安徽省蚌埠市怀远县。淮河中游，淮北平原的南端，东邻固镇、蚌埠、凤阳，南界淮南，西毗凤台、蒙城，北依濉溪、宿州。

区域小环境：位于怀远榴城镇沙沟村，毗邻涡河有坝顶双淝路。水泥路贯穿全村，交通便利。

图 1.7.1　规划区位置图

7.1.2　规划区现状

规划场地以露天蔬菜、大棚蔬菜、瓜果类蔬菜种植为主的农田。

东侧堤顶路可通行小部分车辆，内部通行都为土路，需要整体设计提升。西侧有南北走向沟渠，东侧有较多的池塘水体，杂草较多，还需整体改造提升。整体为平原，地势较为平坦，中部小部分区域地势较低。东侧堤顶路两侧铺设草坪，路西侧栽种景观树，路两侧景观绿化较好（见图 1.7.2）。

图 1.7.2　规划区现状图

7.2　基于可食地景与乡村景观协调发展的设计策略

7.2.1　充分挖掘果蔬文化，合理定位

沙沟村自明清时代就是著名的果蔬之乡，良好的种植环境、丰富的果蔬资源和悠久的果蔬文化是沙沟村宝贵的乡村景观资源，可定义为"地景旅游"的乡村概念，以"休闲农业园区"为发展方向，打造"可食地景旅游"为特色产品。因此，在规划中，应合理利用现有资源，以土地规划为基础，进行合理开发，利用果蔬文化加深记忆，创造展览馆等记忆加深工程，同时围绕千百年来的农耕习俗、人文历史等结合可食地景概念打造特色产品，营造具有游赏、农耕、采摘、购物为一体的休闲农业园区。

7.2.2　合理规划分区，明确主题

结合沙沟村农作物品种优化、农业供给侧结构调整等要求，因地制宜地布局园区的各个版块。地势低洼处可挖深成池塘，设计水生蔬菜园，也可结合盆景，打造蔬菜盆景园；地势高处可设置瞭望台，将园内景色一览无余。根据实际需求：设置一处场所供员工团建、游戏的场所；独立划分出一块场地，供

员工进行农耕体验、采摘品尝等活动；打造一处隐秘场所，可进行会议交流、休息等。

7.2.3 扩大知名度，打造品牌

充分发挥骑行绿道、田间小道、景观大道等廊道功能，培育百姓菜园、可食地景果园、房车民宿、智慧农场等为主的休闲游玩体系，推出地景创意、果蔬采摘烹饪比赛等特色活动，扩大园区知名度，打造成品牌特色。充分发挥当地龙头企业、农村合作社、致富带头人等作用，引进有情怀、有技术的创业人才，积极鼓励参与园区建设。

7.3 规划定位

7.3.1 规划思路

沙沟村依托瓜果蔬菜产业，在美丽乡村的建设下，实现了翻天覆地的美丽蝶变。因此该规划提取“蝴蝶”“瓜果蔬菜”元素，借鉴蝴蝶五彩斑斓的特征及线条，大繁至简，勾画出形似展翅蝴蝶的主景观元素；挖掘果蔬文化，勾起对家乡的情绪；期望触发蝴蝶效应，扩大沙沟果蔬的知名度，打响沙沟“果蔬之乡”的品牌，促进区域更好发展。

7.3.2 设计主题

设计主题为“老屋篱笆果蔬香”。传递的是乡趣、乡耕、乡愁，表达的是对童年纯真童趣的回忆与追寻、对果蔬文化的传承与农耕体验的渴望，以及对人生与生活的感悟与享受。

7.3.3 功能定位

功能定位于长九绿色果蔬专供基地、智慧果蔬园、可食地景式“蔬菜花园”。主要面向医院群体（医护人员及家属、病人及家属）、长九集团客户等，满足休闲观光、活动交流、采摘游玩、生态康养、文化科普、团建等功能需求（见图 1.7.3）。

图 1.7.3　功能定位

7.4 总体设计

7.4.1 总体布局

按照“一心三轴四影”来进行布局（见图 1.7.4～图 1.7.6）。

一心：综合服务中心。

三轴：景观观光轴、休闲活动轴、绿色生产轴。

四影：花之影、蔬之影、果之影、竹之影。

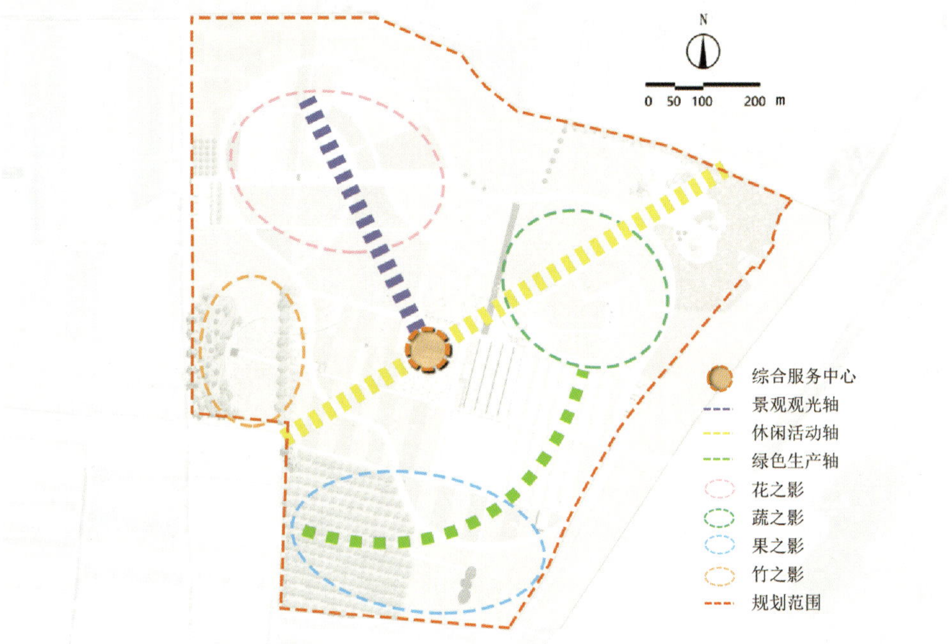

图 1.7.4 总体布局图

7.4.2 功能分区

划分为四个区域，分别是农业观光展示区、创意休闲活动区、绿色生态种植区、智慧综合服务区（见图 1.7.7）。

农业观光展示区：占地面积 145 亩，主要展示各式各样的花卉和蔬果，同时也承载着优质品种培育功能。弧形小路分割空间并给了人们亲近大自然的机会。花间还设置了休息平台和坐凳。一条长长的特色铺装道路贯穿东西，创意小品、秋千、条石小路与沙石穿插、草坪坐凳应接不暇。碧水鱼池、高山流水，好不惬意！在西南角处塑造了一处微地形，镂空景墙分割又串联空间，坐在竹风亭，听着竹叶沙沙作响，看着果蔬茁壮成长。

创意休闲活动区：占地面积 62 亩，位于园区的东北角，是一处体验种植、亲子活动、团建、素质拓展的场地。临近水渠的地方设置了“几”字形的亲水平台，给人以不同的感受：亲水、远水、近水。

附图1.7.5 鸟瞰图

图1.7.6　平面图

1 西入口
2 停车场
3 银杏树阵
4 时令蔬菜种植
5 百花园
6 花溪
7 花间小憩
8 特色铺装
9 瓜果长郎
10 百蔬园
11 优质品种培育
12 碧水鱼池
13 高山流水
14 文化长郎
15 咫尺汀步
16 喷泉广场
17 蔬菜盆景园
18 智能温室
19 一米菜园
20 智服中心
21 芳香蔬菜园
22 镂空景墙
23 楼红柳绿
24 设备房
25 竹风亭
26 茂林深篁
27 时令蔬菜采摘
28 树屋
29 百果园
30 林下养殖
31 果蔬大棚采摘
32 藤蔓蔬菜园
33 管理房
34 设施蔬果
35 东入口
36 小话田园
37 缤纷菜园
38 沃田躬耕
39 亲水平台
40 野生蔬菜园
41 素质拓展广场
42 亲子营地

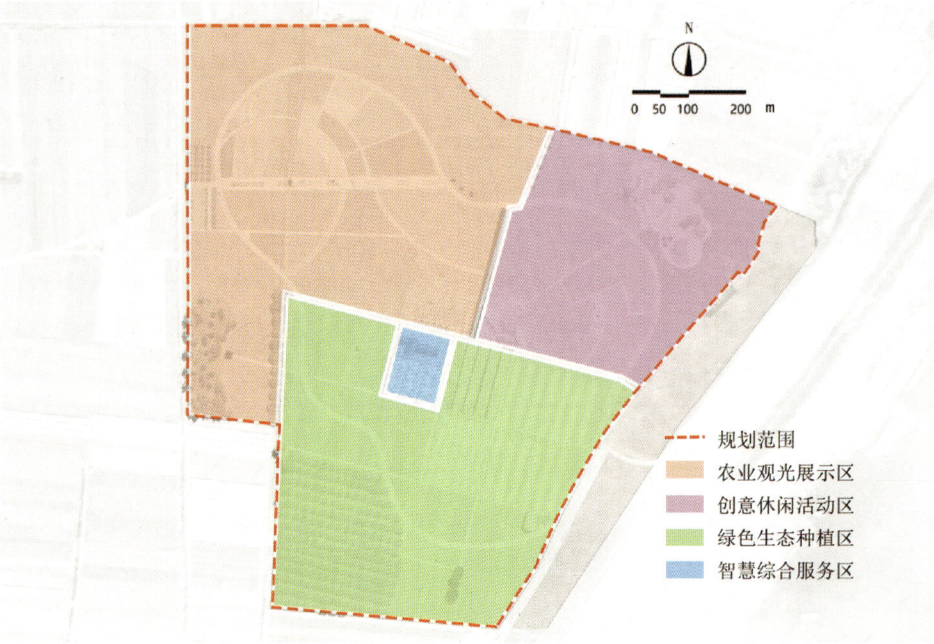

图 1.7.7 功能分区图

野生蔬菜园赋予亲水平台一股野生野长的强劲气息。素质拓展广场作为团建的场所，可以烧烤、交谈等。亲子营地设置房车，每个房车都配备专门的水电气设施，能够满足基本的生活条件。

智慧综合服务区：是一个架空层上的中式宅院，呈“庭院园田”结构，占地面积 7 亩。主体建筑一层架空，架空层高 3.9 米，设置沙发、生态厕所供休息和停留；二楼呈合院格局，环绕着凉廊、露台和灰空间，承载着休息、会议等功能，远眺可以望见涡河景色，近看菜园景色尽收眼底。宅院外是条带种植池与条石错落有致组成的一米菜园，还设置室外的茶歇座椅。

绿色生态种植区：占地面积 118 亩，位于园区的南部，主要为生产功能。智能温室由 6 个连栋大棚组成，棚内安装多功能传感器和摄像头，能够监控大棚内作物的生长状况以及温度、湿度等变化情况。设施蔬果种植当季的蔬菜，满足供应。还有专为人们提供采摘的大棚和果园，其中一片果园圈起来进行林下养殖。设备房与管理房能够满足各大棚所需。芳香蔬菜园种植薄荷、香菜等香料作物，中心处还设置了一个雕塑。

7.5 专项规划

7.5.1 基础设施规划

(1) 道路规划

全园道路分为环园路、主干道和次干道，分别宽 4 米、3 米和 1 米，基本满足全园的交通需求。环园路外环 3 米铺设水泥硬质路面，内环 1 米铺设橡胶。主干道和次干道均采用水泥硬质路面，亲水平台采用深棕防腐木。

（2）灌溉系统

全园的灌溉来自园中心的人工池以及东侧的涡河，其排水方向为由北向南，由西向东经过过滤净化流入涡河。

（3）标识系统

全园的标识系统主要分为四类：全园导览标识牌，可以清晰地标明各个景点的位置；景点导向性标识牌，能够快速指引游人到达景点；管理性标识牌，注明“水深危险”“珍爱小草”等提示语，方便园区员工管理；解说性标识牌，一般是对各个景点或园内重要项目进行知识普及。

（4）照明系统

照明系统主要分为三个部分。高杆太阳能路灯：位于环路两侧，交叉排列，50 米/盏。中杆路灯：位于园区主、次干道两侧，20 米/盏。景观地灯：位于亲水平台，花间小憩与小话田园等观光展示处。

7.5.2 景观营造

（1）景观营造

遵循本土性原则，选择本土性植物来打造可食地景，主要就是运用园林艺术手法对蔬菜和花卉进行合理的搭配，打造大面积的大地景观，产生景观效果的同时，满足生产需求。

① 瓜果蔬菜选择

蔬菜的选择注重季节的变化，颜色的搭配，保证四季均有景可赏、有菜可食（见表 1.7.1）。

表 1.7.1 瓜果蔬菜选择表

季节	主要选择蔬菜
春天（2—4 月）	生菜、香菜、韭菜、菠菜、番茄、丝瓜、香瓜、西瓜、花生、辣椒、豇豆、生姜
夏天（5—7 月）	空心菜、莲藕、甘薯、苦瓜、萝卜、胡萝卜、菠菜、油菜、黄瓜、四季豆、莴苣
秋天（8—10 月）	苋菜、大蒜、洋葱、韭菜、芥菜、菠菜、生菜、尚蒿、芹菜、花椰菜
冬天（11—1 月）	芥菜、菜心、大白菜、芥蓝、生菜、韭菜、胡萝卜、菠菜、蚕豆、豌豆

② 花卉选择

花卉选择易于存活和管理的植物，主要选择花叶玉簪、吉祥草、扶芳藤、麦冬、丛生福禄考、花叶蔓长春、火炬花、紫娇花、百里香、天蓝鼠尾草、美丽月见草、石竹、美女樱、三色堇、满天星、矢车菊、鸢尾。

③ 营造形式

采用不同形式来进行景观的营造。蔬菜花坛：在苗床内对观赏蔬菜进行规则式配置的一种方式，按照整形或者半整形的方式栽植不同的蔬菜，以展示群体美。垂直绿化：将观赏蔬菜以攀附的形式进行展示的配置方式。盆栽观赏：采用一定大小的容器进行栽培的观赏蔬菜。专类专题园：专门种植野生蔬菜的野菜园，培育水生蔬菜的水生蔬菜园，为各种名贵品种的蔬菜构建的特色蔬菜园。还可以融入稻草人、草垛等农耕小品，或结合装置艺术来增强景观的趣味性，同时传递一种农耕文化。

（2）活动策划

植树采摘：作为亲子活动或团建项目的一种，组织大家进行植树、浇水等，培养大家的团结协作能力。不同时令的鲜果采摘可以让人们体验到自己动手的丰收感与满足感。还可以举行草莓采摘节、西瓜大胃王等各种趣味小比赛，增加活动的乐趣，增进彼此感情。

踏青摄影：设置专门的场地供人们踏青和摄影。人们可以在此野炊，也可以赏花赏景，还可以在鸟语花香中捕捉自然的美景，感受大自然的美丽。

养生康体：老年人可以打打太极拳、下下围棋，赏赏花逗逗鸟，放松身心，也可以租赁一小块农田，自耕自足，体验农耕的快乐与丰收的喜悦。

7.5.3 经营者管理

可食地景的设计不同于其他，它需要既懂农业又懂规划的专业性人才进行打理，同时蔬菜和花卉的生长要尽可能地避免人为的干扰。因此，在设计时，预留出生产通道和管理用道，方便员工的管理。同时，可实行限时性的运营模式，限制人流量，降低管理成本。

8 结　论

可食地景系统与乡村景观系统之间存在一定的联系，二者相互影响相互推动发展，且其根本目标一致，都是促进休闲农业的发展、美丽乡村的建设和乡村振兴。通过分析可食地景与乡村景观的关系构建了可食地景与乡村景观的耦合概念模型，运用容量耦合模型，构建了可食地景与乡村景观的耦合评价模型，以安徽省蚌埠市为实例验证，运用熵值法对可食地景与乡村景观的耦合评价体系计算权重，利用耦合度和耦合协调度模型对两个系统之间的协调关系进行了定量分析和研究，主要有以下结论：

第一，可食地景与乡村景观之间存在耦合关系，二者之间相互影响、相互作用，可食地景促进乡村景观升级重构，乡村景观带动可食地景营造，而且二者的协调发展直接带动了美丽乡村建设、乡村振兴战略的实施。引入三维坐标概念，将可食地景与乡村景观耦合的动力机制分解为耦合支撑力、驱动力和协调力，进而从外部机遇和内部需求角度，环境要求与生态技术、景观格局与空间布局、美感效果与精神需求三方面的支撑下，规划制约、管理机制、产业融合的协调下，构建了可食地景与乡村景观的耦合概念模型。

第二，通过查阅文献预选指标——专家打分运用算术平均数和标准差进行筛选指标，最终构建了可食地景与乡村景观耦合评价指标体系。在指标体系构建的基础上，建立了可食地景系统、乡村景观系统和耦合系统综合评价指数函数，借鉴物理学上的容量耦合模型，构建可食地景与乡村景观耦合度和耦合协调度函数模型。

第三，对安徽省蚌埠市可食地景与乡村景观的发展水平和二者之间耦合的情况进行评价。运用熵值法确定可食地景与乡村景观耦合评价指标的权重，然后对蚌埠市可食地景与乡村景观两个系统的综合评价水平和耦合度、耦合协调度进行评价。通过计算，安徽省蚌埠市 2015—2018 年可食地景系统与乡村景观系统综合发展水平逐年上升，且二者之间相互作用，逐渐从简单到复杂、从单一到多元、从杂乱无章到井然有序，一直处于高度耦合的状态。同时从 2015 年两系统的勉强失调逐渐转变为良好协调的发展状态。

第四，分析蚌埠市可食地景与乡村景观两系统的耦合情况，从形态建设、业态建设、文态建设和生态建设 4 个方面入手，对休闲农业的建设提出对策建议，逐步解决蚌埠市可食地景与乡村景观耦合协调的问题，不断对可食地景与乡村景观系统二者耦合进行优化升级。

第五，休闲农业园区作为可食地景与乡村景观耦合的重要承载体，分析基于可食地景与乡村景观协调发展的休闲农业园区规划设计，提出资源挖掘、合理布局，精心规划、明确主题，综合管理、做好宣传 3 个方面的休闲农业园区规划设计策略。

第六，以基于可食地景与乡村景观耦合分析的休闲农业园区规划设计策略为指导，对蚌埠市沙沟村篱笆院子进行规划设计。

9 参考文献

[1] 王静文．城镇化进程中城郊都市农业景观组织 [J]．规划师，2015，31（S1）：249－253.

[2] ALEX K，ISABELLA G，FOTEINI G，et al. The phantom of（agri）tourism and agriculture symbiosis? A Greek case study [J]. Tourism Management Perspectives，2014，12，94－103.

[3] 杨梦琪．基于乡村景观特征的重庆都市休闲农业园环境景观设计策略研究 [D]．重庆：西南大学，2019.

[4] 杜兴军，陈曦．台湾地区休闲农业发展的经验及对大陆的启示 [J]．农业现代化研究，2013，34（2）：198－201.

[5] 柯佑鹏，范武波，过建春，等．海南省休闲农业发展研究 [M]．经济科学出版社，2016.

[6] 华章．家庭农场旅游开发模式研究 [D]．南京：东南大学，2015.

[7] 李迎洁．运城市盐湖区休闲农业与乡村旅游规划研究与实践 [D]．咸阳：西北农林科技大学，2019.

[8] 贺坤，李小平．生境共生与产业融合复合视角下的现代休闲农业园规划与实践研究 [J]．生态科学，2015，34（6）：130－137.

[9] 陈冬生．大数据在休闲农业中的应用研究 [J]．中国农业资源与区划，2018，39（5）：208－212.

[10] 马天翼．江西乐安蚕桑休闲农业园规划设计研究 [D]．南昌：江西农业大学，2019.

[11] 何成军，李晓琴，银元．休闲农业与美丽乡村耦合度评价指标体系构建及应用 [J]．地域研究与开发，2016，35（5）：158－162.

[12] 李振鹏，刘黎明，谢花林．乡村景观分类的方法探析——以北京市海淀区白家疃村为例 [J]．资源科学，2005（2）：167－173.

[13] 邓意．乡村景观吸引力视角下的休闲农业园规划研究 [D]．长沙：湖南农业大学，2014.

[14] 吴玉鸣，张燕．中国区域经济增长与环境的耦合协调发展研究 [J]．资源科学，2008（1）：25－30.

[15] 林文雄，陈婷，周明明．农业生态学的新视野 [J]．中国生态农业学报，2012，20（3）：253－264.

[16] 庄晓敏．刍议大众情趣背景下的乡村景观重构策略 [J]．规划师，2019，35（8）：85－89.

[17] 谢花林，刘黎明．城市边缘区乡村景观综合评价研究——以北京市海淀区白家疃村为例［J］．地域研究与开发，2003（6）：76－79.

[18] 秦俊丽．乡村振兴战略下休闲农业发展路径研究——以山西为例［J］．经济问题，2019（2）：76－84.

[19] 李庆雷，曾国彬．可食地景旅游的规划开发［N］．中国旅游报，2019－09－24（3）．

[20] 谢花林，刘黎明．乡村景观评价研究进展及其指标体系初探［J］．生态学杂志，2003（6）：97－101.

[21] 郁忠雨．基于景观感知体验与生态环境耦合分析的乡村旅游景观提升研究［D］．合肥：合肥工业大学，2018.

[22] 秦国伟．安徽省农村土地流转问题研究［D］．北京：北京林业大学，2016.

10

附录——沙沟村篱笆院子规划设计项目系列图

1 西入口
2 停车场
3 银杏树阵
4 时令蔬菜种植
5 百花园
6 花溪
7 花间小憩
8 创意小品
9 景亭
10 秋千
11 瓜果长廊
12 百蔬园
13 优质品种培育
14 文化长廊
15 碧水鱼池
16 高山流水
17 蔬菜盆景园
18 咫尺汀步
19 镂空景墙
20 竹风亭
21 茂林深篁

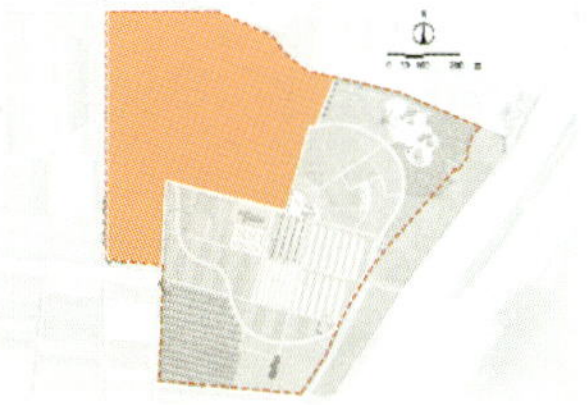

农业观光展示区主要是展示各式各样的花卉和蔬果，同时也承载着优质品种培育的功能。弧形小路分割空间并给了人们亲近大自然的机会。花间还设置了休息平台和坐凳。一条长长的特色铺装道路贯穿东西，创意小品、秋千、条石小路与沙石穿插、草坪坐凳应接不暇。碧水鱼池、高山流水，好不惬意！在西南角处塑造了一处微地形，镂空景墙分割又串联空间，坐在竹风亭，听着竹叶沙沙作响，看着果蔬茁壮成长。

附图 1.1　农业观光展示区

附图 1.2　农业观光展示区效果图 1

附图 1.3　农业观光展示区效果图 2

1 喷泉广场
2 水上平台
3 碧水鱼池
4 沃田躬耕
5 缤纷菜园
6 小话田园
7 特色坐凳
8 亲水平台
9 野生蔬菜园
10 烧烤架
11 素质拓展广场
12 亲子营地

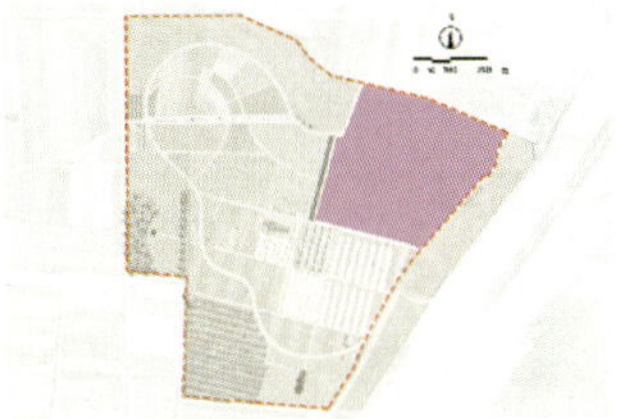

创意休闲活动区位于园区的东北角，是一处体验种植、亲子活动、团建、素质拓展的场地。临近水渠的地方设置了“几”字形的亲水平台，给人以不同的感受：亲水、远水、近水。野生蔬菜园赋予亲水平台一股野生野长的强劲气息。素质拓展广场作为团建的场所，可以烧烤、交谈等。亲子营地设置了几个房车，每个房车都配备了专门的水电气设施，能够满足基本的生活条件。

附图 1.4　创意休闲活动区

附图 1.5　创意休闲活动区效果图

1 露天茶歇
2 会议室
3 休息室
4 生态厕所
5 一米菜园
6 条石

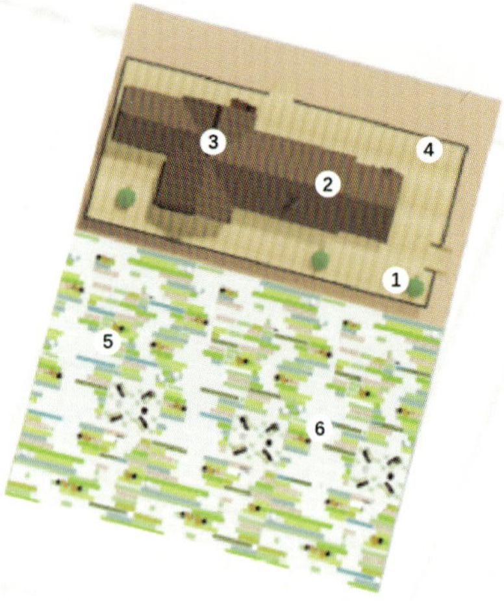

智慧综合服务区是一处架空层上的中式宅院，呈“庭院园田”结构。主体建筑一层架空，架空层高3.9米，设置沙发、生态厕所供休息和停留；二楼是一个合院格局，青瓦白墙木柱，环绕着凉廊、露台和灰空间，承载着休息、会议等功能，远眺可以望见涡河景色，近看菜园景色尽收眼底。宅院外是条带种植池与条石错落有致组成的一米菜园，还设置室外的茶歇座椅。

附图 1.6 智慧综合服务区

附图 1.7 智慧综合服务区效果图

1 东入口　　6 管理房　　11 树屋　　16 中心雕塑
2 停车场　　7 藤蔓蔬菜园　　12 时令蔬菜采摘　　17 设备房
3 设施蔬果　　8 大舞台　　13 小仓库　　18 桃红柳绿
4 智能温室　　9 林下养殖　　14 草棚
5 果蔬采摘大棚　　10 百果园　　15 芳香蔬菜园

绿色生态种植区位于园区的南部，主要为生产功能。智能温室由6个连栋大棚组成，棚内安装了多功能传感器和摄像头，能够监控大棚内作物的生长状况以及温度、湿度等变化情况。设施蔬果种植当季的蔬菜，满足供应。还有专为人们提供采摘的大棚和果园，其中一片果园圈起来进行林下养殖。设备房与管理房能够满足各大棚所需。芳香蔬菜园种植薄荷、香菜等香料作物，中心处还设置了一个雕塑。

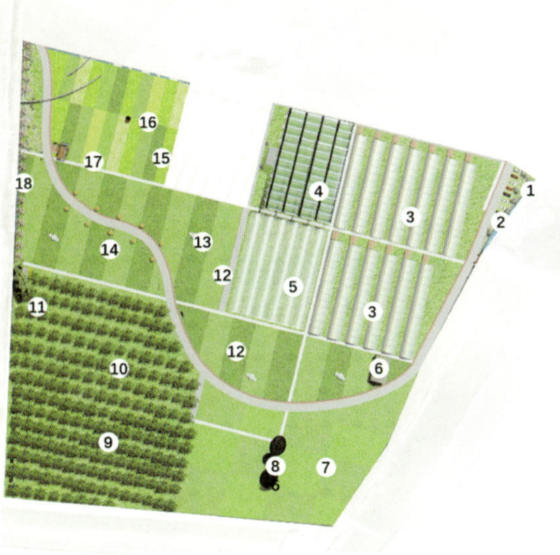

附图 1.8　绿色生态种植区

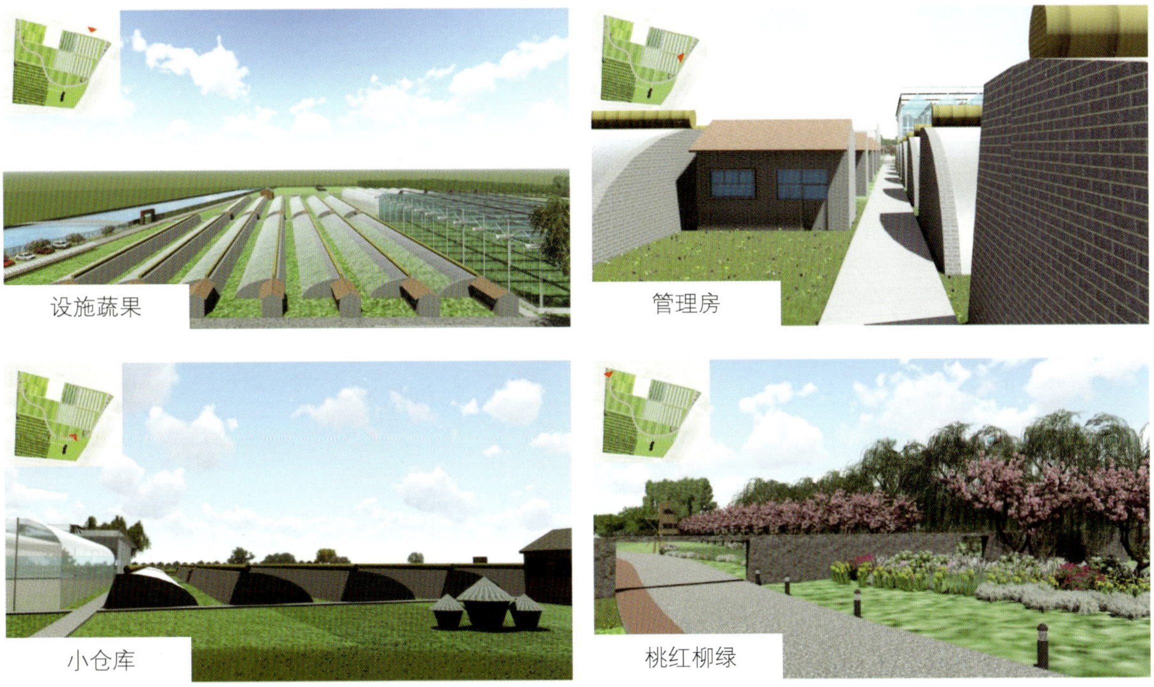

附图 1.9　绿色生态种植区效果图

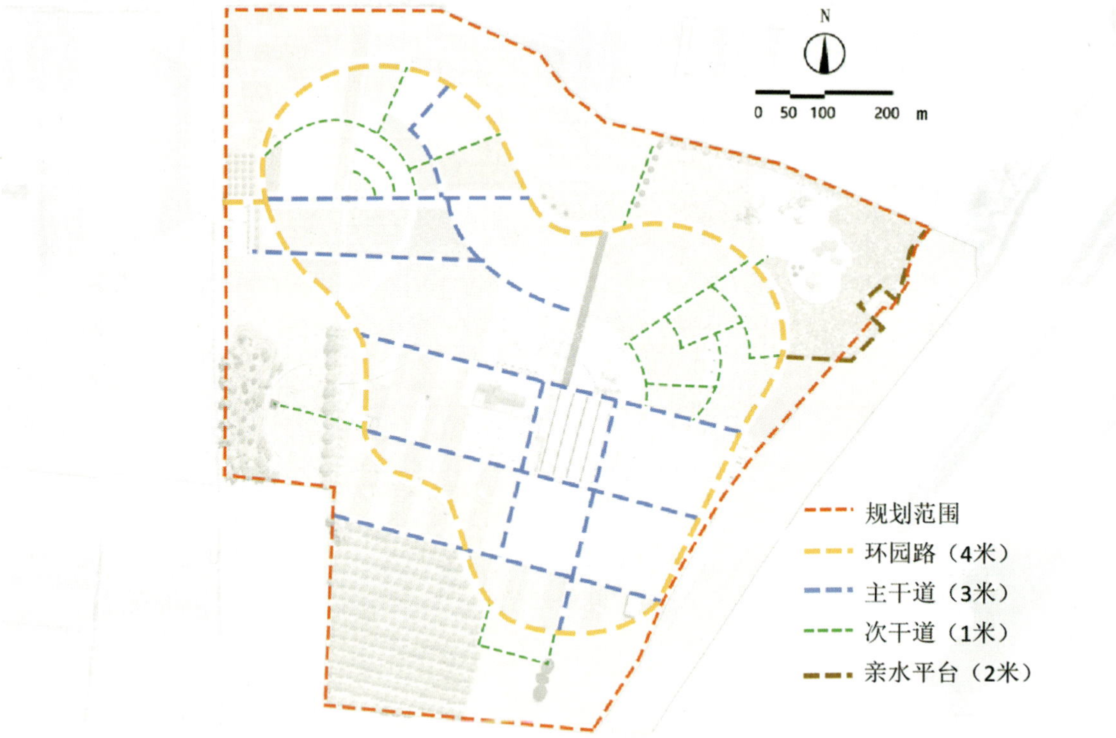

附图 1.10 道路规划图

附图 1.11 灌排系统图

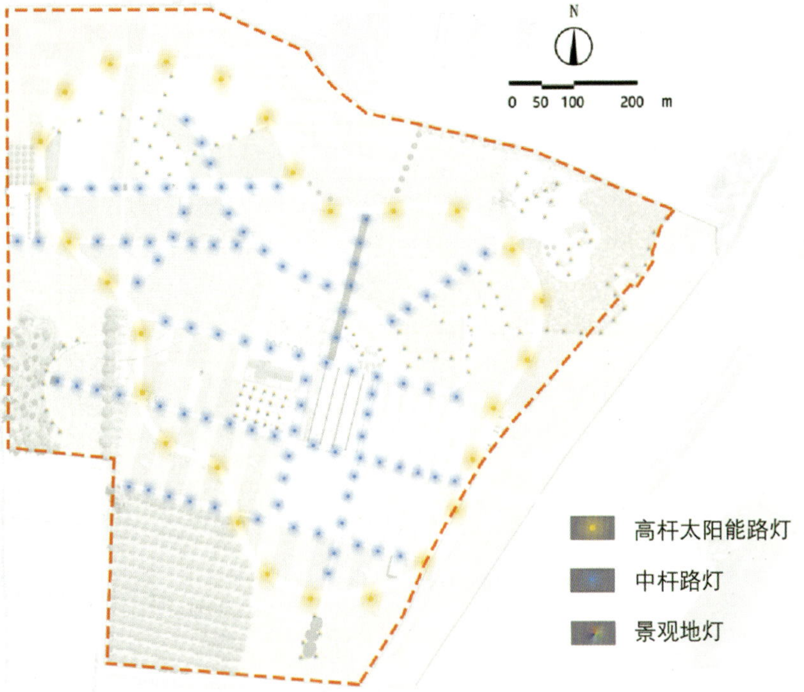

照明系统主要分为三个部分。

高杆太阳能路灯：位于环路两侧，交叉排列，50米/盏。

中杆路灯：位于园区主、次干道两侧，20米/盏。

景观地灯：位于亲水平台，花间小憩与小话田园等观光展示处。

附图 1.12　照明系统规划图

附图 1.13　照明系统示意图

颜色	蔬菜名称
白色	白菜、小白菜
黄色	金瓜、南瓜
浅绿色	白菜、小白菜、结球甘蓝、生菜、莴笋、丝瓜、葫芦、冬瓜
鲜绿色	苋菜、芋艿、胡萝卜、迷迭香、薄荷、茴香、苦瓜、莲藕
深绿色	菠菜、韭菜、甜椒、茄子、萝卜、红薯、南瓜、秋葵、芋艿
红色	西红柿、苋菜
紫色	结球甘蓝、羽衣甘蓝、紫叶生菜、苋菜
多色	辣椒、彩椒

附图 1.14　瓜果蔬菜选择图 1

中文名	花期	花色
花叶玉簪	7—8	乳黄色和白色
吉祥草	8—9	绿色
扶芳藤	6—7	绿色
麦冬	7—8	浅紫或青蓝色
欧亚活血丹	4—6	浅绿色
丛生福禄考	4—5、8—9	紫红色、白色、粉红色
花叶蔓长春	四季常绿	乳黄色和白色
白晶菊	6—8	花银白色
火炬花	6—7	花冠橘红色
紫娇花	5—7	紫色
百里香	3—4	粉色或紫色
银斑百里香	1—2	乳黄色和白色
牛至	7—9	紫红、丹红至白色
天蓝鼠尾草	8—10	蓝紫色
美丽月见草	4—11	紫红色
石竹	5—6	紫红色、粉红色
美女樱	5—6	白色、粉色、紫色
勿忘我	7—8	紫色、蓝色
三色堇	6—9	紫色、白色、黄色
满天星	1—2	深桃红色
矢车菊	3—9	紫色、蓝色、浅红色、白色
鸢尾	4—6	紫蓝色

附图 1.15　花卉选择图

附图 1.16　可食地景搭配图

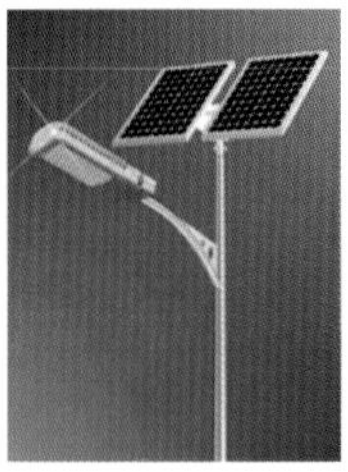

第二篇　基于创新驱动导向的农业科技园区规划设计与评价

在当前我国进入全面实施创新驱动发展战略、深入推进乡村振兴战略和建设创新型国家的新时代背景下，现代农业科技园区作为承载和转移农业科技创新活动集中产生的重要载体，无疑是引领我国现代农业自主创新能力提升的重要平台，也必将成为我国现代农业转型升级的前沿阵地和示范先行区。

本研究旨在融合创新驱动理论与农业园区规划理论，以国内外创新驱动理论和农业园区规划理论的研究为基础，探索基于创新驱动理念下现代农业科技园区规划设计的总体思路、规划的目标和技术方法等。同时结合我国现代农业科技园区发展背景，深入研究了创新驱动与农业科技园区规划之间的逻辑关系以及基于创新驱动导向的现代农业科技园区规划策略。研究表明：现代农业科技园区创新驱动应包括现代化农业基础设施驱动、高质量科研驱动、政府与园区企业双轮驱动、市场驱动及“互联网+”驱动等基本路径，创新驱动导向下农业科技园区主要面向“技术创新型”“龙头企业主导型”以及“智慧生态型”发展模式。在创新驱动理念下，农业科技园区的规划目标应该侧重园区总体空间布局、成果转移转化能力、高新技术产业的集聚能力、园区“双创能力”及精准脱贫带动能力等方面。按照农业创新驱动的要求，农业科技园区规划编制应该侧重在聚焦体制机制、发展高新技术产业、创新服务水平、提升创新能力、带动乡村振兴等重点任务领域。

在研究理论基础上，本研究通过建立数学模型，构建由6个一级指标和23个二级指标组成的现代农业科技园区综合评价指标体系，通过对蚌埠国家农业科技园区进行综合评价分析，找出制约蚌埠国家农业科技园区发展的主要问题。研究结果表明：蚌埠国家农业科技园区现阶段的综合发展水平处于“良”等级；园区在社会效益方面表现较好，经济效益、科技水平、基础设施发展水平良好，生态效益和园区规模效益水平居中。蚌埠国家农业科技园区在生态、科技水平、规模等方面略显不足，如园区辐射推广面积不大、林木覆盖率不高、省部级以上科研平台数和科技特派员团队数量不多、科研经费投入不强等。在对园区进行综合评价的同时，也针对出现的问题提出了提高科技创新能力、加强园区示范带动作用等相关对策建议。

最后，在得出评价结论的基础上以蚌埠国家农业科技园区2021—2025年总体规划作为实证案例进行研究分析。

本研究可以为园区管理部门在谋划园区下一步规划设计上提供理念理论支撑，同时综合评价部分也让管理部门对蚌埠国家农业科技园区在现阶段的发展有一个客观系统的认识，研究结果对园区今后的规划、建设和管理起到一定的指导作用。

1 引　言

1.1 研究背景

当前，我国尚处在加快建设创新型国家，深入实施创新驱动发展战略和乡村振兴战略的重要节点和关键时期，这给我国现代农业科技园区的发展带来了新机遇和新挑战。

截止到2020年，我国已先后批准设立了9批累计近300个国家农业科技园区，省级农业科技园区达1000多家。但数量的增长并不代表着园区质量上的同步提升。“大而不强”和“多而不优”的现状是我国现代农业科技园区持续健康发展的“瓶颈”。因此，要实现我国现代农业科技园区的内生发展，必须高度重视规划工作，强化规划的引领作用，更重要的是要用科学的理念来指导规划的编制和实施。

2020年中央一号文件特别强调要强化科技支撑作用，加强国家农业科技园区等创新平台建设。因此，在规划理念上，必须充分结合我国正加快建设创新型国家步伐、实施创新驱动发展战略的机遇，深入贯彻党的十九大关于实施乡村振兴战略精神和中央一号文件关于提升农业科技园区建设水平要求，乘势而上，推动我国现代农业科技园区发展迈上新台阶。

蚌埠市是国家科技进步先进市、合芜蚌自主创新试验区重要城市，建设国家级农业科技园区具备明显的科技优势。2013年12月，经园区驻地政府申报和国家科技部审批，蚌埠国家农业科技园区正式建立，经过5年的建设与发展，园区建设达到了一定的规模，但在发展中也暴露出了一些问题。因此，在新的历史起点上，用创新驱动理念引领蚌埠国家农业科技园区新一轮规划编制并加强园区建设，对于引领皖北地区乃至整个淮河流域农业结构战略性调整、辐射带动区域农民增收、促进区域农业增长增效，振兴皖北、促进淮河流域农业转型升级都具有十分重要的战略意义。

1.2 研究意义

1.2.1 理论意义

目前，研究现代农业园区规划理论的专家学者较多，但通过中国知网文献检索引擎搜索几乎未找到结合创新驱动理念来对现代农业园区规划进行研究的相关文献。因此，本研究可以为现代农业园区规划提供一个新的参考模式。另一方面，在理论层面上能够进一步丰富农业园区规划的理论内涵。

1.2.2 现实意义

我国正处于农业转型升级的关键时期，如何进行产业结构战略性调整和农业转型升级，如何促进园区农民增收、农业增效都将是摆在国家农业科技园区规划和管理部门面前的一项时代命题和崭新课题。本研究基于蚌埠国家农业科技园区发展现状，通过实地调研、资料收集等方式，深入分析蚌埠国家农业科技园区在产业发展、科技水平、资源配置、生态建设等方面的优劣情况，针对目前园区中存在的问题短板，提出以创新驱动为导向，对园区未来五年进行规划调整修编，为园区的进一步发展建设指明方向。同时对园区进行综合评价，得到更加客观、合理的评价结果，根据评价结果分析蚌埠国家农业科技园区目前所处的发展水平，找出制约园区发展的短板，对蚌埠国家农业科技园区未来发展提出相应的对策建议，为园区管理部门提供决策参考。

2 国内外研究进展

2.1 相关概念界定

2.1.1 创新

创新是指创立或者创造，它主要含义是利用现有的环境本着满足社会的需要而改进或创造新的事物并产生有益效果的一种行为，创新既是一个过程，也是一个结果，更是一种思维和理念，创新的目的是用全新的方法更好地解决问题。

2.1.2 创新驱动

创新驱动反映出经济的增长必须靠科技的创新进步并且要用技术的变革来提高产品生产水平。近年来，创新驱动在我国是一个非常热门的词汇，它源于党的十八大报告提出的全面实施创新驱动发展战略。从目标导向来看，创新的最终目的是实现驱动发展。对于农业领域来说，我国要实现农业现代化，完成从传统农业大国向现代化农业强国的转变必须要转变传统的农业生产观念，摆脱过去依赖消耗资源和传统劳动力驱动农业发展的模式，在新时代必须依靠创新驱动来为农业现代化发展注入源源不断的动力。

2.1.3 农业科技园区

农业科技园区是现代农业园区的一种主要类型，它包含三个关键词，即“农业”“科技”“园区”，重点体现为农业科技成果的集中展示区域。现代农业科技园区是指现代农业在空间上的集聚区。它是在一定资源范围内，以农业、科技和区位优势划定的相对较大的区域范围内，优先发展现代农业科技，并以政府为指导，以现代企业建设和管理为理念，以促进农业现代化和增加农民收入为目标，在现代科学技术和材料设备的基础上，实行集约化生产和企业管理。它是集农业生产、科技、生态、观光等功能为一体的综合性示范园，是农业示范区的先进形式。在中国特色社会主义市场体制下，在农业园区独具特色的发展历程的背景下，农业科技园区是最先进农业技术的体现，且承担着连接市场和农民的艰巨任务。农业科技园区通常以各类科研平台和先进农业技术为依托，在相对可控的环境下，对现代农业新技术、新设施等高新技术成果进行试验和示范，追求合理的投入、科学化管理和最优的产出，按照建设和运营主体的差异，我国现代农业科技园区一般有三种运营模式，分别为政府主导型、企业主导型和科研单位主导型。据有关数据统计，截至 2020 年，我国已经批准创建的 9 批次 303 家国家农业科技园区中，政府主导型的园区占 88%，企业主导型的园区占 9%，科研单位主导型的园区占 3%。

2.1.4　农业科技园区规划

农业科技园区规划是利用农业科技、区位和自然资源等方面的优势，立足地方主导产业发展需求，按照现代化的经营和管理理念在一定区域内建立农业生产示范模式。对于农业科技园区来说一般在整体布局上规划出核心区、示范区和辐射区，每个区域都承担各自的重点功能，因此需要明确各区的功能定位。其中，核心区作为园区发展的引擎，要重点突出承担科技引领、示范带动、机制创新等功能，而示范区则要根据自身特点围绕生态高效理念重点发展园区的主导产业，建设若干个产业示范基地和生态农业展示基地等；辐射区要重点将核心区的各项技术以及研发的新品种等要素进行广泛推广应用，促进产业链的不断延伸。在我国乡村振兴的时代背景下，农业科技园区又肩负新的历史使命，在规划定位上要将农业科技园区建设成为农业科技成果培育与转移转化的创新高地，农业高新技术产业及服务业集聚的核心载体，突出体现园区创新创业、农业科技成果展示及转化推广和新型职业农民培训等主要功能。

2.2　国内外研究进展

2.2.1　国外创新驱动研究综述

“创新”一词最早由奥地利著名学者约瑟夫提出，就是对传统意义上的生产要素进行不断重组与再分配而产生新的组合效应的一种“生产函数”。在美国著名学者波特看来，创新驱动即创新能力及其水平成为驱动经济发展主要动力的创新驱动发展阶段，它能够反映出一个国家经济发展的能力水平，强调推动创新驱动就是要激发创新活力与创造潜能，从而形成新的增长动力源泉，进一步提升生产要素效益和效率，从而推动经济社会的持续健康发展。西方经济学家特别重视对技术创新的研究，始终把技术创新作为驱动经济社会发展进步的重要内容，其中，西方经济学家亚当·斯密认为，技术创新是创造国民财富、促进经济社会和谐发展的重要因素。罗默等学者则在研究经济学范畴的内生增长理论基础上，进一步研究了技术进步类型特别是技术创新对经济增长的影响。而英国经济学家弗里曼认为技术进步是实现技术创新的主要路径，技术创新与产品结构优化有重要关联。Furman 等站在宏观经济学的角度，认为国家应加强政策创新、投入创新和环境创新等来驱动整个经济社会的创新发展。德国著名学者 Grubel 等的研究也表明企业在推动产业结构优化升级的过程中发挥着创新驱动的带动作用。

2.2.2　国内创新驱动研究综述

随着我国提出 2020 年全面进入创新型国家序列，近年来国内学者对创新驱动进行了较为深层次的研究。中国社会科学院李东兴博士早在 2013 年就认为创新驱动发展战略的落实是一个综合性的问题。

2015 年，我国学者郑新立明确指出创新的具体内容应包括技术、知识、理论、体制机制、管理等方面，这是从创新驱动的内涵和本质出发进行研究和划分的。我国学者洪银兴则从转变经济发展方式的角度出发，认为创新驱动是依靠知识资本、人力资本和机制等多种无形要素实现要素间的重新组合。刘志彪则理解创新驱动是推动经济增长的动力和引擎。在战略制定以及提升方向方面，中国科学院研究员王玉民 2016 年对我国产业的创新驱动策略进行了全面的探讨，认为创新驱动发展战略的实施是我国把握时代发展机遇、应对国际竞争挑战、谋求国家跨越式发展的重大战略举措。

2.2.3 国外农业科技园区研究综述

(1) 国外农业科技园区的发展模式

国外农业科技园区源自都市农业的发展，大多指的是在城市周边，利用科技成果、资本和现代化设施设备等进行农业生产，为城市及周边市场提供农产品，并向农民、游人展示新的生产模式。20 世纪 90 年代起，就逐步形成了农业园区推进现代农业发展的模式，不断在生产方式、条件、园区建设和运营等多方面进行探索。随着科技型园区的逐步发展，多利亚提出在科技园区发展进程中科技创新和经济发展的关系问题。国外农业科技园区发展基本形成了示范农场、假日农场、试验农场等类型。其中示范农场重点是推广先进生产技术，如以色列针对干旱和沙漠化等严酷的特殊生产条件，建立了一批以节水农业和沙漠农业为主要模式的试验示范农场。而假日农场重点是以示范展示农业新技术、新品种、农事体验以及农业休闲活动为重点，主要是将观光休闲旅游与农业相结合。例如，日本的空中菜园利用现代技术将蔬菜种植在居民楼顶，既节省空间还能起到防暑降温的效果，弥补日本国土面积较小的不足。国外农业科技园区的建设类型较多，但是在运行机制上也有一定的共性，主要包括：建设周期长，投资金额大，投资来源主要为财政拨款；需要专门的组织进行管理，采用中介组织为主，政府参与为辅的管理模式，中介组织在园区管理机制中发挥了主要作用；运行过程需要资金、技术、人才、管理等多方面的支持，多方配合才能将一个农业科技园区真正地运行起来。

国外的学者和研究人员逐渐开始探讨农业科技园区未来的发展将如何进一步推动。戴尔·杰夫瑞提出以设施农业为发展基础，发展成本低、附加值高，并将现代旅游和复合农业相结合发展农业科技园区，现已成为各国的主要发展方向。勒纳提出将科研、教育和推广作为农业科技园区发展的重点方向，这种模式也逐渐被各国采纳借鉴。

(2) 国外农业科技园区的基础理论研究

国外的学者将一些著名的理论应用到农业科技园区的建设发展中。例如，德国农业经济学家杜能的农业区位理论，该理论说明了区域农业的生产配置问题，该理论认为农产品经济效益与距离因素关系较大，并提出农业科技园区的空间布局需要考虑农产品的种类、生产地址、运输条件等，才能获取最高的经济效益。法国经济学家佩鲁的增长极理论，该理论从系统工程的角度进行农业科技园区的研究，提出不同区域的发展级不同是由于区域的产业和市场不同，两者共同作用影响了区域发展级。西方著名经济学家熊彼特研究创新技术对农业园区发展的重要性，西方学者提出的技术诱导变革理论论述了资源、体制、文化和技术 4 个要素变量的相互作用关系。现代的农业科技园区既是技术和创新的集合中心，同时农业技术也影响着其他要素的发展，从而影响着整个农业科技园区的发展，以及区域农业系统的发展。

2.2.4 国内农业科技园区研究现状

我国的农业科技园区起源于1988年，河南封丘科技农业园和禹城科技园是农业科技园区的雏形，目的是在农业中找到一种将科学技术转化为现实生产力的方式，推动农业农村经济全面振兴和发展。自20世纪90年代起，国内的研究人员逐渐展开对农业科技园区的研究。

（1）农业科技园区的建设发展理论基础与实践研究

国内关于农业科技园区的研究主要集中在国家层面，集中在与政策结合的程度与产出的研究。谢玲红等人在《中国农业科技园区研究进展与展望》中分析了国内园区不同发展阶段下的集聚效应，并确定了创新能力的影响因素，最后做出展望。吴圣等人在《中国农业科技园区的演变及其特征：制度变迁视角》中，从政策变迁对农业科技园影响的角度出发，研究了地方自主探索、制度建设与供给、中央主导下的全面创新实践、总结调整和进一步的制度创新等创新制度。这两篇文章都强调了相互作用对农业科技园的影响作用。吴胜等人还强调，应当充分发挥农业科技园区的效率优势，将区域经济发展全面纳入国家“一带一路”倡议。尝试利用农业科技园区作为“一带一路”的重要基础节点或发展点，充分利用有利的发展机遇，促进区域经济发展。李丹等人特别对安徽省农业科技园区的运营模式进行了研究，在《国家级农业科技园区发展模式对安徽经济发展的启示》中，他们总结国家级农业科技园区生产要素型、龙头企业型和技术创新型模式的总体特点，对安徽省15家国家级农业科技园区的发展提供了建设性建议：应当发展主导经济，以加工区为依托，增加龙头企业数量，提高龙头企业吸引力，促进龙头企业融合，形成龙头企业的区域特色。同时李丹等人还建议，安徽省农业科技园区应当发展循环经济，使不同区域的农业合作发展，互补资源圈和商业圈。蒋和平1997年提出建设农业科技园区重要的理论依据，为我国的农业科技园区的建设和发展奠定了坚实的理论基础。沈悦林系统地分析了我国各地区现代农业园区的建设发展条件，对我国农业科技园区的发展模式进行了分析，各个园区按照经济发展、定位、运营方式的不同而表现出园区各自的特点。张应良采用持续内生发展理论对农业科技园区进行分析研究。薛辉将循环农业、生态、现代农业科学、园林景观和农业经管等多方面原理进行综合分析，构建了农业科技园区的发展理论框架，为之后农业园区的发展提供了理论条件。杨其长则提出了我国农业科技园区实现可持续健康发展的技术对策体系。王树进通过研究影响我国农业科技园区规划的主导因素，分析了农业园区项目的规划内容和详细要求，对农业科技园区规划在工程项目上需要考虑的重点提出了建议。李旭霖分析了农业科技园区的现状建设条件以及发展过程中存在的问题，从国家和地区两大类农业科技园区进行组织管理形式上的探讨。黄仕伟研究了农业园区规划中多元化融合主体之间相互关系，在规划思路上提出要充分利用区域特色优势来培育龙头产业，从而带动区域农业的发展。王振生则从农业科技园区规划的特殊性和复杂性出发，论述了园区规划设计理念和管理运行机制上的问题，对农业科技园区规划的进一步完善提供了对策建议。

（2）农业科技园区指标评价研究

对农业科技园区的综合效益运用评价指标体系的方法进行综合的评估。褚保金针对农业科技园区现状发展状况，从园区发展前景等设定了一套农业科技园区评价指标体系，以此来反映农业科技园区发展过程中的不足和劣势，从而得以找到相应的解决措施。杨秋琳从园区的技术含量、经济和社会效益3个方面对园区的质量和效益进行了较为全面的评价研究。蒋和平提出了一套促进我国农业科技园区可持续健康发展的评价体系和方法。孙江明运用层次分析法设置农业科技园区的4个等级36个具体指标，利用德尔菲法确定各个指标的权重，并用该指标体系对两个园区进行了具体的评价分析，充分验证了模型的合理性和可行性。谢玲红在《乡村振兴视角下农业科技园区绩效评价及提升方向——以106个国家农业科技园区为例》中进行了实证分析，样本是国内106家农业科技园区的绩效指标，包括3个一级指标、11个二级指标、28个三级指标，并进行差异研究。在研究农业结论上，谢玲红提出，农业产业发展的过程，应进行多层次、多区域的农业产业发展模式和运行机制的探讨，特别是在农业科技园区的运作过程中，必须不断改革创新，逐步形成和优化产业发展格局和创新机制，促进农业科技园区的深度发展。

3 研究内容和研究方法

3.1 研究内容

（1）深入分析创新驱动理论与农业园区规划的关系，指出创新驱动是促进农业园区发展的驱动力，现代农业科技园区是创新驱动的先行区，现代农业科技园区规划编制应该以创新驱动为引领等。

（2）创新驱动导向下农业科技园区规划的策略，分析农业科技园区创新驱动发展的基本路径，指出创新驱动导向下农业科技园区的发展模式、规划目标和规划编制的主要内容及创新驱动理念下农业科技园区规划编制的重点任务等。

（3）农业科技园区综合评价指标体系选择及综合评价模型构建，并以蚌埠国家农业科技园区进行综合评价。

（4）创新驱动理念下的蚌埠国家农业科技园区总体规划编制实证案例。

3.2 论文研究方法

3.2.1 文献分析法

搜集获取国内外学者涉及农业科技园区规划和创新驱动理论的相关文献、新闻报道、调研报告等资料，系统地对文献资料进行分类、梳理、整理和分析，并有针对性地对文献进行整合和延伸。

3.2.2 调查研究法

基于蚌埠国家农业科技园区管委会提供的园区及其周边区域的相关资料，通过现场调研、询问座谈、深度访问等多种调查方式，全面掌握蚌埠国家农业科技园区的实际状况并对资料分类整理，为本研究进一步的研究提供现实依据。

3.2.3 规范分析法

依据相关理论，结合大量调查资料对蚌埠国家农业科技园区的发展现状进行分析，发现园区现阶段发展中存在的问题，为促进园区进一步发展提出的对策和建议奠定基础。

3.2.4 模糊综合评价法（AHP）

运用层次分析法建立蚌埠国家农业科技园区的规划设计评价指标体系。通过将各因素所反映的问题通过主观判断和客观现实进行分层次研究，并进行比较，利用数学方法确立各个指标的权重，同时采用指标的一致性检验来确定专家打分的合理性。最后运用模糊综合评价法对蚌埠国家农业科技园区进行综合评价。

4 创新驱动与农业园区规划的关系

4.1 创新驱动背景下农业园区发展

创新驱动战略的提出为农业园区发展创造了战略机遇，创新驱动是农业园区转型发展的重要驱动力，创新驱动更是引领农业园区规划的科学理念，在新的时代背景下，现代农业园区也必将成为农业科技创新前沿阵地和农业创新驱动的先行区。我国要实现从农业大国转变为农业强国，必须要改变依赖过去传统农业生产方式，通过实施创新驱动建立起现代化农业产业体系，而农业园区又作为承载现代农业科技创新活动的重要载体和平台，必须正确而有效的处理好创新驱动与农业园区发展之间的关系，同时也要运用好创新驱动这一科学理念来指导农业园区规划的编制。

4.1.1 创新驱动理念的提出背景

党的十八大提出要实施创新驱动战略，这对我国经济社会发展具有重要作用，也为加快推进我国农业现代化进程、推动我国农业走自主创新道路提供了全新的理论指导模式。党的十九大也强调创新驱动对我国经济社会以及各领域全面深化改革和发展转型的重要作用，从国家战略的提出背景来看，传统意义上的高新技术产业不再是独立发展的产业，在新时代必须站在国家战略布局的高度与传统产业全面结合，特别是要靠科技创新和科技进步带动传统农业的发展，这让创新驱动无疑成为引领我国现代农业大发展的第一动力。因此，实施创新驱动发展战略对农业转型升级具有重大意义。

4.1.2 创新驱动是农业科技园区转型升级的决定性因素

据国家科技部和农业农村部发布的有关数据显示，我国近年来农业科技进步步伐稳中有进，农业科技进步贡献率取得较大提升，由 2012 年的 53.5%提高到了 2020 年的 59.2%。党的十九大提出，我国社会发展最明显的短板在农业领域，农业科技园区作为农业现代化成果集中展示的重要区域，其内外部条件也随着时代的进步正在发生深刻变化，特别是在生态和资源两道“紧箍咒”的束缚下，靠拼资源消耗和牺牲生态环境来提高农业生产效益的传统老路在新时代很难继续前行。因此，必须转变发展思路，创新思路和办法，加快农业由要素驱动向效率和创新驱动转变。

在新的历史起点上，现代农业园区必须要抓住时代给予的战略机遇，及时寻求科学的理念为园区转型升级注入牵引力。因此，园区必须以创新驱动发展战略为动源，积极争创发展园区特色，特别是要强化规划思路创新，发挥园区农业科技的先发优势，推动园区科技创新、管理创新、体制机制创新、要素创新，营造良好的创新驱动环境。通过创新驱动促进农业科技园区的转型升级激发更多农业科技成果转移转化为新技术、新产品，形成新产业、新业态，培育新动能、新活力，为新时代我国乡村全面振兴做出农业科技园区的贡献。

4.2 创新驱动与农业科技园区规划的关系研究

4.2.1 农业科技园区发展的瓶颈

党的十八大以来，中央一号文件连续聚焦农业科技创新，关注现代农业科技园区发展，反复强调要提升农业科技园区的建设水平。2020 年发布的中央一号文件同样提出了这个问题，强调在发展农业科技园区中要强化科技支撑力量。从 20 世纪 90 年代开始到现在历经了 20 多年，我国农业科技园区建设可以说发展速度非常快，2020 年，我国国家级农业科技园区达到近 300 家，而省级层面的农业科技园区则有 1000 多家。尽管我国现代农业科技园区建设发展迅速、数量庞大，但在农业科技园区内出现资源争夺和功能定位模糊等问题，园区发展后劲严重不足，农业园区中农业高新技术产业的发展与农业的基础性地位极不相称，特别是园区主导产业优势不突出，缺少下游产业导致产业链延伸严重不足，园区的科技成果转移转化能力不强，面向周边地区和农户的辐射带动水平低下。从规划角度来看，由于区域不平衡性、园区多样性、法理薄弱性、技术不成熟性和管理多部门性等因素，不少农业科技园区出现仅仅明确规划目标的宏观定位，规划难以落地生根、有序实施，甚至效果会与初衷相背离。有一些农业科技园区在规划编制期间没有充分的开展前期调研和分析论证，致使农业园区规划缺少科学合理性，导致功能定位不准确、优势产业不突出、空间结构不清晰、区域城乡联动不明显，很难将农业园区内各种资源进行高效和立体整合，直接导致农业园区在发展中逐渐被淘汰。园区内生发展动能不足，地域特色不明显，不能从根本上激活农业园区发展的活力。

4.2.2 规划设计对农业科技园区发展的重要作用

现代农业科技园区是农业生产力发展到一定水平的必然产物，是我国由传统农业向现代农业转变的新的组织形式。用科学的理念作为引领编制现代农业科技园区规划，对展示农业园区形象、保证农业园区顺利运营至关重要。因此，对农业科技园区进行科学合理的规划设计不仅可以有效整合园区内优势农业资源，还可以使现代农业科技园区按照规划思路朝着规划目标和方向有序的发展，从而获得更高的经济社会价值。科学规划建设高质量的现代农业科技园区是实现乡村振兴的需要，将农业高新技术和先进理念辐射到农业园区内，发挥示范带动作用，推动区域农业呈现出高质量发展的良好态势。规划建设高质量的现代农业科技园区还可以在一定时间和空间内更深一步聚集和吸引人才、科技、土地等现代农业生产要素，打造集生产、加工、流通、销售于一体的全产业链，推进三产融合发展，生产、生活、生态融合发展。此外，对农业科技园区进行科学规划可以突出园区特色并划分不同的功能分区，使园区内容更丰富，建设更合理，更节省成本，通过对园区内产业功能进行合理分配来促进区域空间与产业布局的有机融合。园区投资者和经营主体可以按照事先规划量力而行、分步实施，避免重复建设，避免不必要的浪费，节省更多的成本。

4.2.3 农业科技园区是农业创新驱动发展的先行区

现代农业科技园区集聚各类要素，已经成为现代农业创新高地、人才高地和产业高地，中央一号文件明确提出要强化现代农业科技创新推广体系建设，深化国家农业科技园区建设，着重强调了现代农业科技园区在现代农业发展中的引领辐射及带动作用，这无疑让现代农业科技园区成为农业创新驱动的先行区。农业科技园区必须切实提高责任意识和使命意识，增强自身紧迫感，把创新驱动摆在园区发展全局更加突出的位置。紧紧依靠创新驱动带动园区发展，切实提高现代农业科技园区建设水平，这对深入实施乡村振兴战略，实现农业强、农村美、农民富都具有重大战略意义。

4.2.4 农业科技园区规划应以创新驱动为引领

以创新驱动为引领编制国家农业科技园区总体规划是时代对农业转型升级的新命题。对于农业科技园区来说，“科技”是园区的身份标签，“创新”是其本质特色。为此，在编制农业科技园区规划中必须围绕创新驱动这一战略主题，坚持打科技创新牌，聚焦观念变革抓创新、聚焦成果转化抓创新、聚焦产业升级抓创新、聚焦扩大开放抓创新、聚焦深度融合抓创新，打造现代农业创新高地、人才高地、产业高地，全力推进农业科技成果转移转化为新技术、新产品，形成新产业、新业态，培育新动能、新活力，推进现代农业科技园区建设与发展。

5 规划策略

通常情况下，一个农业科技园区的创新能力决定了这个园区的发展后劲和发展水平，农业科技园区实施创新驱动战略的目的就是要增强农业科技园区纵深发展动力，为现代农业科技园区的发展装上“发动机”，全面提升现代农业科技园区综合竞争力，提高园区的管理和服务水平，把现代农业科技园区建设成为现代农业的创新、人才和产业高地。这是一个长期发展的过程，农业科技园区的产业结构、功能布局、配套设施等都会随着创新能力的提升而不断调整优化。因此，为了适应未来农业科技园区发展的需要，在进行农业科技园区规划设计时应从长远角度考虑整体的发展，通过创新驱动为园区发展提供源源不断的动力。

5.1 基本路径

5.1.1 现代化农业基础设施驱动

对于任何一个农业科技园区的发展来说，只有在顶层设计上不断去探索新理念、新思路、新方法，并且不断通过集聚高新技术以及将科研成果进行辐射推广，才能最终达到园区纵深和创新发展的目的。因此，园区的发展不能局限于传统的理念层面和农业生产模式，必须围绕创新驱动战略对农业现代化的需求，谋划农业现代化重大创新项目，注重配备农业现代化设施设备特别是智慧化农业基础设施，通过先进的农业基础设施开展优质农产品生产和相关农业科研项目的研发及其示范推广，并且通过先进的农业基础设施和技术不断吸引有关高校和科研院所的专家入驻园区，创造各种机会为他们提供施展才智的舞台。通过“引智入园”发挥专家优势来开展科技创新，有效解决传统农业基础设施的短板，推动园区现代农业从机械化向信息化、智慧化转型发展。

5.1.2 高质量科技创新驱动

科技创新是农业科技园区实现创新驱动发展的基础，通过高质量的科研项目集聚和人才集聚来打好科技创新牌、走特色建园路。首先，要抓住国家政策等战略机遇，重视与高校和科研院所深化合作，不断吸引重大科技项目入驻园区，在园区内建立专家大院等不断吸引各级各类科技创新人才和科技特派员团队入驻园区。其次，要激发园区内各种科研机构等创新平台和载体的科技创新能力，着力吸引和培养打造一批高素质的科技专家队伍。最后，借助科研平台的优势，因地制宜发展园区内重点产业，打造园区现代农业全产业链。

5.1.3　政府企业双轮驱动

园区驻地政府和驻园企业对园区的发展都具有举足轻重和不可或缺的重要作用，对于园区的发展来说，政府的驱动作用不可替代，政府的资源优势可以让园区发展插上“政策”的翅膀，通过一系列扶持政策，园区可以在较短时间内实现基础设施建设、科研项目引入、项目资金争取等多方面的优惠。另一方面，通过政府的驱动，可以帮助园区有效整合园区周边土地、项目、资金、信息、技术、人才等各类优势资源。而企业作为园区经济的细胞，在农业科技园区发展中发挥的作用同样不可替代，企业作为集合各类生产要素的聚合体，其中重要的生产要素就是创新资源。园区内农业高新技术企业能够发挥政府没有的资源优势，如通过引进企业特别是产业化龙头企业，可以吸引更多的技术、人才、营销等资源来带动周边农民致富，实现良好的社会效益。园区的发展既要摆脱过于依赖政府的现状，也不能完全依靠龙头企业发挥主导作用。对于园区发展来说，要抓住政府和企业的双轮驱动作用，形成“政企园互动”的良好局面，三者间通过优势互补、共建共赢，从而更好地实现农业科技园区的转型升级。

5.1.4　市场引领创新驱动

现代农业科技园区的发展由依靠过去的“拼政策”，进入现在的“拼服务”模式已经成为各方共识。所谓“拼服务”模式就是依靠市场的驱动作用，农业科技园区可以通过市场的驱动作用高效整合市场和社会服务机构等资源，为园区提供金融、人才、技术创新等各方面的专业服务。同时利用市场驱动可以整合各级资源，为园区企业或者直接面向农户开展政策宣讲与信息推送等多元化服务。对于农业科技园区发展来说，开发更多的市场功能具有十分重要的意义，比如通过市场驱动来开发园区的生态旅游功能，让农业科技园区形成集“生产、科研、旅游”于一体的现代农业循环体系。另外，在规划上可以将旅游、研学等功能纳入其中，形成展示园区科研成果观光项目，并通过策划系列采摘等农事体验活动让园区活起来，将园区的产品宣传出去，更好地带动市场。

5.1.5　“互联网＋”创新驱动

农业科技园区应充分借助互联网平台，通过线上线下渠道优化转型升级，创新“互联网＋”驱动模式可以更好地实现园区农业资源的共享。“互联网＋”驱动要坚持共享的目标，善于借助农业物联网、大数据和人工智能等创建专门服务于园区发展的平台。创新“互联网＋”驱动还可以更好地发挥专家优势，通过互联网渠道远程指导农业生产，满足农户特别是种植大户对作物品种、肥料、种植模式等各种农业技术的需求，科学有效地进行防控，减轻农产品损失。利用“互联网＋”驱动模式，通过互联网疏通园区农产品销路、创立农产品品牌，更好地满足供货商的需求。

5.2　规划模式

按照农业科技园区重点建设内容将农业科技园区分为三种规划模式：以技术创新型为主的园区规

划模式、以龙头企业为主的园区规划模式和以智慧生态型为主的园区规划模式。

5.2.1 以技术创新型为主的园区规划模式

我国现阶段农业科技园区数量庞大，要避免“千园一面”的现象就要求每一个园区必须拥有核心竞争力，农业科技园区的核心竞争力就是科学技术。因此，拥有独特优势的技术、走技术创新型建园道路是农业科技园区核心的规划模式。技术创新型园区适合在建设周期较长、基础设施较完善、产学研机构较固定和资金投入较稳定的基础上进行规划。此类园区无论核心区、示范区还是辐射区，充分体现技术创新对园区发展的重要性。主要的规划思路：重视产学研和科技创新平台的建设，注重农业技术的辐射推广，通过建设科技示范基地，长期举办农博会等方式，推广园区特别是核心区的新产品、新技术，新模式，最终将技术推广到园区及周边农户，从而打通从实验室平台到农户的“最后一公里”，让农民真正掌握先进农业生产技术，并最终运用在实际农业生产过程中，不断形成特色的区域农产品品牌，获取更多的产品效益和经济效益，形成良性循环的良好模式。

5.2.2 以龙头企业为主的园区规划模式

该类型的建设主体由政府逐渐演变为园区内部分龙头企业承担经营任务。龙头企业主导园区运营主要有两方面原因：一是龙头企业本身具备技术研发、科技成果孵化和技术推广等功能优势，特别是在特色农产品精深加工和产业链纵向延伸方面有着明显优势；二是由于龙头企业除了可以承担部分政府职能还能借助政府部门的有关政策来推动园区经济建设，从而实现政府、企业、园区和农户的共同盈利。

5.2.3 以智慧生态型为主的园区规划模式

该类型的园区在规划中要围绕创新驱动理念，按照“五大发展理念”中的创新、绿色要求，走“智慧化”的建园模式，以打造智慧生态型现代化农业为最终目标。因此，在规划中可以充分体现大数据、云计算、物联网、精准农业技术等内容，实现农产品产业链整个过程中的智能化管理；建立农业物联网网格体系，实现农业信息平台和信息资源的充分结合；运用 GIS、遥感等技术对园区内的土壤、水力、病虫害等进行实时动态监测与把控；对农产品生产整个环节中的各项信息进行收集、分析和处理，为园区经营管理者提供决策信息和预处理方案。也可根据农作物特征和地域差异，及时调整有关数据信息，推动整个园区向绿色生态型模式转变。

5.3 规划目标

5.3.1 园区空间总体布局更加科学合理

“核心—示范—辐射”园区三级的总体布局更加科学化、合理化，功能完善，特别是针对核心区要增加一批技术力量雄厚，专业齐全的研发团队，培育一批农业龙头企业。示范区的产业示范基地布局要根据园区实际进行合理分布。

5.3.2 园区成果转移转化能力不断增强

规划后的园区科技支撑明显、技术装备先进、产业链有机延伸，能够引进一批新品种、新技术和新设施。园区专利申请数、科技成果转化数达到一定指标，园区节水能力进一步提升，农民技术培训人次每年达到一定规模，建设一批“星创天地”。

5.3.3 园区高新技术产业集聚能力不断提高

园区能够突出主导产业优势，建成一批农业高新技术企业和农业技术成果推广示范基地，形成农业高新技术产业集群并且能够发挥科技引擎的驱动带动作用，围绕产品链、价值链、人才链、技术链，总产业链不断延长。

5.3.4 园区“大众创业万众创新”成效显著

“双创”能力是农业科技园区发展水平的重要参考，规划后的农业科技园区要能够吸引院士团队、国家级人才等高端人才团队进驻园区。园区与高等院所、科研机构联合开展科技攻关，形成丰硕的农业科技成果，促进科技服务体系、创新创业服务不断完善。

5.3.5 园区精准致富带动能力大幅提升

规划后的农业科技园区农民是最大的受益体，特别是对精准扶贫对象，农业科技园区是农民增收致富的源动力，农业科技园区的资源可以帮助他们将“输血”转变为“造血”。园区带着农民干，帮着农民赚，进而带动园区内农民收入增速高于全市农民平均增速，助力园区内低收入村和农户增收致富。

5.4 规划主要内容

5.4.1 规划原则

（1）明确思路，科学规划

编制农业科技园区规划要以创新驱动为引领，以经济效益为中心，更要与当前出台的国家战略紧密结合。现代农业园区是乡村振兴的产业支撑和物质基础，在乡村振兴战略的大背景下，将现代农业园区规划与国家战略紧密结合，两者之间相互融合促进，利用国家战略规划的思想指导现代农业园区规划建设，必将会更好地推动现代农业园区持续健康和高质量发展，加速推进城乡一体化，从而不断提升整个农业产业化水平。

（2）科技示范，辐射带动

对于农业园区特别是农业科技园区来说，要将农业科技创新作用放在重要位置上，在规划中应注重突出农业新技术的研发、培育孵化、辐射推广、产业融合、科普教育及培训等功能，在规划中要注重强化各产业链条、各环节的科技支撑，比如在规划产业模式上，就可以设计出立体式的现代化种养模式，兼顾生态环境和经济效益。使规划后的农业科技园区成为科技支撑有力、辐射带动强劲、综合功能全、地方特色鲜明的现代农业科技园区，为乡村振兴提供新模式。

（3）塑造形象，彰显特色

在农业科技园区规划设计中更应该注重强调园区科技、空间、文化、产业、生态多方面共同发展，注重把农业生产、农民生活、农村生态作为一个整体资源进行开发。在园区规划中要特别考虑产业带动园区内生发展的功能，规划中要合理进行产业空间布局，侧重产业链的纵横延伸。同时，还要协调好产业与园区生态环境、人文历史、社会经济等方面的关系，注重园区依托产业进行特色化、品质化发展；也要推进“多规合一”“规划先行”重要基础性作用的落实，确保现代农业园区规划科学合理、特色鲜明，真正发挥规划在乡村振兴中的引领作用。

（4）市场导向，整合资源

发展农业科技园区应按照市场导向原则，充分考虑不同地区、不同层次的农民对农业科技的多样化需求，特别是在规划中要采取多种形式吸引社会各界的投资主体，摆脱单一依靠政府的“输血”状态。还要整合各类优势资源，比如通过产学研合作等形式不断进行体制机制的创新，通过先进技术的引进、组装、集成以及成果转化实现农业技术的集成创新，集聚一批具有高科技含量和市场活力的龙头企业入驻农业园区等。此外，还要重点构筑产业、技术和服务等平台，吸引技术、人才、资金等多方位的投入要素和政府、企业、高校以及各类新型农业经营主体等多元化的建设主体，聚集农业园区内外各种资源，从而带动整个农业科技园区发展。

（5）循序渐进，协调发展

农业科技园区规划是一项复杂的系统工程，园区的规划建设要做到总体规划、分步实施，在建设过程中出现问题要及时纠正，合理安排规划进度与实施步骤。在施工过程中做到统筹协调，而且对资源的利用要注重循环再生原则，合理利用资源，做到园区的协调发展。

5.4.2 规划的总体定位

在编制规划中要始终贯彻创新驱动理念，特别是农业科技园区规划一定要始终聚焦农业科技创新这个核心。规划编制要以生态农业为基础，以优势型、都市型、特色型农业的产业融合发展为载体，以绿色协调发展为抓手，以信息技术为手段，走品牌文化增值、体制机制创新的特色化道路。另外，在规划中要注重依托农业科技，充分发挥示范推广、辐射带动功能，创绿色产业平台，建农产品精深加工基地，突出招商引资、基础设施建设和环境优化服务，将农业科技园区打造为区域农业科技创新的聚集区、现代农业企业的集聚区、“四化”同步发展的先行试验区。

5.4.3 规划主要内容

（1）功能布局规划

把握园区发展趋势，对农业科技园区进行规划布局时，应先对园区的功能进行分析，因地制宜地编制园区规划。在空间布局上，整体上按照科技集聚、层级辐射、跨越发展的思路，将园区整体分为核心区、示范区、辐射区的空间结构。在核心区的功能分区规划上，充分考虑科技创新、成果推广、技术服务、园区管理等多方面内容。对示范区重点建设内容进行规划，应注重考虑核心区的技术、新品种的转化等，积极开展示范性生产。

（2）产业发展规划

农业科技园区的产业规划既要突出主导产业规划，也不能忽略延伸产业的规划。因此，规划编制要以园区的经济发展现状作为基础，综合分析园区自身资源优势、产业特点，特别是主导产业特点，以市场需求为导向，明确产业发展方向，突出主导产业发展对园区建设、空间布局优化和园区环境提升的促进作用。要通过创新驱动优化园区产业，应该做好以下几个方面：①改造和提升传统农业，坚持绿色发展，用绿色兴农理念发展园区产业，要让园区产业插上科技的翅膀，用现代化的方式经营和发展园区产业，推进园区产业专业化、集约化发展。②培育园区产业新业态、新模式，集中打造现代农业科技成果转化示范基地、农业新产业、新业态、新模式的孵化基地；从农业科技园区的实际出发，因地制宜地培养园区新业态，如物联网、农产品精深加工、农产品物流、农村电商等新兴产业。③将产业融合与创新驱动理念相互结合，充分发挥规划的引领作用。农业产业发展重点是三产深度融合发展，一产突出产业基础，二产突出产业增值、三产突出功能延伸，包括产前、产中、产后环节的一些侧重点。因此，三产融合是促进农业科技园区产业功能延伸和融合的落脚点，也是创新驱动理念下农业科技园区规划的着重点。

（3）建设任务及考核指标

由于每个农业科技园区要随着时间的推移完成不同阶段的任务。所以，在总体规划中就要明确每个阶段的重点任务，还要设置一系列具体的预期考核指标，如科技指标、生态效益指标、经济指标、基础设施指标等主要指标和园区总产值、核心区吸纳劳动力就业人数、新技术推广力、科技项目聚集度、科技人才占比等一系列具体指标，以此来保障园区的发展水平呈阶梯式上升。

（4）组织管理与运行机制

在规划中要根据园区特点完善园区管理机制，成立专门的园区管理机构来保障园区的正常运行，国家农业科技园区一般都要成立专门的园区管委会，还要同时制定专门的园区管理办法，做到建设有规划、管理有条理，为园区发展提供组织保障。

（5）保障措施

配套政策是确保农业科技园区项目启动和健康发展的重要保障体系，还有政策措施保障、科技创新与科技保障体系建设、人才保障机制、风险保障机制、生态环境保障体系等多方面的保障措施。

5.5 规划编制的重点任务

5.5.1 聚焦体制改革，创新体制机制

坚持以改革促创新，通过创新体制机制来激发农业科技园区创新创业创造的活力。在规划中要注重创新园区管理体制和机制，重视建立与农户的衔接机制，以园区的体制机制改革推动园区的大发展，真正让农业科技园区成为推动地方经济社会发展的动力区。

5.5.2 集聚优势资源，创新服务水平

农业科技园区有技术、服务、资金、平台等多方面的优势资源。在规划中应该充分考虑、周密部署、合理利用优势资源。例如，在农业科技园区特有的技术资源上，考虑建立园区绿色技术转移平台，通过平台来征集、遴选、储备先进适用技术，形成园区绿色技术库，依托园区本身，立足园区驻地需求，推进绿色技术转移转化和示范推广，更好地促进农业科技成果转化。规划中还要侧重创新园区服务水平，支持多元化农业农村科技社会化服务模式，特别是针对农业科技园区，要坚持市场化导向，

深入推行科技特派员制度，推广农业科技专家大院、科技小院、农科驿站等科技服务模式。规划中同时要充分依托农业科技园区的产学研合作平台，重视利用合作高校资源，创新园区培训服务模式，培养新型职业农民，推进政策咨询服务等。

5.5.3 培育创新主体，发展高新产业

吸引和培育更多的创新主体到园区落户，并且规划中要侧重通过高新技术引领改造传统农业，从而打造现代农业产业高地、人才高地和创新高地，形成产业聚集效应。通过园区内农业高新技术产业的示范带动作用来改造和提升农业产业，壮大生物育种、智能农机、现代食品制造、智慧农业等，让农民共享产业融合带来的发展成果。

5.5.4 优化创新环境，提升创新能力

在规划中要围绕战略性新兴产业，联合各类创新平台和驻园企业等培育创新型产业集群和高新技术产业基地，加强科技创新合作，组建产业技术合作联盟，利用规划的引领作用推动形成科技设施联通、人才资源流通、创新平台互通的良好环境，不断激发创新的活力，加速科技成果转移转化。

5.5.5 促进三生融合，带动乡村振兴

坚持“绿水青山就是金山银山”，从保护生态环境的角度高起点、高标准规划，从而推动园区生态“高颜值”和经济“高素质”有机融合。同时要围绕生产、生活、生态共同融合理念整体谋划农业科技园区，实现产业发展特色化、村落民居田园化、基础设施景观化、人文环境生态化，带动园区走好生态振兴道路。

6 评价指标与评价模型

6.1 构建指标体系

各地已全面展开农业科技园区的建设，全国各等级农业科技园区的数量在大幅增加，使得农业科技园区发展好坏、发展现状、发展潜力等问题也逐渐受到各方的关注，当前对园区进行综合评价尤为重要，对园区的发展有着重要的指导意义。

6.1.1 评价的目的和意义

农业科技园区作为一种综合性较强的园区，它的发展受到了许多的重视。随着经济社会的发展，农业科技园区的规划是否合理、设施建设是否完善、对社会、经济、生态三方面发展是否起到积极作用。这些都需要对园区进行一个综合评价，得出合理有据的评价结果，为园区更好地发展提供有效的依据。

通过综合评价可以让决策者对园区的发展现状和发展思路有一个清楚的认识，以便决策者做出正确的决策，确立正确的发展目标。另外，对园区进行评价在一定程度上可以督促经营者们努力提高资源利用率、提升园区发展质量、优化产业结构，提高园区的经济、社会和生态效益，促进园区的可持续发展。

因此，对现代农业科技园区进行综合评价，可以对园区发展有一个系统全面地认识，这对园区今后的发展有着重要意义。

6.1.2 评价指标体系建立的原则

现代农业科技园区评价指标的选择，要从园区发展的实际出发，确立科学合理的评价指标。具体而言，要遵循以下原则：

（1）全面性原则。现代农业科技园区的发展涉及科技示范、农业生产等多方面内容，园区功能较多，评价单位较广，单方面指标很难准确反映问题，因此评价指标的选择应做到全面。

（2）系统性原则。一方面运用系统的理论和方法，针对园区现状确立评价指标；另一方面，现代农业科技园区的发展涉及各个行业，指标的确立要依据各行业的相互联系。

（3）代表性原则。选择的指标应该反映出各方面的问题，且指标间不相互影响，选取的指标要有代表性，能够反映园区发展存在的优缺点。

（4）科学性原则。要按照科学性原则根据园区发展的实际情况选择和确定相关评价指标，并且所选取的指标在运用科学评价方法的基础上能够科学反映园区发展存在的问题。

（5）可操作性原则。指标选择要减少主观因素的影响，且数据获取较容易，方便进行计算和评价分析。

6.1.3 评价指标体系的构建

农业科技园区的建设发展涉及多方面的影响因素，科学全面的评价指标体系的构建才能保证园区综合评价的准确性和合理性。

对农业科技园区进行综合评价分析，首先要选择能反映园区发展状况、系统全面的指标，且指标的选择要科学、容易获得和计算。

（1）目标层：农业科技园区综合评价。

（2）准则层：从经济、社会、生态效益以及科技水平、园区规模、基础设施建设六个方面来对园区的发展进行分析。

（3）指标层：是准则层的下属指标，是相对于准则层更为具体的园区各方面指标，共23个（见表2.6.1）。

表2.6.1 农业科技园区评价指标体系

目标层	准则层	指标层
农业园区综合评价A	经济效益 B_1	年投资利润率 C_1
		园区土地生产率 C_2
		农产品加工业产值增幅 C_3
		财政总收入 C_4
	社会效益 B_2	辐射推广面积 C_5
		年带动劳动力就业人数 C_6
		核心区农民收入增长率 C_7
		年培训新型职业农民人数 C_8
	生态效益 B_3	林木覆盖率 C_9
		农作物秸秆综合利用率 C_{10}
		绿色有机农产品产值比重 C_{11}
		畜禽粪污综合利用率 C_{12}
	科技水平 B_4	核心区农业科技成果转化率 C_{13}
		科技特派员团队数量 C_{14}
		年科研经费投入额 C_{15}
		自主知识产权数 C_{16}
		省部级以上科研平台数 C_{17}
	园区规模 B_5	核心区入驻企业数 C_{18}
		园区面积 C_{19}
		管委会职工总数 C_{20}
	基础设施 B_6	全程机械化率 C_{21}
		有效灌溉率 C_{22}
		信息化建设程度 C_{23}

6.2 评价方法选择

6.2.1 评价方法概述

（1）专家打分综合法

专家打分法是基于专家经验判断，对多位专家意见进行归纳整理而得出较客观意见的一种评价方法，是一类较简单的评价方法。同一领域不同研究方向的专家有其不同的权威性，要统一说明评价标准与打分细则，对专家所打的分数赋予不同的权重，用以保证评价结果的客观性、科学性、公平性。

（2）数据包络分析法

数据包络分析法是以相对效率概念为基础，利用数学规划的系统分析方法。主要应用在企业管理方面，逐渐在其他领域应用起来。此方法针对多个决策单元的数据评价较为普遍，通过分析计算得出相关评价数据和综合分析结果。

（3）模糊综合评价法

模糊综合评价法是一种基于模糊数学，针对具有模糊性问题而设计的一种评判方法。它的分级界限是以隶属度进行区分的，将定性指标和定量指标进行转化评价，将多种因素对指标的影响考虑在内而作出的综合评价。

模糊综合评价法现已应用于多个领域，可以用于分析不同的问题，如环境空气质量的评价、经济效益分析、观光农业园道路系统评价研究等。

（4）灰色综合评价法

灰色综合评价法是以专家评判为基础，将灰色理论与模糊综合评价方法相结合的综合评价方法。灰色综合评价法应用的主要方面之一是灰色关联分析，它是参照不同因素所呈现的变化曲线形状的相似性来分析比较各个因素之间相互关联程度。灰色系统理论的应用可以减少数据的随机性。

（5）层次分析法

层次分析法（AHP）是一种常见的定性与定量分析相结合的数学分析方法。利用层次分析法将复杂的问题划分成多指标、多目标的若干层次，以上一层指标作为基准，与下一层指标进行对比分析，最终得到一个总排序结果，从而确定决策的最佳方案。

6.2.2 评价方法分析与选择

（1）评价方法分析

上述的五种评价方法，各有其利弊。其中，专家打分综合法操作起来较为方便简单，但存在着偶然因素和诸多不确定因素，同一问题不同专家有其个人偏好，存在个别专家打分过高或者过低的现象，主观性较强；数据包络分析法适合解决非确定性问题，计算简单，可以减少评价中的误差，主观因素对评价的影响较小，但有时会存在权重分配的状况；模糊综合评价法可以对相对模糊的信息进行处理，把定性指标转化为定量指标，使评价结果更为合理和准确；灰色综合评价法可以减少评价过程中的误差，但操作计算相对烦琐，且较多专家对此方法的实际应用存有一定争议，实际应用率低。层次分析法是一种将定性问题和定量数据进行统一分析的方法，应用范围较广，可以将主观判断和客观实际集合于一体。层次分析法对农业科技园区分析的多指标、多目标、多准则的特性，可以将其进行系统分析，计算操作也相对简单，所得结果清晰明确。

（2）评价方法的选择

通过对上述五种评价方法的对比分析，最终确定建立 AHP-模糊综合评价法结合专家打分的评价方法对蚌埠国家农业科技园区进行科学合理的综合评价，三种评价方法结合使用可尽量避免单一评价方法所导致的结果偏颇、缺乏说服力度等问题，提高评价结果的科学性和可信度。

6.2.3 数据来源及处理

定量指标的数据主要通过实地走访调研、园区管委会提供的上报国家科技部2019年国家农业科技园区项目验收指标数据，以及安徽省科技厅公布的《国家农业科技园区创新能力监测表》三个方面获取；定性指标由专家组根据园区发展实际情况在指标体系的基础上进行打分，如基础设施中的信息化建设情况等（见表2.6.2）。

表2.6.2 蚌埠国家农业科技园区评价体系指标表

一级指标	二级指标	二级指标值
经济效益	年投资利润率	25.83%
	园区土地生产率	11012元/亩
	农产品加工业产值增幅	10%以上
	园区财政总收入	2.7亿元
社会效益	辐射推广面积	40万亩
	年带动劳动力就业人数	3000人次
	年培训新型农民人数	6000人次
	核心区农民人均年纯收入	3.51万元
生态效益	绿色有机农产品产值比重	33.5%
	林木覆盖率	25%
	农业秸秆综合利用率	95%
	畜禽粪污综合利用率	95%
科技效益	年度科研经费投入额	5000万元
	科技特派员团队数量	6个
	核心区农业科技成果转化率	90%
	自主知识产权数	83项
	省部级以上创新平台数	9个
园区规模	园区核心区面积	6.45万亩
	核心区入驻企业数	131个
	园区管委会职工总数	19人
基础设施	全程机械化率	85%
	有效灌溉率	100%
	信息化建设程度	/

6.3　AHP-模糊数学综合评价模型的建立

在运用层次分析法的基础上利用模糊数学的原理对蚌埠国家农业科技园区进行模糊综合评价，根据评价分值确定蚌埠国家农业科技园区现阶段发展水平。前人多以主观设定综合评价等级权重，本研究采用模糊评价目的是减少主观因素的影响，采取对最大隶属度原则的有效性进行检验，并通过选取依次递减的赋值向量，进一步计算出综合评价分值。通过两种方法确定评价等级，弥补了相互间缺点且保证了最大程度上减少主观因素的介入，大大提高了综合评价结果的可靠性和准确性。

构建的评价指标体系中包含定量指标和定性指标，运用AHP-模糊综合评价法来解决定性指标的量化难题，还能够有效解决综合评价过程中遇到的模糊问题，使结果更为客观公正，有效提升评价结果的科学性。

6.3.1　运用AHP确定权重

指标层的各个指标都有其自身不同的重要性，其作用和能反映的问题各不相同。因此，要给各个指标赋予相应权重，而权重的确定需要保持科学性和公平性。权重的确立过程包括专家打分、权重计算和一致性检验。

（1）专家打分

邀请8名农业领域、经验丰富的专家对指标的重要性进行对比打分，建立判断矩阵C。由于专家打分主观性较强，因此规定统一的打分标准（见表2.6.3）。

表2.6.3　层次分析法1～9标度方法表

标度	含义
1	表示两个因素相比，具有相同重要性
3	两个因素相比，前者比后者稍重要
5	两个因素相比，前者比后者明显重要
7	两因素相比，前者比后者极端重要
9	两个因素相比，前者比后者极端重要
2，4，6，8	表示上述相邻判断的中间值
倒数	若因素 i 与因素 j 的重要性之比为 b_{ij}，那么因素 j 与因素 i 重要性之比为 $b_{ji}=1/b_{ij}$

$$C=\begin{bmatrix} c_{11} & \cdots & c_{1j} & \cdots & c_{1n} \\ \vdots & & \vdots & & \vdots \\ c_{i1} & \cdots & c_{ij} & \cdots & c_{in} \\ \vdots & & \vdots & & \vdots \\ c_{n1} & \cdots & c_{nj} & \cdots & c_{nn} \end{bmatrix}$$

式中，c_{ij} 为第 i 个因素和第 j 个因素相比较的重要性指标。

(2) 权重计算

按照公式对权重进行计算，公式如下：

$$W_i = \prod_{i=1}^{n} c_{ij} (i, j = 1, 2, \cdots, n)$$

$$\overline{w_i} = n\sqrt{W_i}$$

$$w_i = \overline{w_i} / \sum_{i=1}^{n} \overline{w_i}$$

(3) 一致性检验

一致性检验的目的是确定专家打分的科学性。专家打分结果须通过一致性检验，才能进行权重的计算。采用随机一致性比率 CR 进行判断，若 $CR < 0.1$，专家打分结果为权重计算的合格样本，计算公式如下：

$$CR = \frac{CI}{RI}$$

$$CI = \frac{\lambda_{max} - n}{n - 1}$$

$$\lambda_{max} = \sum_{i=1}^{n} \frac{(AW)_i}{nW_i}$$

式中，RI 为随机一致性指标(见表 2.6.4)。

表 2.6.4 随机一致性指标表

矩阵阶数	3	4	5	6	7	8	9
RI	0.52	0.89	1.12	1.26	1.36	1.41	1.46

6.3.2 运用模糊综合评价法进行综合评价

模糊综合评价方法是利用模糊数学的相关知识和原理来解决日常生活中综合评价类实际问题的一种常见综合评价方法。主要计算步骤包含建立等级评语集、根据隶属度确定模糊评价矩阵、开展多级模糊综合评价、确定评价等级等。

(1) 建立等级评语集

评语集 $Z = \{Z_1, Z_2, Z_3, \cdots, Z_m\}$，其中 m 为等级数。评语集是评判专家对评价对象做出的各种评价等级的集合，评语集应该依据评价实际需求进行建立。

(2) 根据隶属度确定模糊评价矩阵

评分专家们对照提供的评价指标的实际数据及相关背景资料，判断各二级评价指标所属等级，最后根据数学公式来求得各评价指标的隶属度：

$$r_{ij} = \frac{\sum r_{ijk}}{n}$$

式中，r 为第 i 个指标属于第 j 等级的隶属度，$j = 1, 2, \cdots, m$；r_{ijk} 为第 k 位专家认为第 i 个指标属于

第 j 等级的评价值，评价值为 1 或 0；n 为专家的总人数。根据求得的各指标不同等级的隶属度，建立模糊评价矩阵 R。

（3）开展多级模糊综合评价

结合各评价指标的权重值和相对模糊评价矩阵，运用模糊综合评价模型，从最底层开始逐层计算得到目标层的评价结果向量。

$$S=W\cdot R=(\omega_1,\ \omega_2,\ \cdots,\ \omega_n)\cdot\begin{bmatrix}r_{11} & r_{12} & \cdots & r_{1m}\\ r_{21} & r_{22} & \cdots & r_{2m}\\ \cdots & \cdots & \cdots & \cdots\\ r_{n1} & r_{n2} & \cdots & r_{nm}\end{bmatrix}=(s_1,\ s_2,\ \cdots,\ s_m)$$

（4）确定评价等级

根据目标层的评价结果向量来确定评价对象的所属等级。判别所属等级时，最常用的是最大隶属度原则，但最大隶属度原则的有效性问题往往被忽视，具体来说：当结果向量中的最大分量与第二大分量相差不大时，依据最大隶属度原则得出的所属等级很可能失效，有必要判断最大隶属度原则的有效性：

$$\alpha=m\beta-1/2\gamma(m-1)$$

式中，α 为最大隶属度原则的有效度；m 为等级数；β 和 γ 分别为结果向量的最大分量和第二大分量。当 $\alpha=+\infty$ 时，最大隶属度原则完全有效；当 $1\leqslant\alpha<+\infty$ 时，最大隶属度原则非常有效；当 $1/2\leqslant\alpha<1$ 时，最大隶属度原则比较有效；当 $0<\alpha<1/2$ 时，最大隶属度原则低效；当 $\alpha=0$ 时，最大隶属度原则完全无效。若最大隶属度原则失效，可选用评分原则，即通过选取赋值向量计算出的综合评价值与分值标准进行对照，以此确定评价对象的所属等级。

7 评价实证

7.1 确定指标权重

邀请相关专家对本篇表2.6.2中指标的重要程度进行打分比较，所请专家主要是高校专门从事管理、金融、农业方面研究的学者和有关国家农业科技园区管理人员以及行业领域专业从事规划编制的高级管理人员等，具有一定的代表性和权威性，通过回收处理有效专家问卷，构造出判断矩阵并求解各评价指标的权重值（见表2.7.1～表2.7.7），各判断矩阵的一致性比率 $CR<0.1$，均通过了一致性检验。

表2.7.1 $A-B$ 判断矩阵及权重值

A	B_1	B_2	B_3	B_4	B_5	B_6	W_i
B_1	1	2	2	4	5	3	0.3324
B_2	1/2	1	2	2	5	4	0.2361
B_3	1/2	1/2	1	1	4	3	0.1545
B_4	1/4	1/2	1	1	7	3	0.1618
B_5	1/5	1/5	1/4	1/7	1	2	0.0568
B_6	1/3	1/4	1/3	1/3	1/2	1	0.0584

依据表2.7.1可知，经济效益、社会效益、生态效益、科技水平、园区规模、基础设施的权重分别为33.24%、23.61%、15.45%、16.18%、5.68%、5.84%。$\lambda=6.4719$，$CI=0.0944$，$CR=0.0749$，即 $CR<0.1$，因此权数的分配合理。

表2.7.2 B_1-C 判断矩阵及权重表

B_1	C_1	C_2	C_3	C_4	W_i
C_1	1	2	1/2	3	0.2681
C_2	1/2	1	1/3	3	0.1756
C_3	2	3	1	5	0.4760
C_4	1/3	1/3	1/5	1	0.0803

依据表 2.7.2 可知，年投资利润率的权重为 26.81%，土地生产率的权重为 17.56%，农产品销售总产值的权重为 47.60%，园区财政总收入的权重为 8.03%。$\lambda=4.0598$，$CI=0.0199$，$CR=0.0224$，即 $CR<0.1$，因此权数的分配合理。

表 2.7.3　B_2-C 判断矩阵及权重表

B_2	C_5	C_6	C_7	C_8	W_i
C_5	1	3	5	7	0.5417
C_6	1/3	1	3	5	0.2558
C_7	1/5	1/3	1	5	0.1448
C_8	1/7	1/5	1/5	1	0.0517

依据表 2.7.3 可知，辐射推广面积权重为 54.77%，年带动劳动力就业权重为 25.58%，核心区农民收入增长率权重为 14.48%，年培训新型农民人数权重为 5.17%。$\lambda=4.2499$，$CI=0.0833$。$CR=0.0936$，即 $CR<0.1$，因此权数的分配合理。

表 2.7.4　B_3-C 判断矩阵及权重表

B_3	C_9	C_{10}	C_{11}	C_{12}	W_i
C_9	1	1/5	1/5	1/3	0.0667
C_{10}	5	1	3	5	0.5329
C_{11}	5	1/3	1	3	0.2729
C_{12}	3	1/5	1/3	1	0.1275

依据表 2.7.4 可知，林木覆盖率权重为 6.67%，农作物秸秆综合利用率权重为 53.29%，绿色、有机农产品产值比权重为 27.29%，畜禽粪污综合利用率权重为 12.75%。$\lambda=4.2013$，$CI=0.0671$，$CR=0.0754$，即 $CR<0.1$，因此权数的分配合理。

表 2.7.5　B_4-C 判断矩阵及权重表

B_4	C_{13}	C_{14}	C_{15}	C_{16}	C_{17}	W_i
C_{13}	1	1	5	3	3	0.3409
C_{14}	1	1	3	3	5	0.3409
C_{15}	1/5	1/3	1	1/3	1	0.0767
C_{16}	1/3	1/3	3	1	3	0.1648
C_{17}	1/3	1/5	1	1/3	1	0.0767

依据表 2.7.5 可知，核心区农业科技成果转化率权重为 34.09%，科技人才比重权重为 34.09%，年度科研经费投入额权重为 7.67%，自主知识产权权重为 16.48%，省部级以上科研平台数权重为 7.67%。$\lambda=5.1689$，$CI=0.0422$，$CR=0.0377$，即 $CR<0.1$，因此权数的分配合理。

表 2.7.6　B_5-C 判断矩阵及权重表

B_5	C_{18}	C_{19}	C_{20}	W_i
C_{18}	1	3	2	0.5247
C_{19}	1/3	1	1/3	0.1416
C_{20}	1/2	3	1	0.3337

依据表 2.7.6 可知，核心区入驻企业数权重为 52.47%，园区面积权重为 14.16%，职工总数权重为 33.37%。$\lambda=3.0538$，$CI=0.0269$，$CR=0.0517$，即 $CR<0.1$，因此权数的分配合理。

表 2.7.7　B_6-C 判断矩阵及权重表

B_6	C_{21}	C_{22}	C_{23}	W_i
C_{21}	1	2	1/2	0.2972
C_{22}	1/2	1	1/3	0.1638
C_{23}	2	3	1	0.5390

依据表 2.7.7 可知，全程机械化率权重为 29.72%，有效灌溉率权重为 16.38%，信息化建设程度权重为 53.90%。$\lambda=3.0093$，$CI=0.0046$，$CR=0.0089$，即 $CR<0.1$，因此权数的分配合理。

7.2　综合评价

7.2.1　建立各指标的评语集

建立农业科技园区评价指标体系中各指标的评语集 $Z=\{Z_1, Z_2, Z_3, Z_4\}$，Z_1，Z_2，Z_3，Z_4 分别代表优，良，中，差。

7.2.2　确定模糊矩阵评价矩阵

提供蚌埠国家农业科技园区的相关指标数据及园区建设情况报告等资料邀请 10 名农业领域的权威专家对每个二级指标进行等级打分。由专家们的综合评分结果，计算出各指标的隶属度，即可得到模糊评价矩阵（见表 2.7.8～表 2.7.12）。

表 2.7.8　B_1 的模糊评价矩阵 R_1 表

B_1	优	良	中	差
C_1	0.3	0.7	0	0
C_2	0.2	0.7	0.1	0
C_3	0.1	0.7	0.2	0
C_4	0.4	0.5	0.1	0

表 2.7.9　B_2 的模糊评价矩阵 R_2 表

B_2	优	良	中	差
C_5	0.5	0.3	0.2	0
C_6	0.5	0.4	0.1	0
C_7	0.5	0.4	0.1	0
C_8	0.4	0.3	0.1	0

表 2.7.10　B_3 的模糊评价矩阵 R_3 表

B_3	优	良	中	差
C_9	0	0.3	0.5	0
C_{10}	0.1	0.3	0.6	0.1
C_{11}	0.1	0.2	0.6	0.1
C_{12}	0.2	0.3	0.5	0.1

表 2.7.10　B_4 的模糊评价矩阵 R_4 表

B_4	优	良	中	差
C_{13}	0.5	0.4	0.1	0
C_{14}	0	0.8	0.2	0
C_{15}	0.2	0.5	0.3	0
C_{16}	0.2	0.6	0.2	0
C_{17}	0	0.7	0.3	0

表 2.7.11　B_5 的模糊评价矩阵 R_5 表

B_5	优	良	中	差
C_{18}	0.2	0.4	0.4	0
C_{19}	0.1	0.3	0.6	0
C_{20}	0.1	0.4	0.5	0

表 2.7.12　B_6 的模糊评价矩阵 R_6 表

B_6	优	良	中	差
C_{21}	0.1	0.6	0.3	0
C_{22}	0.5	0.4	0.1	0
C_{23}	0	0.6	0.3	0.1

7.2.3　多级模糊综合评价

从指标层开始进行评价，依据表 2.7.2，经济效益四个指标的权重为 $W_1=$（0.2681，0.1756，

0.4760，0.0803)，运用模糊综合评价，就可以得到园区经济效益的模糊评价向量，其计算结果为

$$S_1 = W_1 \cdot R_1 = (0.1937,\ 0.6727,\ 0.1176,\ 0)$$

同理可得

$$S_2 = (0.4948,\ 0.3401,\ 0.1548,\ 0)$$

$$S_3 = (0.1061,\ 0.2727,\ 0.5806,\ 0.0933)$$

$$S_4 = (0.2188,\ 0.6000,\ 0.1813,\ 0)$$

$$S_5 = (0.1525,\ 0.3858,\ 0.4617,\ 0)$$

$$S_6 = (0.1116,\ 0.5672,\ 0.2672,\ 0.0539)$$

将上述结果构成目标层 A 的模糊评价矩阵 R：

$$R = \begin{bmatrix} 0.1937 & 0.6727 & 0.1176 & 0 \\ 0.4948 & 0.3401 & 0.1548 & 0 \\ 0.1061 & 0.2727 & 0.5806 & 0.0933 \\ 0.2188 & 0.6000 & 0.1813 & 0 \\ 0.1525 & 0.3858 & 0.4617 & 0 \\ 0.1116 & 0.5672 & 0.2672 & 0.0539 \end{bmatrix}$$

结合目标层的权重 W 进行模糊复合运算，得到蚌埠国家农业科技园区的模糊评价向量 S：

$$W = (0.3324,\ 0.2361,\ 0.1545,\ 0.1618,\ 0.0568,\ 0.0584)$$

$$S = W \cdot R = (0.2482,\ 0.4982,\ 0.2365,\ 0.0176)$$

7.2.4 确定评定等级

根据最大隶属度原则，从蚌埠国家农业科技园区综合评价的模糊评价向量 S 可以看出，蚌埠国家农业科技园区的综合评价结果是良，但是由于该向量中的最大分量 0.4982 和第二大分量 0.2482 相差不大，应对最大隶属度原则的有效性进行检验。

$$\alpha = 4 \times 0.4982 - 1/2 \times 0.2482 \times (4-1) = 1.6205$$

由于 $1 \leqslant \alpha < +\infty$，采用最大隶属度原则确定是非常有效的，继续采用评分原则进一步确认评价结果。选取赋值向量（8，6，4，2）分别对应指标的打分等级向量（优，良，中，差），计算出蚌埠国家农业科技园区的综合评价分值：

$$\mu = (0.2482,\ 0.4982,\ 0.2365,\ 0.0176) \times (8,\ 6,\ 4,\ 2) = 5.956$$

根据分值，进一步验证了蚌埠国家农业科技园区的综合评价结果为良（见表 2.7.13）

表 2.7.13 蚌埠国家农业科技园区综合水平评价结果表

目标层的模糊评价向量	最大隶属度原则确定等级	最大隶属度原则有效性检验	综合评价分值	评分原则确定等级
(0.2482，0.4982，0.2365，0.0176)	良	非常有效	5.956	良

7.3 结果分析与建议

7.3.1 结果分析

根据模糊综合评价结果可以得出结论：蚌埠国家农业科技园区目前的发展水平为“良”，说明蚌埠国家农业科技园区目前的总体发展态势良好。通过模糊评价矩阵 R，根据最大隶属度原则，分析可以得出蚌埠国家农业科技园区的社会效益处于“优”级；生态效益和规模效益处于“中”级；科技水平、基础设施和生态效益处于“良”级。

(1) 从经济效益方面来看，园区的土地产出率和投资利润率两个指标相对良好，财政总收入相对乐观，在经济效益的模糊评价矩阵中可以看出，专家们给予了这三个指标普遍较好评价。然而，在农产品加工业产值增幅方面略显不足，存在一定的提高空间。但总体来说，蚌埠国家农业科技园区目前经济效益发展态势良好。

(2) 从社会效益方面看，园区发展较为良好，主要是园区前期建设带动了农业科技研发、农用机械制造、食品精深加工、农资农技服务等相关行业的发展，推动当地商业、旅游、交通等各产业和区域经济一体化发展，使得农民增产增收明显，特别是园区在带动劳动力就业和提高核心区农民收入方面的成效比较明显。同时园区十分重视对新型职业农民的培养，拥有一支新型职业农民队伍能够增强园区发展后劲，为创新驱动发展提供了人才保障。但从园区辐射推广面积来看，还有一定的提升空间，主要是现有成果大都辐射皖北地区，因此在今后园区发展壮大的过程中要重视辐射推广范围的扩大。

(3) 从生态效益方面看，专家们的评价结果为普遍一般，农作物秸秆综合利用率和畜禽粪便综合利用率两个方面效益较好，说明园区注重发展循环农业。但不足之处是林木覆盖率仅占园区总面积的25%，说明蚌埠国家农业科技园区在发展经济、壮大产业的同时还要注重园区绿色化同步提升，提高对园区绿化和林木覆盖问题的重视程度，使得蚌埠农业科技园区要明显区别于工业园区，在实现园区经济繁荣、产业兴旺、人民幸福的同时努力让园区拥有绿水青山。

(4) 从科技水平方面来看，核心区农业科技成果转化率达到95%，表现较好，不足之处在于自主知识产权数、科技特派员团队数量和省部级以上科研平台数相对较少，农业科技研发投入与需求相比还远远不足，园区缺乏高水平的专业人才。因此，园区应进一步提升其科技创新能力，在引智入园、引智创业、成果转化上形成系统的政策机制。

(5) 从园区规模方面看，专家普遍评价偏低，意味着蚌埠国家农业科技园区规模效益方面表现一般，作为第五批入选的国家农业科技园区，经过第一个五年的发展目前园区仍处于发展阶段。虽然目前园区基础设施建设取得了一定成效，但与国内外先进园区相比，在园区建设、资金筹措及建设项目的组织实施等方面还存在一定差距，下一步要想方设法提高园区规模效益。

7.3.2 发展建议

从上述分析过程可知，蚌埠国家农业科技园区现阶段总体发展水平形势良好，但弱势方面也比较突出，园区发展对周围地区经济社会发展辐射带动作用较弱。原因主要包括科技创新能力一般、园区规模效益不明显、生态效应不显著。因此，在新一轮总体规划调整修编中要围绕创新驱动理念补好短板，为蚌埠国家农业科技园区下一步发展注入新动力。

（1）提高科技创新能力，强化示范带动作用

科技创新和示范带动是促进农业科技园区发展永恒的主题，科技创新是动力，示范带动是目的。建议蚌埠国家农业科技园区在新一轮规划修编中充分发挥安徽农业大学、南京农业大学、安徽科技学院等合作高校的资源，在蚌埠市人民政府的支持下建设一批现代农业科技示范推广基地。此外，还可以合理统筹怀远县龙亢农场的科技优势、生产经营优势和地方资源优势，加快核心区建设，促进三产联动发展，建立健全以“场镇园”一体化为特色的国家农业科技园区新模式。继续加大对园区建设的资金和政策支持力度，研究下发《蚌埠国家农业科技园区发展意见》，进一步加大园区在科技创新、产业发展方面的综合支持力度。

（2）扩大辐射力度，形成规模效应

由调研可知，蚌埠国家农业科技园区目前辐射推广范围还不是很广，还有一定的提升空间。主要是因为现有成果大都辐射皖北地区，仅有个别良种能够辐射豫东、鲁南、苏北部分县（区、市）。良种、技术的营销推广能力亟须进一步提高，园区成果辐射能力有待进一步扩大，在今后园区发展壮大的过程中要重视扩大辐射推广面积。因此，在规划中抓好核心区建设发展的同时，还要围绕创新驱动理念，重视产业链延伸，更好地发挥核心区的良种、技术和营销技术进行辐射推广，增强整个园区的辐射带动功能，形成规模效应。

下一步园区还可以进一步学习借鉴国内外农业科技园区的先进做法、创新理念，完善园区体制机制，适应发展形势和发展需要。此外，还要进一步加大招商引资的力度，引进更多龙头企业和科技创新型企业，特别是农业高新技术企业入驻园区。

（3）建设生态示范园区，发挥生态旅游的积极效应

生态示范园区强调生态效益，把改善生态环境、美化自然环境以及实现人与自然和谐发展作为园区发展的目标。生态旅游以农业产业发展为基础，将遗产和三产紧密结合起来，形成新型农业业态。因此，在新一轮规划调整修编中要加大蚌埠国家农业科技园区生态旅游的资源分析和项目策划，规划中要发挥区域优势，突出地方特色，展示现代农业发展的无穷魅力，打造蚌埠国家农业科技园区旅游优势品牌。

8 规划实证

8.1 规划背景

蚌埠建设国家农业科技园区有利于南北农业生产模式的融合与减灾增产技术研发与示范，在淮河流域具有很强的典型性和代表性。蚌埠国家农业科技园区规划建设以龙亢农场和淮西现代农业产业园双核驱动为发展重点，这对皖北地区乃至淮河流域进行农业结构调整、带动农民增收、促进农村发展，实现乡村振兴都具有重要的意义。

2019 年 11 月，根据《国家农业科技园区管理办法》要求，国家科技部组织开展了国家农业科技园区综合评估工作，蚌埠国家农业科技园区经评估为“达标”等级。这说明蚌埠国家农业科技园区在处于起步阶段，第一个五年虽然取得了一定的发展，但仍存在一些发展不足之处。因此，在新一轮规划修编中必须找出薄弱环节，坚持问题导向，以创新驱动为引领，补好问题短板，为蚌埠国家农业科技园区下一个五年发展指明方向，注入新的发展动力。

根据综合评价结果和园区调研情况可知，蚌埠国家农业科技园区现阶段的发展短板主要集中在科技创新能力、园区规模效益和生态效益等方面，具体体现在主导产业不突出、产业链延伸不足、科技创新能力和园区建设水平不高、成果辐射能力相对较小、生态文明建设重视程度不够等。所以，在规划中要重点考虑这些问题，使得新修订的规划能够适应未来几年发展形势和发展需要。

8.2 园区概况

8.2.1 区位交通条件

蚌埠国家农业科技园区核心区位于淮北平原南部，怀远县中部，涡河南岸，东经 116°52′，北纬 33°05′。园区能够受到合肥、南京、徐州多地的科技人才的输入，并能辐射皖北及更大范围。

蚌埠对外交通类型丰富，便捷度位居皖北第一，全省领先。怀远是蚌埠市域一级城镇、西翼发展主轴的首要节点；紧邻蚌埠市区20分钟车程可到蚌埠市中心；毗邻京沪、京福高铁线，30分钟车程可到达高铁蚌埠南站（见图2.8.1）。

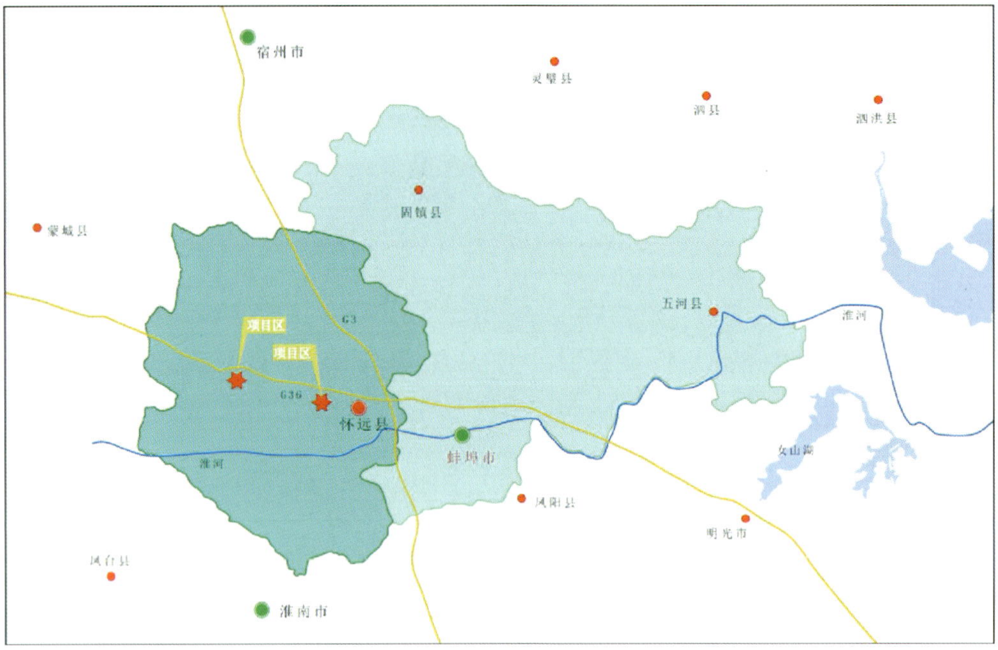

图2.8.1　核心区区位图

8.2.2　园区自然条件

（1）气候条件

园区属于暖温带半湿润季风气候，季风明显、气候温和雨量多集中在夏季，梅雨期一般为6—7月。冬季盛行偏北风；夏季盛行偏南风。境内日照率为50%，年平均气温为14.5～17.2 ℃。总体适宜农作物种植，但需注意季节性自然灾害。

（2）地质地貌概况

核心区境内地形基本平坦，地势西北高，东南低。

（3）土壤条件

核心区土壤以砂姜黑土、棕壤土为主，中性偏碱。土壤肥力较高，土层较深厚，土壤条件较好，在种植过程中要平衡土壤养分，确保土壤肥力的保持，土质不劣变。达到改良土壤的目的和增产的效果。适宜种植多种粮油林果作物。

（4）水文条件

核心区北临涡河，南靠茨淮新河，临近淮河，水资源丰富，水层分布较浅，水质良好。怀远地表水资源丰富，淮河自东南部穿过，沟河星罗棋布，芡河、茨淮新河、北淝河、泥黑河、北淝河、澥河等支流穿流县境，还有四方湖、芡河湖等天然湖泊。园区处于茨淮新河、芡河湖与涡河之间，南部的芡河湖是主要的排水湖泊。

8.2.3　社会经济概况

经过多年的建设和发展，核心区累计入驻企业131家，城镇化水平达到98%。获批专利、成果鉴定等自主知识产权83项。

2019年，核心区总产值67.1亿元、利税6.8亿元，分别是建园之初2013年的7.04倍和8.5倍；园区核心区农民人均纯收入达32150元；核心区用水节约率达17%，化肥、农药分别减量20%、15%，林木覆盖率达到25%，秸秆还田率100%。

前期，核心区建设内容基本完成，现代农业科技创新城面积由1千米^{2}扩大到3.5千米^2，人口由0.5万人增加到3万人，财税收入达到1.2亿元。现代粮食种业科技园，年接待种子观摩人员2万人次以上，生产销售良种2000万公斤。绿色果蔬生产示范园，示范种植10余个新型果蔬品种，示范种植面积4000亩。现代农业装备制造园、农产品加工物流园累计入驻企业88家，其中高新技术企业2家，产业化龙头企业10家，培育引进了今三麦食品、香飘飘食品、湘园食品、亚太石榴酒、蒂王酒业为代表的高端农产品加工企业。

8.3　规划思路

8.3.1　总体思路

以习近平新时代中国特色社会主义思想和党的十九大精神为指导，遵循“创新、协调、绿色、开放、共享”的发展理念，紧抓碳达峰碳中和重大战略实施的机遇期，整合区域资源优势，以优质粮食、怀远石榴、高效特色农业以及生态旅游四大产业为主线，以先进农业科技成果转化和集成示范为支撑，以体制机制创新为动力，进一步借助园区研发平台，延长相关产业链条，促进技术链与产业链融合，有效带动当地农民就业，为蚌埠市推动乡村振兴建设提供重要助力。通过五年努力，将园区打造为长三角优质绿色农产品生产加工供应基地，建成集特色农产品、农业科技、休闲观光、农业农村体制机制创新为一体，一二三产业融合发展、皖北一流、全省领先、国内知名的农业科技园区，发展绿色低碳生态农业，建设成为现代农业创新驱动发展的高地和“四化”同步发展的先行试验区，为下一步争创农高区奠定基础。

8.3.2　发展目标

根据《国家农业科技园区管理办法》，到2025年，园区农业技术创新转化与服务平台、农产品物流服务平台建设完善，基本形成优质粮食、怀远石榴、高效特色农业以及生态旅游四大产业集群，四大主导产业总产值较2020年翻一番以上。园区农民收入结构进一步优化，收入增长速度明显加快，与城镇居民的差距逐步缩小，农民人均可支配收入较2020年增长40%以上，达到2.7万元。健全完善农产品加工技术研发体系，提升中小企业的发展质量和水平，企业的自主创新能力显著提升，新增2～3个创新型企业和3～5家省级以上科技型企业。打造一批具有较强市场竞争力和市场占有率的知名品牌和驰名商标。科技产业孵化和新型农业经营主体培育能力全面增强。孵化一批农业小微企业，培养一批农村技术骨干和新型农场主群体，全面提升园区及周边地区规模经营水平和青年农民的技术水平及其创业就业技能。核心区和示范基地的农业科技水平、农业装备水平和农业综合生产能力跃居全国先进行列，实现农业技术高新化、劳动过程机械化、生产经营信息化，土地产出率、资源利用率和农业劳动生产率大幅提高。推动资源高质高效利用，加快绿色低碳农业发展，大力发展循环农业、生态农业、集约农业等有利于节约资源和保护环境的农业形态，节地、节水、节肥、节药、节种、节能及集约生态种养、秸秆综合利用等节约型技术得到广泛推广和运用，显著提高农业可持续发展能力，全力推动区域碳达峰、碳中和，促进高质量发展。

8.4 功能布局与建设定位

8.4.1 园区空间布局与功能

立足于蚌埠市农业产业的基础和优势条件，按照科技集聚、层级辐射、跨越发展的思路，蚌埠国家农业科技园区在空间结构上分为核心区、示范区、辐射区。三区之间通过科技、模式、品牌和服务对接实现互动发展。

(1) 核心区：主要涉及龙亢农场核心、荆山镇等区域，规划面积 5.35 万亩。主要功能包括水稻新品种的育种试验研发、水稻产学研合作示范、企业创新创业孵化、科技成果集成与展示、糯稻和果蔬等产品的精深加工及配套服务、生态湿地文化休闲观光旅游体验等。核心区是蚌埠国家农业科技园区建设的重点，集中体现了整个园区的内涵和精髓，着重突出科技创新、产业孵化、科技展示、精深加工、三产融合五大功能建设。通过核心区对农业新技术、新品种、新材料等进行集成创新，带动所在区域现代农业发展。

(2) 示范区：涵盖蚌埠市全境，重点建设 10 个示范基地和园区。规划示范基地和园区面积 187.60 千米^2。示范区吸收核心区的新品种、新技术、新装备、新模式等成果，通过重点项目的招商引资及“公司＋合作社＋基地＋农户”的经营管理模式，开展示范区的水稻品种、石榴等产品的标准化生产和示范，将核心区农业新技术、新品种和先进管理模式进行示范应用。

(3) 辐射区：主要包括皖北地区，豫东、鲁南、苏北部分县（区、市），辐射面积约 2.83 万千米^2。主要作用是拉长核心区主导产业链条，将核心区、示范区成熟的技术、先进产品和模式辐射推广到更广阔的区域，示范带动周边区域农业发展，辐射中国中部糯稻、石榴种植主要产区。形成“三区联动”的格局。

8.4.2 核心区功能分区

核心区以龙亢农场、淮西现代农业产业园和白莲坡食品科技园为中心，规划面积为 35.69 千米^2（5.35 万亩），是整个农业科技园区的科技、人才、创新集中基地以及技术示范的辐射源。规划整体以“双核”驱动的发展模式，即龙亢科技创新核心、淮西现代农业核心，将进行农作物生产的全过程的科学开发建设。核心区以“一城三园三区”的功能分区，即农业科技创新城、粮食种业科技园、智慧农业展示园、食品加工产业园、现代农业生产区、湿地生态涵养区、农产品加工物流区。

(1) 双核：龙亢科技创新核心、淮西现代农业核心（见图 2.8.2）

龙亢科技创新核心：占地 15.68 千米^2（2.35 万亩），主要是龙亢农场的中心场部区域，包括了大田物联网控制中心、智能温室、农业科技研发中心、创新平台等科技内容（见图 2.8.3）。

淮西现代农业核心：占地 20.01 千米^2（3.00 万亩），主要包括大田的生产示范、果蔬等设施栽培及茨河湖北侧的湿地涵养，以及农产品的粗、精加工物流区（见图 2.8.4）。

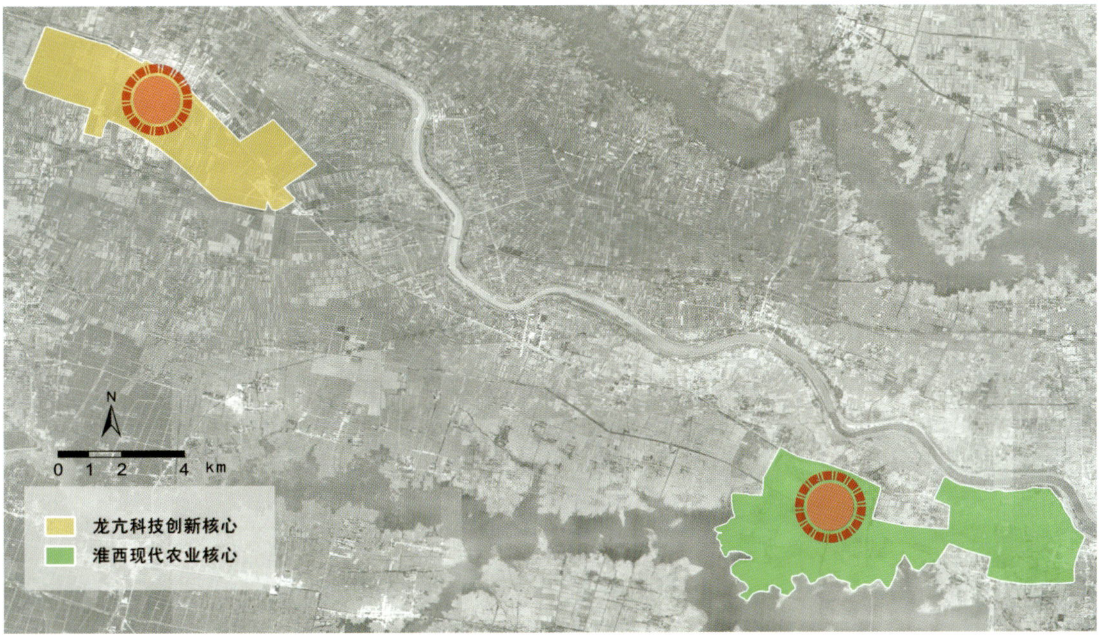

图 2.8.2　双核示意图

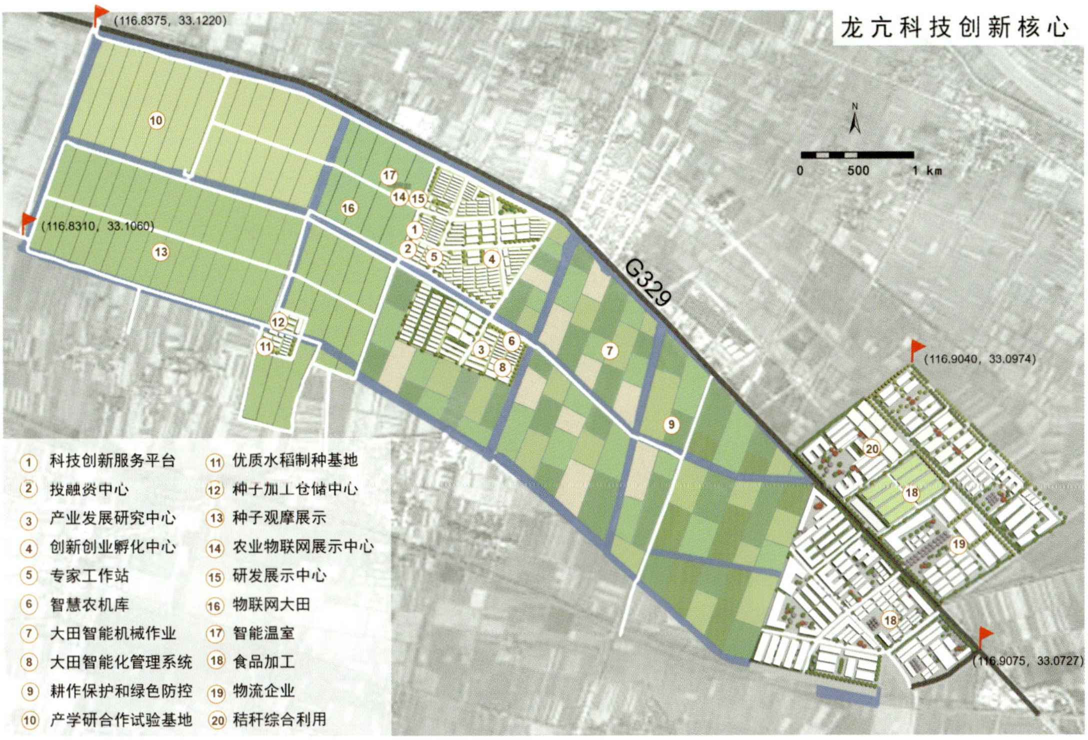

图 2.8.3　龙亢科技创新核心总体平面图

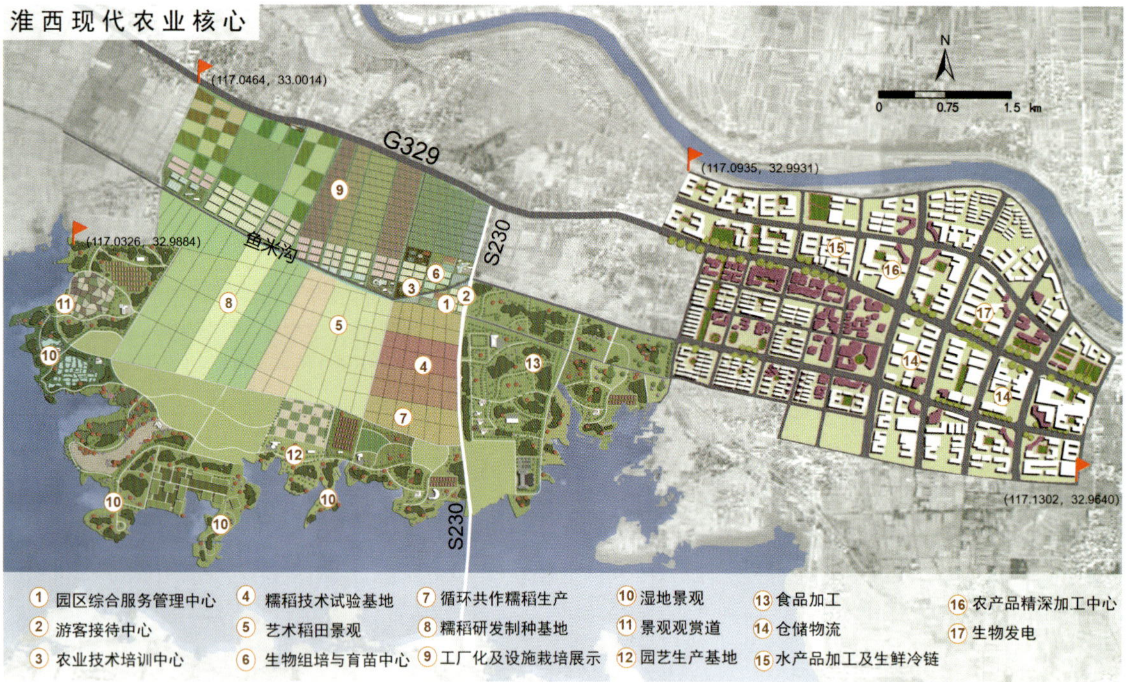

图 2.8.4 淮西现代农业核心总体平面图

（2）一城三园三区（见图 2.8.5）：

农业科技创新城：位于龙亢科技创新核心的中部，占地 10597 亩。依托农垦集团的资源优势，设置科技创新服务平台、产业发展研究中心、农产品质量追溯中心、检验检测中心、投融资中心、专家工作站等职能部门，完善农业现代化综合服务平台，指导园区建设和服务产业发展。

图 2.8.5 核心区功能分区图

——大田智能化管理系统　依托现代物联网技术实现大田数据的实时采集、传输、智能分析、预警、联动控制等多种功能，及时进行农事安排、农机调配、植保等活动，实现增产增效，成本控制。

——耕作保护和绿色防控　免耕、少耕、中耕深松、作物秸秆地表覆盖、水肥调控等技术手段，保持并改善土壤自然结构，培肥地力，提高作物产量。研究实验并推广非作物生境天敌诱集带等生物多样性调控与自然天敌保护利用技术。研究试验并示范推广植物源农药等生物生化制剂应用。昆虫信息素、杀虫灯、诱虫板、植物诱控、食饵诱杀、防虫网阻隔等理化诱控技术。试验大田采用固定道机械化作业，减少土壤压实、提升土壤活性。

粮食种业科技园：位于龙亢科技创新核心的西部，占地7386亩。结合科、教，政、产、学、研的协同创新，与农业科研院所或高等院校建立产学研合作长效机制，围绕优质稻米开展新品种培育研究、新技术应用及研发、新模式创建及管理等研发，建设产学研工作站、种苗繁育中心、优质水稻制种基地、种子加工仓储中心、新品种种植示范基地。

——种子观摩展示　筛选适宜本地区种子的农作物品种。提炼最优的栽培技术规范、促进良种与良法、农机配套融合。促进优良品种推广、为良种推广搭载可视化平台。规范品种展示示范工作。观摩展示期间，技术团队就新优农作物品种的选择、田间管理技术措施、病虫草害的防治、农业新机具的选择、作物不同品种的繁育保存等方面进行交流。同时种子经销商、经营户、合作社、种植大户等可就当前农作物品种选择、科学化田间管理、机械化运用等方面进行面对面的培训。

智慧农业展示园：位于龙亢科技创新核心的中部，占地852亩。结合应用计算机与网络技术、物联网技术、音视频技术、3S技术、无线通信技术及专家智慧与知识，实现农业可视化远程诊断、远程控制、灾变预警等智能管理。完善大田物联网技术应用平台、智能温室、传感器等设备设施，打造集农业科普、农业展示、创意农业等功能于一体的智慧农业展示园。展示现代农业成果博览及体验，对现代精准农业的科技成果、发展历程、未来展望及传统农耕文化进行展示，拓展互动体验空间；科技产业交流服务，通过“互联网＋”模式，为科技咨询、培训、交流、接待等提供服务场所，促进园区整体水平不断提高。

——智能温室　引进国内外先进的农业技术，导入科技大棚、精准农业、无土栽培、科技孵化以及植物工厂等项目，完善高科技硬件配套设施，形成集成式智慧温室系统。

食品加工产业园：位于龙亢科技创新核心的东部，占地4683亩。以蚌埠市丰富的稻麦资源为依托，以“雁湖面粉”为基础，提升粮食产业的精深加工水平，延伸产品链条，创建食品研发技术团队，拓展粮食产业空间为发展方向。重点扶持农产品加工龙头企业，集聚市场综合竞争力强的农产品精深加工企业，形成食品加工企业集群。

——秸秆综合利用　不断推进秸秆综合利用的材料化、能源化。强化对秸秆综合利用技术的宣传，推进秸秆资源转化，加快绿色低碳发展。未来逐步推动秸秆转化增值利用生产的标准化、品牌化，塑造“怀远秸秆”地理标志产品，形成区域特色的秸秆综合利用模式。同时大力引进高端智能家具制造，并和建筑业的变革相结合，结合精装修、高端智能家居的发展趋势，大力发展新家装产业。

现代农业生产区：位于淮西现代农业核心的中部，占地7300亩。主要利用核心区的水稻研发技术，展示试验的新品种。并采用工厂化高效及设施栽培技术发展设施蔬果产业。以及构建“促养保粮”新型种养模式，选择具有地方特色和良好养殖效益的鱼、虾、鳅等为套养品种，利用时空优势与生态位互补，建立实用的高效生态共作模式。同时借鉴各地大田农业景观布局，设计特色的稻田画。让蚌埠国家农业科技园区的农业新品种、新技术得以展示和推广，并结合茨河湖的湿地生态旅游功能，促进农旅产业发展。

——园区综合服务管理中心　园区智慧管理中枢。重点建设智慧农业云平台、农业物联网监控系统、农产品质量追溯系统、智能农机调配系统和农产品标准化生产系统等。

——产业发展研究中心　为区域产业的发展进行研究、组织、服务等。主要涉及糯稻、石榴、设施蔬菜、食用菌、特色水产等多个产业的长期发展，包含行业热点、难点及生态建设与绿色发展等内容。

——生物组培与育苗中心　工厂化育苗是现代农业重要抓手、优良种源又是育苗的核心。组织培养是优良品种快速无性繁育等作物的脱毒苗生产的主要手段，将会大大提高优良种苗无性繁育规模生产水品，推动当地种植业的发展。

——工厂化及设施栽培展示　园区主要进行自动化蔬菜种植和空中草莓栽培等。通过引进国外先进的设施设备及种植管理技术，采用椰糠、岩棉复合基质无土栽培，进行工厂化蔬菜长季节栽培生产，实现高产、高效的标准化生产。利用计算机控制系统和自动灌溉施肥系统实现种植环境的实时调控和灌溉施肥的标准化自动控制；同时引入生物防治技术，按照欧盟良好农业认证标准种植，实现作物营养指标和环境的实时监控，大幅度提高连栋温室蔬菜生产水平，并保证蔬菜优良品质。蔬菜年亩产25～35吨，草莓年亩产6～10吨，与传统种植相比，节约土地40%，产量提高4倍以上。同时具有绿色环保的特点，可实现农旅的完美结合，具有可复制性与不可替代性。

湿地生态涵养区：位于淮西现代农业核心的南部，占地10129亩。结合艾河湖景观，以水稻产业为核心，推动一二三产业有机融合，重点布局艾河湖湿地、休闲垂钓、开心田园、休闲康养、婚旅空间等项目。打造集种植、居住、旅游、培训、商业为一体，兼具生产、生活、生态三者功能的农旅融合发展。园区形成特色的“现代农业＋生态休闲＋研学旅行”的综合发展模式，建设现代农业基地，着力打造全域低碳体系，通过技术创新、制度创新、新能源开发利用等多种手段尽可能减少能源消耗，减少碳排放，实现农业生产与生态环境保护双赢，以生态农业、绿色农业为目标，加强培育适应低碳环境的优良品种，大幅度减少化肥、农药的使用量，全力打造绿色农业、“碳中和”的国家农业科技园区！

农产品加工物流区：位于白莲坡食品科技园，占地12578亩。以蚌埠市丰富的粮食产业资源为依托，从粮食产业的产后全过程进行重点项目建设。依托上谷集团、今三麦食品、光大集团等龙头企业，重点发展食品精深加工、物流、生物发电等产业。重点建设加工仓储、质量安全检测、交易服务、物流网络等设施设备，建设冷链物流、超市配送、连锁经营、电子商务等新型流通业态。开展以企业电子商务业务体系建设，为园区及周边商品提供集散、运输、配送、仓储、信息处理等商贸物流服务。重点加强农产品物流服务平台建设以及加工物流产业园配套设施建设等。该区的建设主要是为了营造良好的政策和服务环境，吸引更多国内外大型企业（集团）入园创办企业，形成一批优势农产品品牌。重点建设糯稻、石榴、小麦、蔬菜产业精深加工基地。

——生鲜冷链仓储配送　构建基于生鲜农产品市场大数据分析的电子商务系统、基于严格农残检测、严格准出制度的产品全程溯源系统；按照国际最高技术标准配套建设低温冷库、高温冷库、恒温冷库以及常温仓库，满足蔬菜果品、水生蔬菜、餐食等各类产品以及加工产品的冷链储存；构建低温运输系统，制定完善的冷链物流操作规范和技术标准，建立跨地区长途调运的冷链物流体系，实现产地市场和销地市场冷链物流的高效对接，实现园区24小时生鲜配送理念。

——农产品精深加工中心　围绕园区以及蚌埠市主导农产品，开展怀远石榴、绿色蔬菜产品、水产品等区域主导农产品精深加工产品研发，配套高标准农产品生产加工车间，引进国际先进加工工艺，提高农产品加工科技含量，不断扩大精深加工比重，提高产品附加值，提升产业后延增值能力，提高农产品加工产业发展档次以及对区域产业的引领带动作用。

8.4.3　示范区重点建设内容

示范区按照蚌埠市各区、县的实际情况，以及蚌埠市整体的产业发展现状等情况综合分析规划，重点建设10个示范基地和园区，示范区主要承接核心区先进的农业新技术、新产业、新业态、新模式，示范带动蚌埠市农业产业升级、提质增效（见图2.8.6）。

图2.8.6　示范基地和园区分布图

［注：底图为蚌埠市标准地图，审图号：蚌S（2021）4号］

8.5　主要建设任务

8.5.1　主导产业规划思路

（1）优质粮食

现状分析：以水稻与小麦轮作为主要种植模式，水稻以糯稻为特色；虽面积逐年增长，但产业发展后劲不足；农副产品精深加工、农业产业化一般，但多集中在产业链前端，产业链拓展不足。

规划思路：调整产业结构，依托“怀远糯米”的品牌，打造规模化标准化生产体系，延伸优质粮食产业链，三产融合带动糯稻产业发展，提升产业品牌知名度。

园区内的产业发展，重点在农业产业，其核心在于一二三产业深度融合。产前环节：重点需提高科技水平，应用新技术，增强种苗繁育力度，提升镇域农业基础产业的科技能力；产中环节：重点在于科技研发新品种、新模式、新机械、新技术的应用，提升镇域农业产业发展能力；产后环节：重点增加农产品分类加工、仓储物流产业链，提升农业后延增值能力。同时在农业产业发展的各个环节，都与农业旅游、乡村休闲旅游相结合。三产融合，重点在于农业产业功能的延伸和融合。一二三产融合发展体系如图 2.8.7 所示。

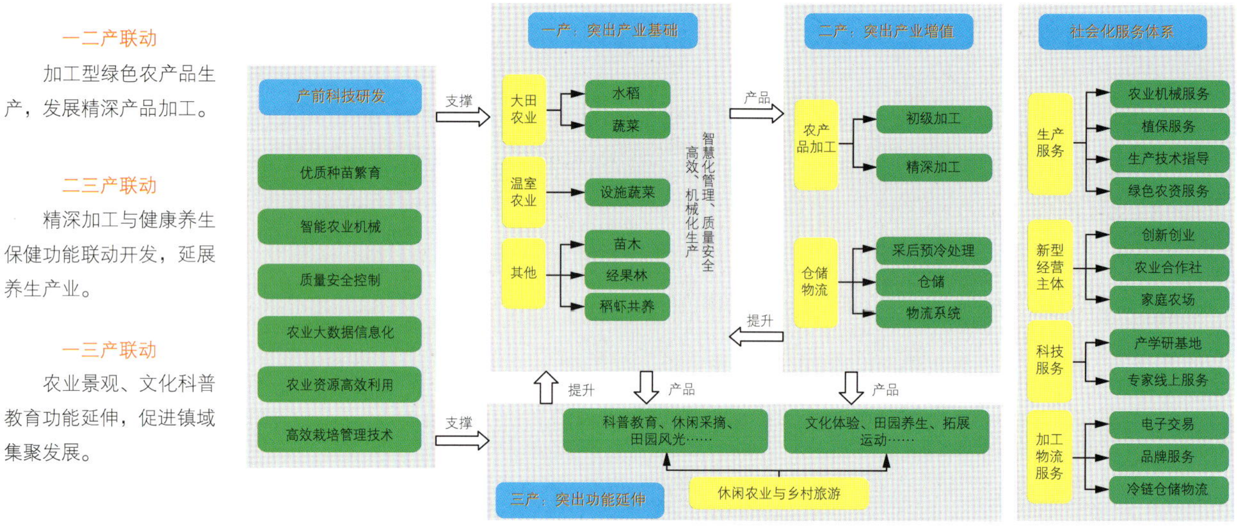

图 2.8.7　一二三产融合发展体系

（2）怀远石榴

现状分析：怀远石榴其产品附加值高；以“石榴之乡，幸福怀远”为主题，已成功举办五届石榴节，怀远石榴具有一定的影响力和品牌效应。石榴种植历史悠久、知名度高，但受众面、产量相对较小，区域公共品牌推广力度不够。

规划思路：后期应建立品牌推广平台，采用互联网＋农业的方式，打造线上采摘节。解决销售后端问题，反哺生产前端，带动整个石榴产业健康良性发展。以塑造公共品牌为重点，依托石榴文化、大禹文化、淮河文化和花鼓灯文化打出区域品牌的王牌。

（3）绿色蔬菜

现状分析：以优质蔬菜种植为主等设施农业辅助发展；蔬菜产业发展易受早春冻害、病虫害影响，以及冷链发展不足制约了生鲜蔬菜出口，受市场影响波动较大；蔬菜属于劳动密集型产业，随着现代农业的发展、农村劳动力缺失及蔬菜产业机械化率难以提升，将导致蔬菜产业生产成本增加、利润空间压缩，比较效益滑坡，产业创新升级发展困难。

规划思路：后期减少大规模蔬菜的种植，削弱产业链前端的投入，加大蔬菜产业旅游文化开发，实现产业链的纵横延伸。

8.5.2　农产品加工和农业服务业发展思路

（1）发展思路

依托龙亢农场物联网应用云平台，坚持以专业化、精准化、精细化和高品质、规模发展和示范引领为方向，重点打造机械化和信息化的农作物生产、农产品流通、电子商务、休闲旅游服务等产业，努力提高农业效益和竞争力。全面构建优势明显、深度融合的现代农业产业体系。强化科技与教育支撑；加强电商领域云计算、大数据、智能交易等核心技术研发。

（2）发展重点

① 龙亢食品加工产业园：位于龙亢农场东侧，占地 4683 亩。主要依托邻近地区糯稻种植和临近高速入口的交通优势，以及加工企业自身技术优势，重点发展糯稻精深加工和流通，建设农产品电商服务中心。

② 白莲坡食品加工物流园：位于荆山镇，涡河东段南侧，茨河湖北侧，占地 12578 亩。主要依托以糯稻为原料的农产品加工企业优势，形成“公司＋基地＋农户”以及“公司＋合作社＋基地＋农户”的产业化经营模式。主要发展糯稻初加工以及农业废弃物综合利用项目。

③ 一个平台：以建立“园区智慧产业云平台”为中心，围绕中心打造六大特色电子商务信息产业智慧板块。包括现代农业服务物联网管理智慧平台、现代农业质量追溯智慧平台、现代农业 ERP 电子智慧平台、现代农业移动客户端智慧平台、现代农业电子商务交易智慧平台、诚信联盟智慧网络平台、现代农业物联网 O2O 模式的电子商务平台。

8.5.3　科技创新重点任务

在现代农作物科技化推广上，推广水稻高产栽培技术、稻田套播麦高产栽培技术、水稻主推机插高产栽培技术、精确抛秧高产栽培技术、氮肥后移技术、秸秆全量还田稻作技术。

在现代农业科技推广新机制运行上，实现科技兴农、人才强农，打破部门条块分割，有效整合科技资源，建立协同创新机制，促进产学研、农科教紧密结合。完善科研立项和成果转化评价机制，强化对科技人员的激励机制，促进现代农业科研成果转化。扶持种业发展，做强一批“育繁推”一体化的骨干种子企业。完善基层现代农技推广服务体系，探索公益性农技推广服务的多种实现形式。

8.5.4　主要建设任务

根据分阶段动态发展、近远期协调发展的土地开发策略，制定分阶段开发建设时序：先安排农业生产项目，后安排农业休闲项目；先考虑基础农业项目，后建设高档农业项目；先安排投资小、见效快的具有产出功能的生产项目，后建设投资较高、对园区建设水平提升帮助较大的精品休闲项目；先培育生态环境基础，后提升景观建设水平；先建设具有生产、观赏功能的农园，后期逐步建成具有地域特色鲜明的现代农业园区。

前一阶段主要安排基础设施建设、基础性农业生产项目；逐步安排休闲服务类项目（投资主体：政府结合企业）；第二阶段主要安排拓展提升类项目（投资主体：企业）。

（1）第一阶段：重点建设、完善基础阶段（2021—2023 年）

完善“核心—示范—辐射”的园区三级发展体系。构建起技术开发引进、转化及推广应用和技术培训的科技创新体系；优质高效农产品及加工转化等现代化生产体系；产业化经营管理体系，建立健全适应市场经济要求的“四级共建”和“四位一体”运行机制。在政府、企业、农民的利益方面寻求协同，对技术、市场、人才和管理进行有机整合。健全管理体系与服务机制，建立多渠道投融资机制，建立新型科技推广与技术服务机制，建立技术、人才引进机制。

（2）第二阶段：合力推进、全面提升阶段（2024—2025 年）

进一步提升核心区园区科技成果孵化与展示能力。精心打造五大功能，即科技孵化功能、人才集聚功能、企业培植功能、低碳展示功能、培训教育功能。强化园区的科技中介服务能力建设，建设现代农业科技孵化器，带动区域技术创新和科技产业化。以科技连接产品与市场，带动产业升级。完善企业与项目的引入和退出机制，确保园区产业水平及其带动能力的持续提高。

9 结　论

本研究将蚌埠国家农业科技园区作为研究对象。首先，从研究背景、研究意义入手，了解农业科技园区发展的重要意义和重要性。其次，对创新驱动理念以及农业科技园区规划的相关概念、相关特性等进行概述。在上述两方面的基础上，对农业科技园区规划体系进行研究。研究表明：农业科技园区创新驱动应包括现代化农业基础设施驱动、高质量科研驱动、政府与园区企业双驱动、市场驱动及“互联网+”驱动等基本路径，创新驱动导向下农业科技园区主要面向技术创新型、龙头企业主导型以及“智慧生态型”发展模式。在创新驱动理念下，农业科技园区的规划目标应该侧重园区总体空间布局、成果转移转化能力、高新技术产业的集聚能力、园区“双创能力”及精准脱贫带动能力等方面。按照农业创新驱动的要求，农业科技园区规划编制应该聚焦体制机制、创新服务水平、发展高新技术产业、提升创新能力、带动乡村振兴等重点任务领域。

本研究采用AHP-模糊综合评价法对蚌埠国家农业科技园区进行综合评价，根据最大隶属度原则和评分原则得出蚌埠国家农业科技园区的综合发展水平处于“良”级。同时园区在社会效益方面表现较好，经济效益、科技水平、基础设施发展水平良好，生态效益和园区规模效益水平居中。此外，根据对评价过程的分析发现蚌埠国家农业科技园区社会效益、生态效益、科技水平等多个方面略显不足，如园区辐射推广面积不广、林木覆盖面积不大、省部级以上科研平台数和科技特派员团队数量不多、科研经费投入不强等。

通过评价结果找出了蚌埠国家农业科技园区在发展建设中存在的一些问题短板，按照问题导向，结合研究出创新驱动导向下农业科技园区的规划思路和方法，在规划调整修编中对蚌埠国家农业科技园区未来五年发展进行重新定位，并以蚌埠国家农业科技园区2021—2025年总体规划作为实证案例。

10 参考文献

[1] 申秀清．中国农业科技园区创新机制研究［D］．呼和浩特：内蒙古农业大学，2014.

[2] 郝建标．国家农业科技园区发展对策研究［J］．现代经济信息，2011（01）：241.

[3] 谢玲红，吕开宇，夏英．中国农业科技园区研究进展与展望［J］．科技管理研究，2019，39（20）：201－206.

[4] 王佳．创新驱动背景下广东省海洋渔业转型发展及实施路径研究［D］．湛江：广东海洋大学，2018.

[5] Rongda ZHANG. Current Situation，Problems and Countermeasures of Modern Agricultural Construction in Bijie Experimental Area［J］. Asian Agricultural Research，2013（9）：25－28.

[6] Byung-Kook Ham ，Willian J. Lucas. The angiosperm phloem sieve tube system：a role in mediating traits important to modern agriculture［J］. Journal of Experimental Botany，2014（7）：1799－1816.

[7] Atanu Sarkar，Kristan J. Aronson，Shantagouda Patil，Lingappa B. Hugar，Gary W. vanLoon. Emerging health risks associated with modern agriculture practices：A comprehensive study in India［J］. Environmental Research，2012，115（none）：37－50.

[8] AbigailWoods. Rethinking the history of modern agriculture：British pig production，c. 1910－65.［J］. Century Br Hist，2012（2）：165－191.

[9] 江晶．国家现代农业示范区运行机制与发展模式研究［D］．北京：中国农业科学院研究生院，2013.

[10] 杨洋．我国现代农业园区规划理论体系构建及应用研究［D］．成都：西南财经大学，2014.

[11] 李冀．国家农业科技园发展能力的评价［D］．合肥：安徽农业大学，2018.

[12] 潘启龙，刘合光．现代农业科技园区竞争力评价指标体系研究［J］．地域研究与开发，2013，32（01）：5－11.

[13] 依靠创新驱动加快现代农业建设［N］．新华日报，2015－02－06（001）.

[14] 李小璇．我国现代农业科技园区发展模式研究［D］．福州：福建师范大学，2014.

[15] 陈晓英. 西藏农业科技园区发展研究 [D]. 北京：中国农业科学院研究生院，2013.

[16] 谢淑娟，匡耀求，黄宁生，赵细康. 低碳农业评价指标体系的构建及对广东的评价 [J]. 生态环境学报，2013，22 (06)：916-923.

[17] 李晓星，杜军凯，傅尧. 基于结构熵权—模糊综合评价的企业环境绩效审计模型构建 [J]. 企业经济，2018，37 (02)：102-107.

第三篇　基于信息化视角的智慧农业园区规划设计与评价

当前，作为实现数字经济与区域经济发展的重要空间载体的智慧农业园区，其规划备受关注。2020 年，农业农村部、中央网络安全和信息化委员会办公室制定了《数字农业农村发展规划（2019—2025 年）》，旨在保障数字经济战略的实施，为智慧农业园区各个方面的完善与落实提供了重要依据。本研究基于国内外智慧农业园区规划与综合评价的研究成果，利用文献资料查询、现场实地调研、层次分析法等多种方法研究智慧农业园区规划设计与综合评价。

首先，对智慧农业园区、智慧农业园区规划和评价的概念及国内外的技术创新、景观设计、农业现代化、城乡规划等相关理论进行综述。总结了国内外优秀的智慧农业园区规划案例，并从中汲取经验，建立了智慧农业园区规划方法体系，为实践案例——芜湖土洵金智慧农业园区规划和其他同类型园区规划的编制提供了指引。

其次，选取凯盛浩丰智慧农业园区、垦源智慧农业园区、杨凌智慧农业示范园区及土洵金智慧农业园区作为研究对象，采用层次分析法结合专家打分法构建智慧农业园区的评价指标体系和综合评价模型，其中选取了成效与能力2个一级指标，经济效益、生态效益、社会效益、创新特色、智慧生产、智能设施和智慧运营7个二级指标，园区总产值、单位面积产值、人均劳动纯收入、电商的年营业收入、农药使用量、化肥施用强度、灌溉用水量、农业技术成果应用、带动劳动力就业人数、农业技术成果转化率、职业农民培训人数、农业R&D经费投入比重、农业研发人员比重、新产品产值在农业总产值中占比、园区接待来访、园区媒体关注度、园区荣誉、精准施肥比重、病虫害精准防控比重、智能温室建设投入占比、智能农业装备投入占比、信息化投入总额占固定资产投资比重、传感网覆盖率、无线网覆盖率、园区一卡通普及率、信息网络接入速率、特色在线服务普及率、线上店铺农产品数、回购率和转化率30个三级指标，对4个智慧农业园区进行综合评价。

最后，根据评价结果得出凯盛浩丰智慧农业园区、杨凌智慧农业示范园区两个已建成运营的园区综合效益比正在建设中的土淘金智慧农业园区高，而土淘金智慧农业园区的综合效益比垦源智慧农业园区高，发展具有一定前景。从经济效益、生态效益、智慧生产来看，凯盛浩丰智慧农业园区的发展最优，从社会效益和创新特色来看，杨凌智慧农业示范园区的效益最好，从智能设施来看，垦源智慧农业园区设施基础良好，但从智慧运营来看，土淘金智慧农业园区未来运营效果最好，未来还需在园区智慧生产及创新水平等方面进一步提高。为推进智慧农业园区的建设与发展，提出了加强园区信息化建设、引进先进技术和人才、注重产业功能的多元化等对策和建议，从而提高园区的竞争力。本研究将为智慧农业园区的建设和发展提供一定的指导。

1 引　言

1.1 选题背景

乡村振兴战略实施以来，智慧农业园区已经成为我国农业经济的一个重要类型，也是实现智慧“三农”的重要途径，对我国经济发展至关重要。而农业数字化、信息化发展是大势所趋，在国家政策的引导和技术支撑下，我国现代农业取得了突飞猛进的发展。智慧农业园区作为区域智慧经济发展的载体，正迎接着新的机遇与挑战。

近年来，国家越来越重视数字经济的发展，各项政策相继出台。农业农村部、中央网络安全和信息化委员会办公室制定了《数字农业农村发展规划（2019—2025年）》，明确提出到2020年要构建以数字经济为导向，以“集成要素、整合资源、完善功能、专项设计、搭建平台”为主要发展思路的智慧农业园区建设和发展的农业园区体系；推进农业信息化、数字化、现代化的发展进程。到2025年，要将数字技术与农业产业体系相结合，以规划发展智慧农业园区为载体，促进农业生产经营数字化转型。近年来智慧农业园区的数量逐步增长，繁荣的背后也呈现出许多弊端，如基础设施投资过多、信息化设施建设不到位、未形成合理的专项规划设计等问题。因此，做好智慧农业园区规划设计，评价其预期运营的综合效益显得尤为重要。

芜湖地处长三角地区，是安徽省最大的外贸及货运中转港、综合交通枢纽，建设智慧农业园区具备区位交通优势突出。同时也是华东重要的工业及科教基地，拥有多所普通高等院校，在校大学生高达数十万人。因此，在芜湖建设智慧农业园区具有多种优势突出。目前，芜湖市规划建设中的土洵金智慧农业园区，对皖南地区乃至整个长江流域调整农业结构、带动农民增收、促进区域发展、实现乡村振兴都具有重要的战略意义。因此，采用层次分析法选取30个指标从成效和能力两大方面建立综合评价模型，对芜湖土洵金等4个智慧农业园区进行综合评价，并根据评价结果提出对策建议。

1.2 研究目的及意义

1.2.1 研究目的

梳理国内外相关文献，界定智慧农业园区的内涵，构建智慧农业园区规划方法体系，为智慧农业园区规划的编制提供一定的理论基础。建立智慧农业园区综合评价模型，并在芜湖土淘金智慧农业园区进行规划实证和综合评价实证的基础上，对智慧农业园区规划的主要内容进行优化。研究了智慧农业园区智慧化运营管理的流程，补充智慧农业园区规划建设的实践基础。

1.2.2 研究意义

(1) 理论意义

一个综合效益较高的智慧农业园区可以带动区域经济发展。国内智慧农业园区起步较晚，虽有一定的研究，但对智慧农业园区规划的研究较少，本书构建的智慧农业园区规划方法体系可指导规划的编制。

通过实地勘察园区的发展现状，明确问题，结合优秀案例，总结出智慧农业园区规划的主要内容及方法体系，并在芜湖土淘金智慧农业园区得以实践运用。揭示了信息化建设和专项规划设计对智慧农业园区发展的作用，以期对智慧农业园区的建设提供一定的理论参考。

(2) 实践意义

构建智慧农业园区综合评价指标体系和模型，并选取4个智慧农业园区进行实证研究。根据评价结果，客观地反映智慧农业园区发展中的问题并评估综合效益，有利于经营者对园区今后发展的决策。智慧农业园区的综合评价模型实用性较强，可应用于其他同类型的园区。

1.3 研究内容和方法

1.3.1 研究内容

(1) 通过查阅大量相关文献，结合项目实践经验，构建智慧农业园区规划方法体系，确立智慧农业园区规划的主要内容。

(2) 建立智慧农业园区评价指标体系和综合评价模型，并对4个智慧农业园区的经济效益、社会效益、生态效益、创新特色、智慧生产和智慧运营等方面进行综合评价，探究智慧农业园区综合评价方法及标准。

1.3.2 研究方法

(1) 文献阅读法

通过阅读国内外有关智慧农业园区规划的学术期刊、专业著作等，梳理总结智慧农业园区规划建设与发展的现状，确定本研究的基本框架。

（2）比较分析法

通过分析对比国内外智慧农业园区发展现状及实践案例，总结并借鉴国内外智慧农业园区规划的成功经验，找出适合中国智慧农业园区发展的模式。

（3）实地调研法

通过现场访谈，收集资料，对园区进行区位交通、周边业态和用户分析等，再用SWOT分析法确定项目的发展定位，为下一步的规划设计奠定基础。

（4）实践研究法

以城乡规划学、旅游经济学及景观设计学理论为支撑，建立智慧农业园区规划方法体系，并在芜湖土淘金智慧农业园区规划中运用，通过对智慧农业园区评价指标体系和综合评价模型的构建，对4个智慧农业园区进行实证研究。

（5）层次分析法

运用层次分析法建立智慧农业园区评价指标体系与综合评价模型，并对4个智慧农业园区进行综合评价的实证研究，依据客观评价结果，提出具有针对性的对策和建议。

1.4　拟解决的问题

规划建设智慧农业园区是一项复杂的系统工程，涉及园区建设的各个方面。现有的农业园区规划体系对智慧农业园区规划建设内容的支撑不足，突出表现在园区信息化规划建设不够成熟、未进行科学合理的专项规划设计、未建立共享的集约化平台，以及定性和定量分析未能有机结合等问题上。因此，将智慧农业园区建设内容和要求具体有效地落实到规划设计中，解决规划建设不够成熟、未建立共享集约化平台建设等问题，为农业园区规划发展提供一种新的可持续发展模式。同时运用层次分析法对园区进行综合评价，解决园区建设发展时未能将定性与定量有机结合的问题。

2 相关理论和国内外研究进展

2.1 相关概念

2.1.1 智慧农业

智慧农业是将移动互联网技术、云计算和物联网技术、3S 技术、音视频技术等集成于一体，依托农业生产现场部署的各种传感器和无线通信网络来实现农业可视化的远程诊断、远程控制及智能分析、预警、决策等智能化管理。

2.1.2 智慧园区

智慧园区是利用新一代信息技术的方式来管理园区的运行，通过信息技术和各类资源的整合，实现园区内及时、有效的信息感知、传递和处理，提高园区的业务、服务和管理能力，进而提高园区的集聚能力。

2.1.3 智慧农业园区

智慧农业园区就是指将农业信息设备与传统农业生产进行有机结合，借助云计算、大数据及其他现代信息化等技术，面向政府、农业生产者、农产品营销者、农业专家和消费者五类主要用户，构建一个具有智慧化生产、经管和服务功能的示范园区体系。

2.2 相关理论研究

2.2.1 城乡规划学理论

城乡规划学是一门用于研究城乡生活环境的演化机制与规律以及对城乡进行科学规划、建设管理的学科。现代城乡规划学科的理论基础最早可以追溯到19世纪末，英国社会活动家霍华德提出田园城市理论，探索改善乡村环境，空间规划与社会规划融合的措施。盖迪斯从人类生态学的角度提出了区域规划理论，认为规划时应把自然地域作为规划的基本骨架。美国社会哲学家刘易斯·芒福德提出“区域整体协调”的理念，主张建立城乡一体化框架。这些都极大地推动与提升了现代城乡规划理论思想。20世纪50年代，希腊学者道萨迪亚斯提出了“人居环境科学”的概念，总结出人类环境的“自然、人类、社会、建筑、支撑网络”五大要素，其诠释的理论框架和内涵都对现代城乡规划学的理论和实践具有指导作用。罗小龙认为，城乡规划学理论是由城乡发展演变规律理论和规划理论两部分组成，通过这些理论认识规划研究的性质、实践对象、技术与方法，为后期规划的编写奠定基础。吴良镛院士提出了“人居环境科学”的思想，阐述了“人与生存环境”的关系，认为人居环境是由“自然系统、社会系统、住宅系统、人类系统和支撑系统”五大体系构成，“人居环境科学”思想奠定了我国城乡规划学学科的理论基础，对我国城乡规划建设具有重要意义。

2.2.2 农业现代化理论

关于发展中国家的现代农业，国外学者多侧重于两大方面：一方面是研究粗放、自给自足的传统农业如何转向高效、可持续发展的现代农业，即“农业转型”的研究。代表人物有经济学家西奥多·舒尔茨，他认为发展中国家的经济增长依赖于农业的稳定及增速，而传统的农业生产已难以对经济的发展做出突出的贡献，经济的发展在于农业现代化建设。另一方面是研究发展中国家的现代农业对社会与环境的影响。

国内自20世纪50年代提出农业现代化的概念后，专家学者从不同的角度进行了阐述，主要包含以下几个方面：

（1）经验与启示：概括总结了发达国家农业现代化的特征和发展模式，并立足于我国国情和经济状况，探究我国农业现代化建设的实施路径。

（2）内涵：农业现代化是一个过程，也是一种发展手段。以现代高新技术、生产和管理方法为前提，将传统农业转变为现代农业，从小农农业向商品农业转变与发展的过程，也是农业生产实现现代化的重要途径。

（3）农业现代化水平评价方法：包括多指标综合评价法、数据包络分析法、熵权法、脱钩指数分析法等。

农业现代化理论指导进行园区规划的编制时要运用现代信息化的技术手段和方法，注重科学性与前瞻性。

2.2.3 景观规划设计理论

景观规划理论是规划学的一部分，通过对区域内现状及特征进行分析与总结，并进行以人为本的景观空间布局、功能分区划分和具体节点设计。现代景观规划设计包含了视觉景观形象、环境生态绿化、大众行为心理等方面内容。智慧农业园区景观规划涉及面较广，综合性较强，同时我国智慧农业发展起步较晚，在智慧农业园区景观规划方面缺乏经验。景观规划设计理论可在景观要素的构建、生态景观空间营造等方面形成系统的理论指导，弥补经验上的不足。

2.2.4 技术创新理论

亚当·斯密早就在《国富论》中提及关于技术创新的重要性。例如，提出的社会分工理论，阐述了劳动分工的重要意义，强调劳动分工是改进一个社会劳动效率、经济潜力的关键，在以往普遍的手工生产的情况下，分工无疑是有助于技术创新进步，而现代技术的创新将会带动经济的快速发展。当然，创新不再是简单的技术发明，企业作为创新主体，将生产要素与条件进行科学耦合，使其在现实生产生活过程中能产生良好的连锁效应，方可称之为创新。

1950—1960年，许多国家经济处于快速发展时期，学者开始研究技术创新与经济增长之间的关系，才使得技术创新理论重新进入大众视野并得以长久发展。之后西方技术创新理论的发展主要分为两个方向：一是将技术创新纳入新古典经济学理论框架的技术创新经济学派，二是侧重研究技术创新的扩散和技术创新的“轨道”与“范式”等理论问题的技术创新制度学派。

智慧农业园区作为一种创新载体，将园区的生产要素、生产条件和生产组织进行重新整合，以期建立高效益、高生产率的新型农业生产体系。具体而言，信息化技术的引进和应用、农产品的研发改良、国内外市场的开拓、科学管理制度与组织的建立等均属于创新范畴。园区的创新是其生命力的重要表现，因此园区要建立以技术与制度优先的创新机制，以期实现园区的综合发展。

2.3 国内外智慧农业园区规划实践案例

2.3.1 美国艾奥瓦州农场

艾奥瓦州可耕地面积大，有12万个农场，平均每个农场有可耕地110公顷，可耕地占全州面积90%，土壤肥沃、农产丰富，主要农产品有玉米和大豆，畜产有牛和猪。因耕地面积巨大、不便管理、人力成本较大等问题面临发展瓶颈。艾奥瓦州农场通过合理的规划建设后被誉为“美国粮仓”，农业产业化、智慧化、信息化最为核心，规划为以农机为依托，以先进农业技术设备为核心，以资源高度集约化利用为发展主题的智慧农业产业园区。增添全球卫星定位系统等附加设备，便于精准地投放农药与化肥，避免过度施肥和洒药造成的不良环境影响。主要措施：①增添先进的信息化设备与技术，节约人力成本。②对单位面积较大的农场进行合理的空间布局。③多种农产品共同种植与销售。

2.3.2 北京京农智慧农业园区

北京京农农业园区前期土地利用不合理、产业结构单一、景观设计需明显提升，该园区坐落于北京，因没有明显的优势，导致竞争压力巨大，企业亏损等问题。

通过多次调研，北京京农控股集团有限公司联合北京市供销合作总社将其打造成集科技、农业、旅游于一体，涵盖休闲、采摘、观光、科普功能的智慧农业园区。主要措施：①针对园区土地利用不合理现状，加强基础建设，拓宽道路、改造农田、提升用水情况、改善排污系统、添设智能垃圾回收处理小站等，主要目标是整治园区环境，整合资源。②优化农业产业结构、发展现代农业、运营智慧农业等高新技术手段以及建设专业化果蔬生产基地，增加企业和农民的经济收入。③引进世界先进的荷兰智慧温室建造技术及种植技术，科学指导农户进行生产，促进发展、实现共赢。④利用“互联网+”手段，扩大宣传，提升品牌影响力。

2.3.3 山东中荷智慧农业园区

山东中荷农业园区起初面临着缺乏特色、同质化严重、传统经营与种植模式固化、营销手段及方法欠缺等问题。通过多次实地勘察，由寿光蔬菜产业控股集团、山东高速集团投资公司及荷兰丰收联盟共同投资建设，将其发展成为世界上单体面积大、智能化程度高、科技含量高的精准化智慧农业园区。主要措施：①针对园区种植模式固化的问题，引进荷兰先进技术、明确茄果类为主导产业。②设置电子商务及物流区，优化营销模式，拓宽销售渠道。③加快培育新型职业农民及合理分配投资资金。

国内外智慧农业园区案例值得借鉴之处：①充分完善基础设施建设，实现网络在园区。随着信息化应用程度的逐渐加强，在园区的规划设计及开发中，需要将网络技术的覆盖方式及覆盖率充分考虑，网络全覆盖是智慧农业园区建设与发展的基础。②打造集约化平台，实现园区资源数据化。在智慧农业园区的规划设计中还需要充分考虑园区云平台的建设方式和预计的集约效果，同时随着信息应用的智慧化和深度化，园区内可视化管理与农业、企业的物联网建设、特色农业成果展示平台、农产品质量安全可追溯平台的建设等，需要在园区规划设计阶段进行综合的考量。③智慧农业园区中最为重要的就是园区农业产业的发展，其主要是确定好园区在作物种植环节的智慧管理系统，主要包括园区和设施的环境监测、设备的参数控制及控制方式、环境预警管理机制、水肥管理等多个方面，智慧农业园区规划需要将智慧化的种植系统进行全方位的融合及设计，以便于园区后期的运行和管理。④结合园区现状条件，对园区进行合理并精确地规划设计，便于园区未来整体的智慧化的各项功能的落实。

3 智慧农业园区规划方法体系

3.1　园区类型及规划思路

当前，我国智慧农业园区较为成熟的类型主要有智慧种植类农业园区、智慧养殖类农业园区和智慧观光类农业园区。不同类型的智慧农业园区在规划思路上都有所不同。

3.1.1　智慧种植类农业园区

智慧种植类农业园区主要包括花卉、苗木、种子、大棚蔬菜等为主体的种植园区。此类园区通过实时采集湿度信号以及光照、土壤温度和水分等环境参数，为农业生态信息的自动监测、对设施进行自动控制和智能化管理提供数据支撑。在规划中需要考虑种植基地的智能监控及控制的解决方案，以及园区配套建设的农产品集散地、展示交易中心、果蔬花卉市场、农产品深加工工厂、科研合作平台等建设项目的位置及建设内容。种植类园区一般建设规模大、标准较高，可为当地的农业发展起到示范和辐射作用。

3.1.2　智慧养殖类农业园区

智慧养殖类农业园区主要包括畜禽（鸡、鸭、牛、羊）和水产（鱼、虾、蟹）等为主体的养殖园区。此类园区通过智慧养殖监控系统，对养殖舍内的光照亮度、温度、湿度、通风情况、饲料喂养状态进行集中远程控制与监控，及时预警异常情况，减少损失。园区多租用集体土地，并且按照标准化建设要求，大多远离村庄。在规划中要将标准化的畜禽饲养棚房及其智慧养殖监控系统进行综合考虑，同时配套的饲料储备房、管理人员看护房、农业废弃物处理中心等建设项目需要与园区整体的智慧管理系统相衔接。智慧养殖类园区将解决效益低、风险高、污染大的养殖问题，为实现现代化养殖奠定基础。

3.1.3 智慧观光类农业园区

智慧观光类农业园区主要包括采摘、科普教育、休闲观光、特色文化等为主体的园区。此类园区建设观光农业游览基地，使园区成为观光旅游、丰富农业知识、交流农业经验、体验农业生产劳动与农民生活、享用农业成果、利用田园休憩健身的场所，不断发展成为农业深层次开发的样板，进而促进当地绿色产业的发展。在规划中需要将智慧化管理和展示与园区功能、景观等进行深入融合，园区的要素偏多，规划中要将智慧管理系统与游客的体验相结合，并建立公众号、微店等将园区观光项目与特色农产品等内容进行结合。

3.2 功能及特征分析

3.2.1 功能分析

(1) 科普教育功能

智慧农业园区注重发展科普教育功能，借以农业科技成果展示，可向往来的游客和农民科普农业知识，使其真正地感受到农业科技的进步给我们生活带来的变化。同时，智慧农业园区包含了无土栽培、溯源技术、物联网及节水灌溉等多种示范类工程的建设，通过相互交流的方式，农业从事者将会学到专业的知识与技能。

(2) 科学研究功能

由于园区内引进国内外领先的现代农业技术，适宜开展各项科学研究。通过前期积累的实验研究，总结出一套有效的运行机制，将先进的科学技术成果转化为生产力，提高园区的示范作用，为探索更新的农业技术提供途径。

(3) 示范展示功能

对整个园区实施智慧化运作，使园区从安防、生产、营销、运营及管理都实现可视化及智能化，带动园区产业及当地经济发展，对区域发展起到一定的示范作用。

(4) 休闲观光功能

智慧农业园区不仅拥有农业的自然属性，还结合智能农业设施和技术成果的转化，体现了现代化景象。园区的生态化发展主要以景观规划设计为基础。

园区功能分区明确并合理，交通可达性高，园区景观设计结合农业时节时令的农耕文化和雕塑小品，形成抓人眼球的景观特色。园区一般建于郊区，空气清新，风景优美，是游客休闲旅游的首选地。

3.2.2 特征分析

(1) 科技现代化

园区的发展宗旨是坚持以先进的现代农业技术作为第一生产力。在规划建设园区时，大力提倡农业智能设施与工程装备的引进，并积极进行科技推广和加快成果转化，以此助力传统农业的改造，使智慧农业得以发展。例如，使用智能化设备进行标准化的大规模生产，同时做到节水灌溉、设施育苗、溯源技术、无土栽培、农产品深化加工生产的科技示范。

（2）功能多样化

智慧农业园区作为农业现代化示范的窗口和载体，是集生产、生活及生态等多功能于一体的产品，除了满足农业生产的基本功能外，还具有多层次和多功能的特点。

（3）效益最大化

智慧农业园区是多种先进科学技术集合并在科学管理组织下运营的，初步呈现出较为完整的流程，对投资成本及回报有考核的标准要求。从园区发展的可持续效益看，园区在项目选择上一方面要求具有高科技含量的突出优势；另一方面要求经营者范围更广，涉及农产品产前、产中、产后等环节，来获得更多地利润，形成集销售、资源与技术一体化的整体优势，使园区得以持续发展。

（4）应用智慧化

园区在生产、管理及运营上都深度运用了先进的信息化技术，使园区营造出智慧化运作的新局面。在园区产品的营销规划上采用线上线下相结合的方式，使得销售产品时突破时间和空间的限制。而园区的管理与服务方面也将采用“互联网＋”手段，搭建园区官方网站与新媒体等线上沟通渠道，积极鼓励大众利用线上渠道，享受便捷的服务。同时整合线上和线下的交流渠道，深度开发和运用服务资源，提高资源利用的效率。

3.3　建设规划框架

智慧农业园区的各功能之间相互作用与联系。通过多个智慧农业园区项目的规划实践，总结得出一个系统化的规划框架（见图 3.3.1），并将其全面应用于芜湖土淘金智慧农业园区规划的编制中。

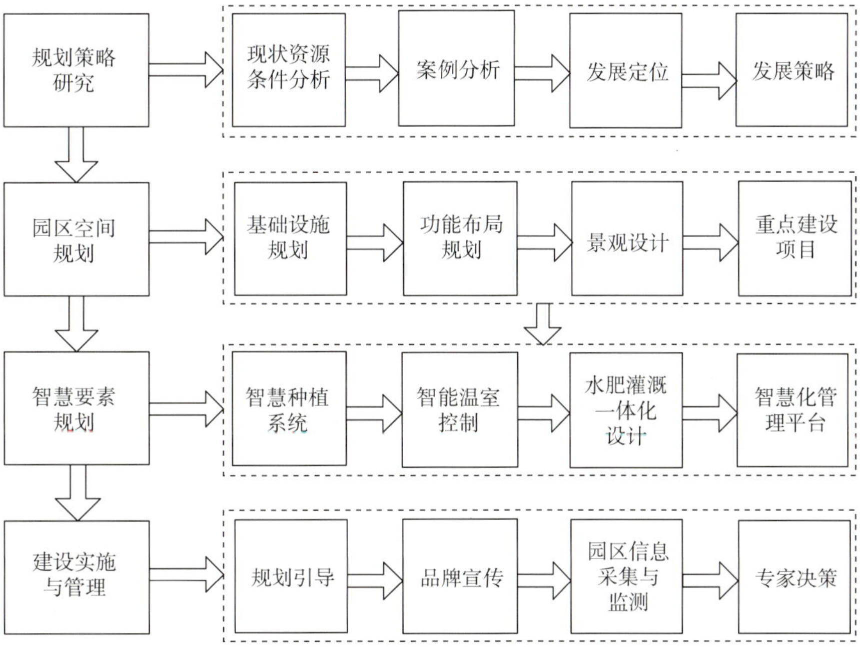

图 3.3.1　智慧农业园区规划框架

3.4 规划策略研究

3.4.1 现状分析研究

（1）区域概况研究

区域概况研究包含选址、土地利用与种植的类型、交通和经济发展的现况、现存的智能化设施、企业的经营状况等。

（2）区位与资源条件研究

区位与资源条件研究包含园区的宏观区位条件、气候特征、农业状况、资源和产业优势等条件的分析与研究。

（3）政策环境研究

政策环境研究主要包括两个方面：国家层面的政策研究涵盖了国家在农业发展、城乡统筹、技术发展和数字经济方面的指导方针和政策；地方政策的研究包括省、市政府为促进农业发展制定的主要政策措施。

3.4.2 案例研究

案例研究是为了便于分析出影响园区发展的要素，借鉴国内外优秀案例，并从中汲取成功经验，学习掌握园区的发展规律和未来趋势。

3.4.3 发展定位

科学规划智慧农业园区是其规范建设和良好发展的前提与手段。智慧农业园区的建设涉及社会、经济、生态等诸多方面，多种要素之间相互联系、制约以及协调共生。智慧农业园区建设的发展定位应考虑完善的产业功能和产业链、特色的产业品牌、信息技术支撑及完善的基础设施等方面，以保证园区定位明确的进行发展。

3.4.4 发展策略

（1）吸引农业高素质人才，加快培育新型职业农民

政府在政策、资金、物资、人力方面加大对智慧农业园区建设发展的支持力度，通过多渠道媒体在农村全方位宣传智慧农业，调整农民文化水平、年龄、性别结构，鼓励主动创业创新。充分发挥运营成功的智慧农业示范基地的示范带头作用，深入学习如何建设管理智慧农业。结合农业高校和相关科研院所拥有的雄厚的师资力量和科研基础优势，建立适合培训高素质农业人才的长效教育机制，教授智慧农业理论知识，为智慧农业发展提供源源不断的农业人才。

（2）加快完善农业科研体系，提高农业科研成果的转化应用能力

加大农业科研体系的资金、物质和人才投入，统筹规划、建立统一协调的农业科研体系。促进农业科研机构的相互合作和交流，使农业科研项目井然有序地进行，强化集成创新，并统筹兼顾智慧农业发展所需的各项高科技技术。通过各种方式尽职做好农技推广，促进土壤修复技术、数字化管理等

技术的应用，广泛收集农业生产问题和生产数据为农业科研提供反馈，及时检验农业科研成果效用，完善农业科研成果的功能。

(3) 加强智慧农业基础设施建设，促进农业机械设备提档升级

加强农田水利建设，建设统筹兼顾引水、排水、蓄水、灌溉等多种功能的水利工程，实现节水灌溉、绿色灌溉、数字化灌溉。改善牲畜禽舍现状，推进通风、采阳、温控、清理垃圾以及饵料投喂自动化建设，建立全封闭式现代化种养殖舍棚。加快现代化农机设备进入农田，鼓励农民积极使用现代化农机设备，实现精准化、智能化、科学化远程控制管理农业生产。

3.5　园区空间规划

3.5.1　基础设施规划

完善道路、供电、通信、供水、排水、供气、供热等基础设施，并将智能化硬件产品的安装位置进行规划，包括基础光纤、Wifi 无线、智能农业设施设备和视频监控等。

3.5.2　功能布局规划

确定园区主要功能以及各功能区的位置、范围、用地、未来发展方向等情况，以此来指导合理布局园区各要素。同时结合园区各功能区之间的动线情况合理优化调整布局。

3.5.3　景观设计

当前智慧农业园区正处于初期发展阶段，一般在园区规划中需要将园区对外考察交流、科普等功能进行融合，结合各规划区的现有的自然景观和人文条件，进行整体的景观打造，同时也包括园区各景观节点，特别是需要将智慧化要素进行形式及效果上体现的节点，需要与环境因素总体设计。

3.5.4　重点建设项目

通过对园区投资资金、智慧化建设程度及周边资源条件等进行深度剖析，在园区重点项目建设中着重考虑园区智慧化项目建设、智慧化产品设计等。进而优化园区各要素、项目的合理布局、科学建设，兼顾社会和经济效益，为园区综合软实力的提高奠定基础。

3.6　智慧要素规划

3.6.1　智慧种植系统

智慧种植系统主要包括不同作物栽培和土壤栽培智慧化系统设计。通过物联网技术，真正实现农业生产自动化、管理智能化，使种植管理智能化灌溉、精准化施肥，达到高产量、高品质、省人力、成本低、经济效益提高的目的。

3.6.2 智能温室控制

智能温室控制主要包括温室功能、环境参数监测、信息传输及控制系统的设计。实时监测温室内的温度、湿度、土壤墒情、二氧化碳浓度、电动卷帘状态、水泵状态的采集，以及对水泵、阀门的启停，电动卷帘、通风窗的开闭等控制，通过无线通信方式与温室管理中心计算机联网，实时对各温室单位进行监管和控制。

3.6.3 水肥灌溉一体化设计

首先，需进行水源工程和灌溉系统网管设计与建设安装；其次，水肥灌溉一体化设计是针对系统专家知识库提供的灌溉意见及农作物各生长时期的水肥需求规律，通过控制水量和肥量的供给，实现水肥在土壤的分布层与作物吸收层空间同位供给。

3.6.4 智慧化管理平台

将园区内各智慧化要素进行统一的大数据平台化整合，实现一个平台管理所有园区的控制系统。

3.7 建设实施与管理

规划引导：首先完善基础设施，然后分期引导重点项目建设和功能布局结构，进而根据园区发展方向，拓展园区功能和建设内容。

品牌宣传：通过多媒体手段，以视频、广播形式展示园区产品、文化理念，声音与画面相结合，有助于传播品牌文化。

园区信息采集与监测：是园区建设后最基础的工作及最必备的功能。通过联网技术与无线传感器技术相结合，由温湿度传感器随时调整指示空气湿度；由温度传感器了解植物的生长情况；由光传感器整合数据并快速理解，去除周围的除植物条件因素。

专家决策：根据所要求的最佳生长环境标准，便于专家决策调整设备，全面控制植物生长。

4 规划实证

土淘金智慧农业园区位于芜湖市鸠江区白茆镇，是安徽省芜湖市鸠江区省级现代农业示范区的核心区，规划面积为716亩。

项目规划以科学合理的发展方向为指引，以规模高效型农业和小农特色型农业为基础，以智慧农业为手段、品牌化运作为支撑，秉持“智慧、田园、乐活、可持续”现代农业规划理念。园区以“九大仙草”为主导产业，开发“智慧馆、仙草馆、多肉馆、蔬果馆、花卉馆”，以及“江豚志愿中心”“五彩花田”“欢乐采摘园”等休闲场所，满足游客休闲、娱乐、养生的需求。

通过对道路与景点的规划，各景观节点相辅相成、统一协调，整个园区形成了呈江豚造型的具有特色的景观布局与智慧环园路线。同时园区从业者会依据四季变化，套种不同种类时令果蔬、树木花卉，创造符合四季特点的观光效果，抓住游客眼球使其一年四季都能感受到游园美景，领略田园风光和体验农事乐趣，享受品质生活。

园区规划通过政府政策支持、信息化技术运用等方式，为了园区可持续“智慧化”发展，本研究立足于芜湖市鸠江区农业资源与产业基础，着力打造出集智慧、田园、休闲等多种功能于一体的智慧农业园区，承担起安徽省乃至全国智慧农业园区规划设计的样板责任，促进区域经济的建设。

4.1 规划区概况

4.1.1 区域现状

（1）区位及交通状况

规划区地处芜湖市鸠江区白茆镇，芜湖市地处长江下游，是全国综合交通枢纽，交通优势明显，有多条铁路及高速公路路线，境内拥有芜湖长江大桥和黄金水道及69.3公里岸线，上万吨级货轮在芜湖港口四季通航。规划区临近市区，距离芜湖市、马鞍山市、合肥市直线距离都仅在100千米以内，向外可通达中国各地（见图3.4.1）。

（2）自然资源现状

① 地形地貌：白茆镇位于芜湖市鸠江区西部，以平原为主，地势南高北低，地形呈不规则长条状；地貌是平原丘陵皆备，河湖水网密布，水源丰富，利于农业种植与浇灌。园区整体地势较为平坦，

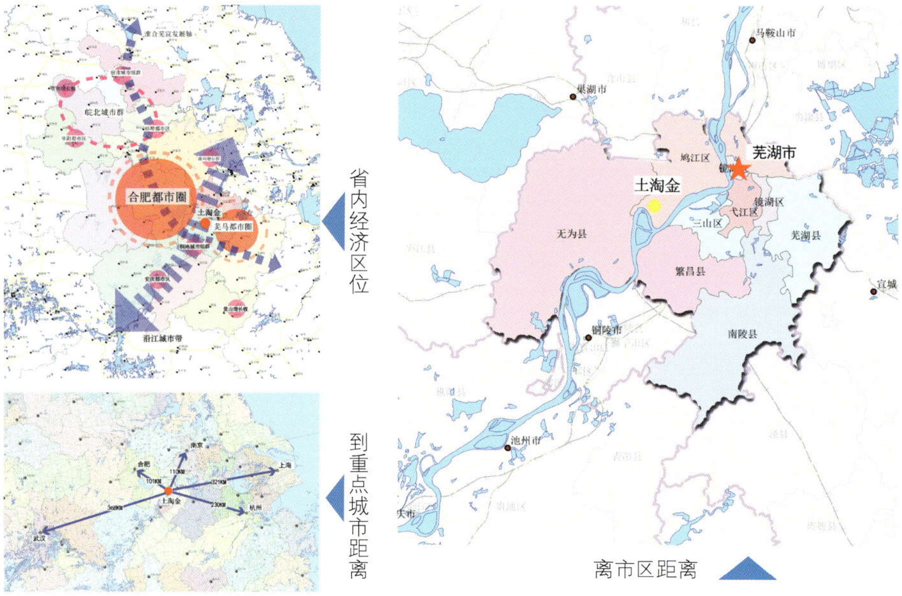

图 3.4.1 规划区区位图

地形地貌适宜农业的发展。

② 土壤状况：该地区砂质壤土，保肥能力较强，适合仙草与其他植物的生长。

③ 水资源状况：紧靠长江，是亚洲第一大河流，流域面积大，且鸠江区境内有芜太运河、十里长河等大小河流彼此相通、水系发达，内有排灌站等水利设施，排灌方便，防汛抗旱能力极强。

④ 气候条件：属于亚热带湿润季风气候，雨量充沛，四季分明，全年气温冬寒夏热，日照充足、植被丰富。光热和水分条件良好，利于农、林、牧、渔各个产业的发展。

（3）土地利用现状

园区用地主要为耕地、园地、林地、道路交通用地及水域（见图 3.4.2）。

图 3.4.2 规划区现状图

4.1.2　现状分析

（1）有利因素

① 园区临近市区，具有明显的区位优势，交通十分方便。

② 规划区周边河网密布，区域内水资源充足，灌溉方便，且水质良好无污染，土壤肥沃，为园区种植奠定了良好的环境基础。鸠江区的教育资源较为丰厚，安徽工程大学、皖江学院、芜湖职业技术学院等多所高校坐落周边，可为土淘金智慧农业园区的建立提供优质的技术保障。

（2）存在问题

① 智慧农业园区发展刚刚起步，行业标准尚未统一，园区信息化利用程度普遍较低，园区功能潜力尚待提高，资金投资与分配也未呈多元化趋势。

② 基础设施不够完善，区域内未形成环路，道路硬化率不高，交通可达性有待提高。

③ 园区种植结构单一，产品线短，农产品附加值较低。缺乏专业化的专项规划设计；运营模式也不够成熟，存在信息化孤岛现象。

4.2　规划思路

4.2.1　规划原则

（1）坚持科技与创新并行、立足芜湖、拓展市场的原则

园区规划建设要综合运用智慧农业技术手段和智慧化运营模式；面向全国市场，发挥芜湖地区农业特色，利用线上电商平台，结合线下配送体系，将农产品销往全国，打造品牌。

（2）坚持高效与特色并行、科学指导、因地制宜的原则

合理利用园区资源，满足农业现代化技术示范，选取突出农业信息化技术发展趋势的项目；重视特色化与规模化发展，选择市场潜力大、投资收益高的项目。

（3）坚持现在与未来并重、把握整体、思维超前的原则

广泛引进信息化技术，尤其是物联网、云计算、大数据、人工智能等技术，实现低污染、高科技、高效益的发展目标。

（4）坚持资源保护与开发结合、可持续发展的原则

在利用自然资源的同时，要对生态加以保护，要把生态与经济利益最大化作为规划准则，达到规划先行、科学指导和具有实施性的目的。

4.2.2　规划定位

（1）发展定位

土淘金智慧农业园区打造以九大仙草为主，果蔬及花卉为辅，集智慧生产、科普教育、科技示范、田园度假、休闲观光多功能于一体的智慧农业园区。

（2）市场定位

“立足芜湖，拓展周边，辐射全省”。一级市场（核心市场）：面向整个芜湖市市场；二级市场

(拓展市场)：皖南地区自驾游客度假市场；三级市场(机会市场)：安徽省休闲旅游市场以及其他来访群体。

4.2.3 规划策略

在园区景观设计方面，适当的增添智能垃圾箱、服务机器人、自动感应路灯及草坪灯等可以体现智慧元素的景观小品，增加园区的趣味性及互动性，给游客带来一种高科技的体验感，增强游客满意度。

整合土地资源，提高园区的土地利用率，争取最大范围内提高单位产值，提高经济收益。在改善园区生态环境的基础上，充分运用现代化技术，走出一条生态环境好、科技含量高的可持续性发展道路。

4.2.4 规划目标

将农业信息化技术进行创新，运用到园区规划建设中，形成智慧化生产及运营方式。深度开发园区的生产、示范、科普、休闲观光等多项功能，建成富有“智慧”的示范园区，打造属于自身的特色品牌，努力将其打造成皖南地区智慧农业园区的样板。

4.3 规划内容

通过对规划区的区位、交通、土地、资源等基础条件的分析及相关规划的研究，立足于区域自身的特点，结合入驻企业性质，融入“智慧、田园、休闲”的规划元素，打造集智慧生产、科普教育、休闲观光为一体的智慧农园。坚持以政府为主导、以企业为主体、以市场为导向、以效益为着力点的思路，进行合理化布局，重点打造“一心五区”的整体架构；注重生态基底的保护，完善基础设施建设；将智慧农业与农业现代化紧密联系，促进农业可持续循环发展，加快一二三产业融合；努力探索一种可落实、可复制、可生长的“智慧农园”发展模式。

4.3.1 设计理念

“智慧农业园区”设计方案以象征智慧的江豚与土淘金 logo 为设计灵感。江豚是濒危物种，长江地区高度重视对江豚的保护；并且江豚的形象也高度契合“智慧”这一主题，而土淘金智慧农业园区整体造型的体现主要灵感来源于土淘金 logo(见图 3.4.3)。

4.3.2 总体布局

芜湖土淘金智慧农业园区整体依据农业基础、现状、优势与潜力，按照“一心五区”的整体空间布局，形成特色鲜明的智慧农业园区。“一心”：智慧控制中心，是整个智慧农园的智慧服务中心，提供综合服务。“五区”：五大功能区，分别是临水香榭、源趣艺坊、阡陌椒房、田园牧歌、情缘莲坞(见图 3.4.4)。

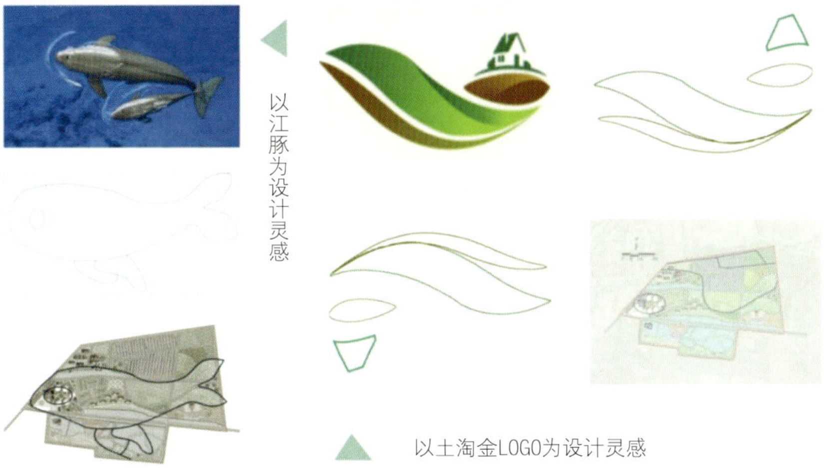

图 3.4.3 设计概念图

图 3.4.4 园区总平面图

4.3.3 功能分区

园区划分为六个区域，分别是智控中心、临水香榭、情缘莲坞、田园牧歌、阡陌椒房、源趣艺坊（见图 3.4.5）。

智控中心：规划面积 40.51 亩，位于农园中西侧入口区域，是园区控制中心所在地，同时包含各种综合配套设施。建设有生态停车场、游客服务中心、游园车等，还有科普教育中心的五大科普展馆

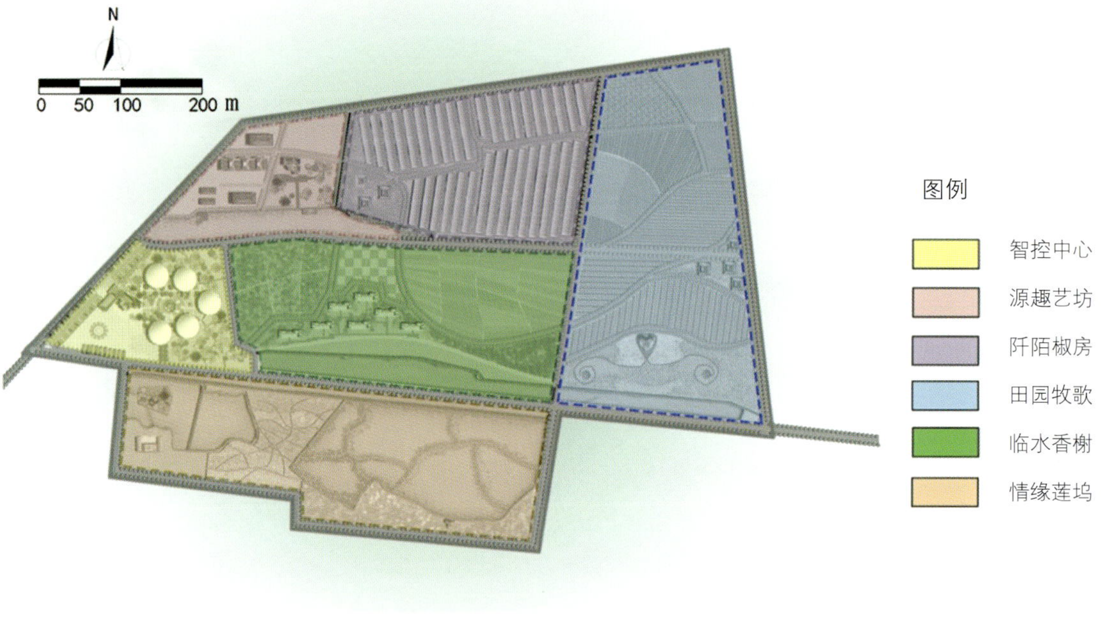

图 3.4.5 功能分区图

（智慧馆、仙草馆、多肉馆、蔬果馆、花卉馆）。为了加大品牌宣传力度，促进游客对智慧农业的认识，在江豚志愿中心举办科普活动，通过科普教育的形式来展示多样的文化。

临水香榭：规划面积 164.50 亩，位于农园中部，主要建设时光小院、智慧会员菜地，除了可供露营等室外活动的缓坡草坪，还开发“智慧会员菜地”软件，通过手机识别二维码，即可生成每一件农作物的防伪可追溯源信息，且可以在线查询农产品从田间生产、检测后加工再到打包物流的全过程，整个生产过程阳光透明。“智慧会员菜地”打造更绿色的生态环境，进行智慧管理的同时结合建设的奇特蔬果园和时令果蔬园吸引更多的游客观光，衍生出一条综合发展的创新道路。

情缘莲坞：规划面积 181.82 亩，位于农园南侧，主要建设完整的服务基地，在西南侧水域，重点打造水中绿岛、缘来生态餐厅、婚礼草坪、五彩摄影花田等，东南侧建设玉莲池、荷花池等。随着经济与精神文明的快速发展，高科技生态餐厅的开展成为智能化服务的趋势。为了极大地体现园区内智能化服务的特色，在生态餐厅中最大程度地运用温室技术等信息化手段。人们的生活水平提高后，对休闲娱乐观光和健康等方面需求亟待满足，针对此现象，将高科技型生态餐厅与绿色无污染相结合。生态餐厅主要是运用智慧农业技术种植出当季的时令果蔬，让来往的游客都可以品尝到既新鲜又无农药的瓜果蔬菜，不仅使游客深深地感受到生态文明与现代科技的结合，还增加了农产品的附加值，提高了园区的收益。

田园牧歌：规划面积 156.63 亩，位于农园东侧，主要以田园风光为主，建设缤纷梨园、五彩花海、锄禾乐园、奇特蔬果园、欢乐采摘园等，配套建设花田游步道、田园观景台等设施为更好让游客体会到田园风光。

阡陌椒房：规划面积 114.30 亩，位于农园中北部，也是园区的智慧生产区域，主要采用智能温室系统模式，少部分建设种子育苗基地和智能采收处理中心，以现代科学技术和物质装备为支撑，通过集中示范育苗、立体种植、喷灌、滴灌、水肥一体化、无土栽培等一系列新技术、新手段，将人们不常见的九大仙草在同一时间空间集中种植，展示农业发展的阶段性成果，引导农业产业未来发展的方向。系统通过传感器收集温室内农业生产基本指标，比照植物生长目标值，智能化控制相关子系统的开关和运行时间。

源趣艺坊：规划面积 58.15 亩，位于农园西北侧，主要打造游客体验活动，从体验中发现乐趣，主要设计项目有花艺室、休闲垂钓台、采菱台、自助烧烤等，同时建设向游客展示仙草等特色植物品种的处理过程的参观体验园和晾晒场。以田园景观、农旅项目和特色农产品为主体，举办不同特色的主题休闲活动，满足游客农事体验的需求。摒弃传统设立农产品交易商店的方式，利用电商平台，在不同区域展示对应的可售农产品，绘制网络购物地图，边逛边买、分散打码，网络支付，统一配送。

4.3.4　专项规划

（1）重点产品设计

重点产品主要有一厅、一套网络、一带、多节点、一心、一区、一平台。

① 一厅：生态玻璃餐厅

生态玻璃餐厅主要是运用智慧农业技术种植出当季的时令果蔬，让来往的游客都可以品尝到既新鲜又无农药的瓜果蔬菜，不仅使游客深深地感受到生态文明与现代科技的结合；还增加了农产品附加值，提高园区的收益。

② 一套网络：智能管道网、光纤通信网及基于之上的计算机网络（有线、无线、语音等）、视频监控等。

③ 一带：休闲景观带

休闲景观带，涵盖园区观光路线一侧区域，是景观规划核心。

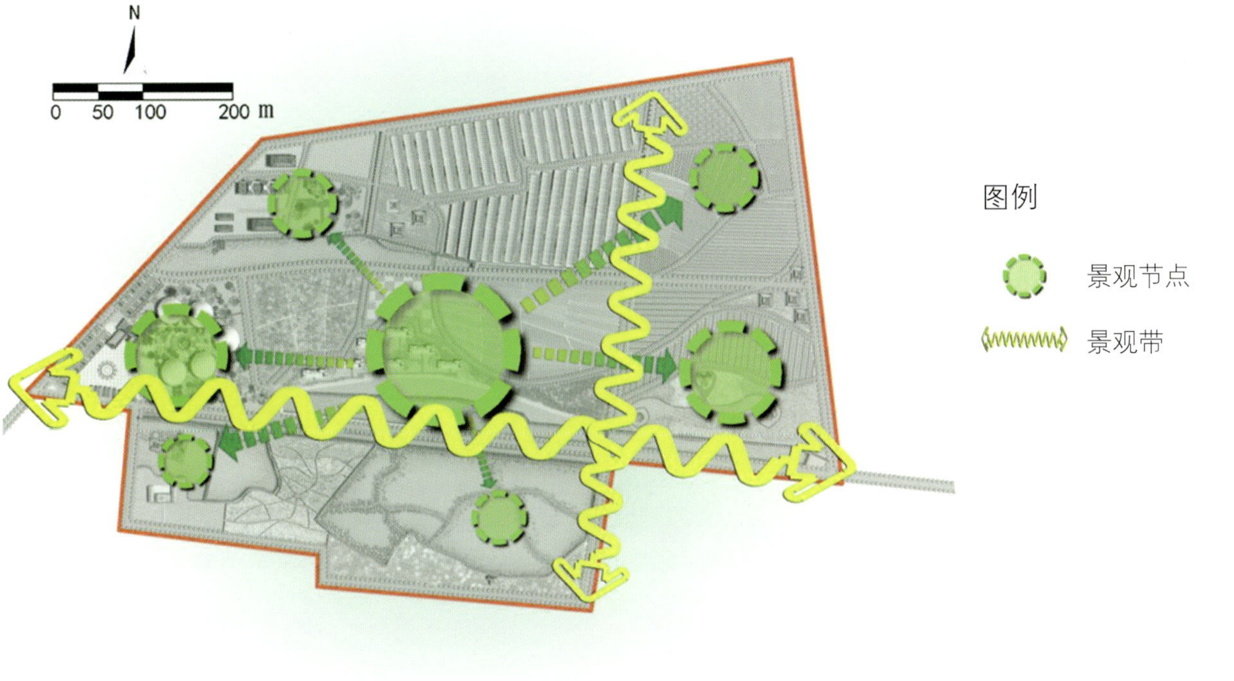

图 3.4.6　园区休闲景观图

④ 多节点：景观节点

旅游线路集中规划在整个园区的一侧，沿路布满各个景观节点，形成游园路线，引导游客欣赏美景。

⑤ 一心：智能服务中心

针对传统园区存在的信息化孤岛问题，在园区入口处规划建设智能服务中心，对整个园区进行可视化运营和管理，使得园区互联互通。

⑥ 一区：智慧生产区域

阡陌淑房，也是园区内部专门设置的智慧生产区域，分别利用现在智能温室技术并规划建设高科技的优质种质育苗基地及采收处理中心。

⑦ 一平台：总体平台架构

在园区智能控制中心内搭建一个总体平台架构，构建园区综合系统中心（见图 3.4.7）。

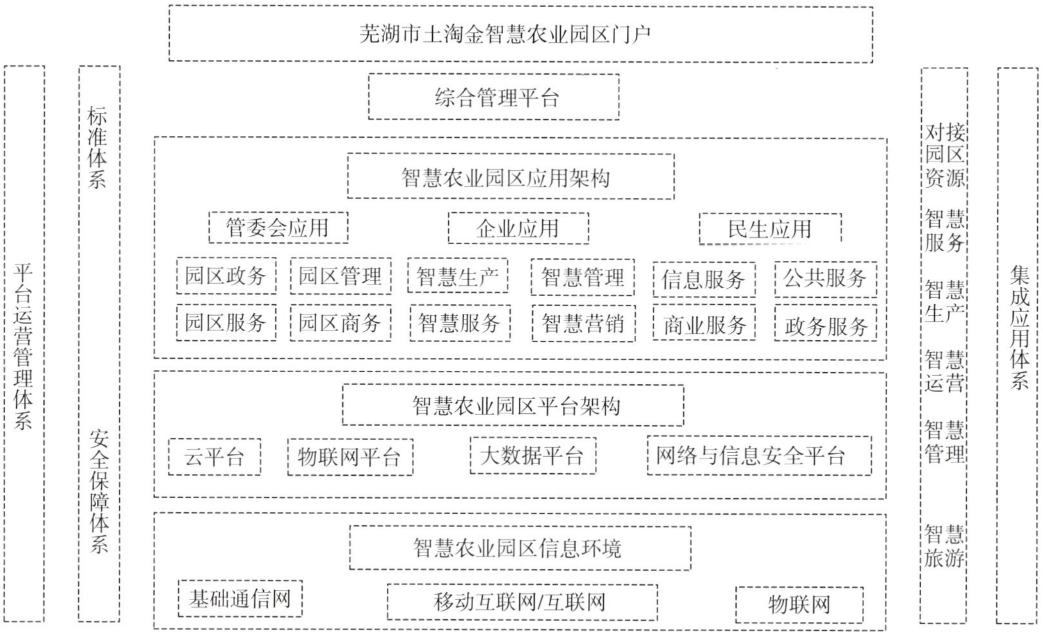

图 3.4.7 总体平台架构图

（2）重点智慧项目设计

针对园区信息化建设不够成熟的问题，进行重点智慧项目设计（见表 3.4.1），以期提高园区内信息化程度，使得园区向智慧化、创新化、集约化转换。

表 3.4.1 重点智慧项目设计

智慧项目	主要建设内容
智慧生产项目	①围绕生产设计种质育苗基地，为园区提供最科学的种植技术，利用先进的育苗设施及育苗技术，将现代生物技术、施肥灌溉技术、环境调控技术与信息管理技术贯穿种苗生产的全过程，从而减少农户不必要的损失 ② 利用智能温室与智能采摘手段，促使园区更好地进行生产作业

（续表）

智慧项目	主要建设内容
智能服务项目	①设置智慧展示馆及江豚志愿中心，对游客进行关于智慧农业知识的科普教育 ② 设立生态停车场：停车场分为临时停车和日常停车两个部分，日常停车场采用露天修建；临时停车场带廊架修建，既可以停车，也可以在游客少时兼顾休憩功能，减少资源浪费 ③ 生态停车场通过安装带有地磁感应的停车诱导，可与车主的手机相连接，建立智能化停车后台出入管理系统，实现自动导航停车和手机支付停车费的服务，全面铺设全自动化泊车管理系统，合理疏导车流
智慧娱乐项目	①建设生态玻璃餐厅，最大限度地运用温室技术等信息化手段，满足人们休闲娱乐和观光等方面需求 ② 开展“智慧会员菜地”，通过扫码关注并追溯原产地，让游客体会到更好的农事体验
智慧经管项目	智能服务中心，是园区整体智慧管理的“中心枢纽”，强大的数据输出与接收系统，助力园区完成数字化赋能

（3）活动策划

针对园区功能特性及空间布局，策划以下活动：

① 趣割仙草节：仙草每隔 40～45 天能割草 1 次，留茬 5 厘米又可旺长，但割后须施速效肥。刈割的鲜草不可堆沤，应及时运往晾晒场晒干，25～30 公斤为 1 捆，即可上市场销售。园区根据仙草生长情况举行趣割仙草节，同时设置比赛，使游客参与其中，乐在其中。

② 欢乐采摘节：在欢乐采摘园内根据不同季节举办不同主题的采摘活动，让大家感受自己动手带来的快乐和成就感，并设置各种趣味游戏，以此来舒缓日常工作中的压力。

③ 花艺：园区设置花艺室，聘请 2～3 个专业花艺师，游客可前往学习插花。

④ 躬亲烹饪节：周末举行以凡事必躬亲为活动理念的亲子烹饪比赛，为每个家庭提供更多地亲子时间，增进感情。

（4）景观小品

景观小品是园区的点睛之笔，遍布园区每一个角落，造型精致，同时赋予精神上的享受，以及体现地域特色文化和生态原则。主要的景观小品包括雕塑、座椅、垃圾桶、灯具和指示牌等，这些小品的设计不仅体现园区特色，还能让游客更直观地感受风景。

园区景观小品采用智能垃圾箱、AI 机器人、自动感应路灯和草坪灯等元素，营造出智慧的感官世界。

4.3.5　营销规划

园区的产业包含仙草、多肉、蔬果、花卉等，为此土淘金开发了独立的电商平台——土淘金 App，拓宽销售渠道，抓住精准流量。

（1）营销模式

直销、淘系电商、自有平台销售。

（2）营销方案

① 园区设置专门的售卖区进行销售。

② 针对 B 端用户，与线下各大鲜花店、水果超市合作，批发销售。

③ 针对 C 端用户，利用淘宝、京东等淘系电商平台，开展线上店铺进行售卖；也可以利用土淘金 App 进行销售；或者借助微博、微信等时效性强的新媒介，直接与游客及潜在游客产生有效互动。

4.3.6 土地利用规划

按照建设内容，将土淘金智慧农业园区的用地布局分为建设用地规划和非建设用地规划。

(1) 建设用地主要包括居住、生产与基础设施配套建设用地等，为促进乡镇发展，规划园区建设用地规模，合理布局。

(2) 整合园区的非建设用地，确定非建设用地的空间结构、规划内容及未来发展策略。注重非建设用地的保护，其中包括水系、农业生产绿地、景观游憩等区域，不允许非农建设开发活动。

4.3.7 基础设施规划

基础设施规划主要是交通道路、水系、通信与环卫等，这些是园区智慧化运作的重要保障，对促进园区的发展起着重要作用。

(1) 道路规划

道路主要分为游园主干道、次干道和支路，其中主干道规划路宽 7 米、次干道 4 米、支路 2 米。统筹规划全园区的道路系统，协调园区交通与各地之间的联系，满足人和车通行的需要，对外交通设施应合理布局，把园区主干道路的规划放在首要位置，同时在道路两侧设置景观节能灯进行照明（见图 3.4.8）。

图 3.4.8 游园路线图

(2) 灌溉系统规划

园区的灌溉系统应布设大型灌溉和农作物灌溉的管道，设立专用阀门及提水泵站。同时，提高水资源的利用率，依据不同作物习性及土地利用现状，选择最佳的灌溉方式（见图 3.4.9）。

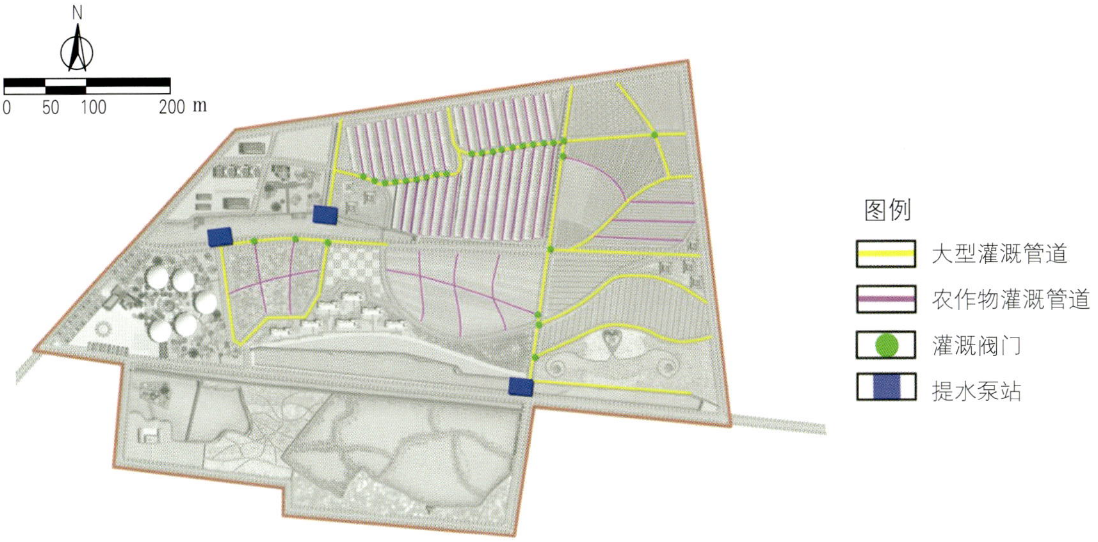

图 3.4.9　灌溉路线规划图

(3) 给排水系统规划

① 给水工程：园区使用水源主要来自地下水。建立园区内部给水系统，满足园区各个地方的用水。

② 排水工程：园区排水系统采用三级排水线路并对生活污水集中进行处理，避免水渠汇集（见图 3.4.10）。

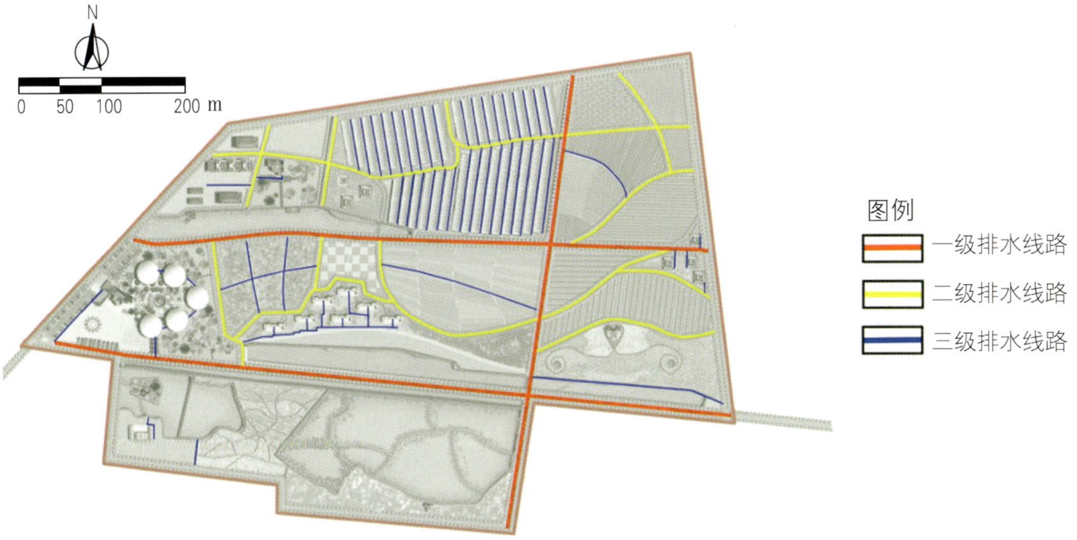

图 3.4.10　排水路线规划图

(4) 电力、电信工程

① 电力系统规划需满足产业发展和日常生活需求，安装适宜的供电线路，确保安全、高效的使用。

② 对电信工程进行合理建设，5G 网络覆盖率达到 90%。

（5）环卫工程

① 利用全自动垃圾分类机建立起园区的智能垃圾分类系统，实现园区内垃圾资源的智能回收处理。

② 垃圾箱：在园区每个相隔百米的服务半径内设置智能垃圾回收系统并分类处理垃圾。

4.4 规划保障

4.4.1 效益分析

（1）经济效益

园区建成后可通过出售仙草、果蔬，提供娱乐、餐饮住宿等收费项目获得经济效益。预计每年可创造约 1000 万元的经济价值，年实现利税额约 800 万元，净利润约 500 万元，经济效益明显，收益可观，前景广阔。

（2）社会效益

首先，园区运用物联网、云平台、智能温室、大数据等先进信息化技术，促进园区发展并带动周边合肥、南京、马鞍山等地区的发展，以资源循环高效利用为出发点，最大限度节约资源。其次，园区的发展增加了当地农民的就业机会与收入。

（3）生态效益

园区景观设计具有优势，覆盖度较高，可有效改善区域环境、空气质量等。

4.4.2 保障措施

（1）政策保障

发展智慧农业园区是落实党的十九大精神关于实施乡村振兴战略和推动农业农村现代化的重要措施，以科学合理的规划指导建设智慧农业园区对促进我国农业现代化发展具有示范与推广的重大意义。农业现代化水平的提升是一个积微成著的过程，因此，智慧农业园区在农业转型过程中发挥着巨大的作用。

（2）人才保障

加强与各大农业类高校合作，对新品种研发、改善种植方式，提高作物产量等都具有积极作用。未来将通过高校为土淘金及入驻土淘金平台的农企提供技术支持，以解决用户在农业种植过程中的难点和技术问题。

（3）资金保障

把握好当前的惠农政策，积极争取政府资金支持；企业通过招商引资、众筹等方式筹集资金；在建设期间合理使用款项，避免工程延期。

5 评价指标与评价模型

5.1　研究思路

首先，根据智慧农业园区规划、建设、生产、管理、运营与服务信息化全生命周期，从成效与能力两个方面对智慧农业园区进行综合评价，梳理关键目标和指标。

其次，运用层次分析法结合专家打分法确定各指标的权重，通过层次分析法将智慧农业园区评价分解成总目标层、目标层、准则层、指标层等层次。第一级层次，即一级指标为目标层；第二级层次，即二级指标为准则层；第三级层次，即三级指标为指标层；

最后，根据实地调研的原始数据结合层次分析法对园区综合效益分值进行计算，依据得分结果对智慧农业园区建设发展的能力及成效进行对比评价分析。

5.2　评价指标构建

5.2.1　指标体系构建原则

基于上述智慧农业园区的功能特征及实践，参考现代农业园区评价指标体系建立原则，本研究建立智慧农业园区综合评价的指标体系时，遵循下列原则：

(1) 科学性和系统性。反映智慧农业园区的理论与实践运用，充分考虑智慧农业园区整体的构成要素、具体行动与系统目标间的相互关系，反映其发展动态。

(2) 目标性和导向性。对智慧农业园区综合效益进行评价，依据客观得分结果，可指引其未来的发展方向。

（3）完整性和独立性。分析智慧农业园区的功能及特征，可有效避免指标重复。

（4）一般性和特殊性。不仅能够发现智慧农业园区的内在规律和突出智慧农业园区普遍性的本质，又契合评价地区的实际情况。

（5）建设投入和产出应用相结合。因智慧农业园区发展具有阶段性，因此将智慧农业园区建设投入和产出应用都作为智慧农业园区重要的特征，纳入评价指标体系。

（6）典型性和可操作性。选择智慧农业园区最为代表性的指标；后期方便评价指标数据的采集。

5.2.2 指标体系构建逻辑

依照智慧农业园区的内涵，参考借鉴现代农业园区评价指标，并结合现代农业发展需求，从成效与能力两大方面选取 30 个三级指标对智慧农业园区进行综合评价，并以此搭建评价指标体系。在评价时，从各地智慧农业园区实际建设要求出发，根据园区所处的发展阶段，进行不同指标权重的设置。另外，由于智慧农业园区的发展是一个动态的变化过程，在评价同类型的园区时也对相关指标的权重和类型做出调整。

5.2.3 评价指标体系确立

依照以上原则与思路，本研究构建了一个智慧农业园区评价指标体系的总体框架。分析智慧园区综合评价的多个方面，总结出以下两大类指标，并进行指标的细化（见表 3.5.1）。

表 3.5.1 智慧农业园区评价指标表

一级指标	二级指标	三级指标
成效类指标	经济效益	园区总产值（万元）
		单位面积产值（元/亩）
		人均劳动纯收入（元/年）
		电商的年营业收入（元/年）
	生态效益	农药使用量（千克/公顷）
		化肥施用强度（折纯）（千克/公顷）
		灌溉用水量（立方米/公顷）
	社会效益	农业技术成果应用（个）
		带动劳动力就业人数（个）
		农业技术成果转化率（%）
		职业农民培训人数（个）
	创新特色	农业 R&D 经费投入比重（%）
		农业研发人员比重（%）
		新产品产值在农业总产值中占比（%）
		园区接待来访（人次）
		园区媒体关注度（次）
		园区荣誉（项）

（续表）

一级指标	二级指标	三级指标
能力类指标	智慧生产	精准施肥比重（%）
		病虫害精准防控比重（%）
	智能设施	智能温室建设投入占比（%）
		智能农业装备投入占比（%）
		信息化投入总额占固定资产投资比重（%）
		传感网覆盖率（%）
		无线网覆盖率（%）
		园区一卡通普及率（%）
	智慧运营	信息网络接入速率（Mb/s）
		特色在线服务普及率（%）
		线上店铺农产品数（个）
		回购率（%）
		转化率（%）

5.2.4 评价指标说明

在文献研究、咨询专家及深入调研的基础上，运用层次分析法建立了智慧农业园区的评价指标体系，该指标体系由能力和成效 2 个一级指标、7 个二级指标、30 个三级指标构成。

（1）能力类指标的获取

能力类指标是可反映出智慧农业园区的发展能力和未来潜力，也是影响智慧农业园区建设及发展的主要因素，包括智慧生产、智能设施、智慧运营 3 个二级指标。智慧生产指标是用来评价园区在生产上运用信息化技术的情况；智能设施指标是用于评价智慧农业园区发展期间信息化设施建设和利用情况；智慧运营指标则是用来评价园区在经营期间信息化的应用水平。

（2）成效类指标的获取

成效类指标则是反映出智慧农业园区建设发展所取得的实际成果，主要是指提供服务与设施应用的现状、游客参与情况和外界评价。经济效益指标是考核智慧农业园区的投入能否在经济上得到回报的重要指标。社会指标是一种间接效益及辅助效益，是基于园区的社会角度评价园区效益的。园区发展不仅需要注重经济效益和社会效益，更应关注生态效益。园区建设既要满足改善周边生态环境的需要，又要充分利用园区周边的资源。创新特色指标用于评价园区智慧建设的特色情况。

5.3 综合评价模型建立

5.3.1 明确问题

对园区实地调研，从而确定园区发展的总目标，在理清评价决策问题的基础上，对其所涉及的范围、措施、政策、实现目标的准则策略及约束条件等进行详尽的信息收集。

5.3.2 建立层次结构

依照园区不同的发展目标和实现功能的差异，分成总目标层、目标层、准则层和指标层。并通过分析各指标的相互关系，建立递阶层次的评价指标体系（见表 3.5.2）。

表 3.5.2 智慧农业园区评价指标体系表

目标层	准则层	指标层	指标释义
成效类指标	经济效益	园区总产值（万元）	园区农业生产总量之和
		单位面积产值（元/亩）	总产值/总面积
		人均劳动纯收入（元/年）	（总营收－总支出）/总人数
		电商的年营业收入（元/年）	产品销售量（或服务量）×产品单价（或服务单价）
	生态效益	农药使用量（千克/公顷）	农药总使用量/耕地面积
		化肥施用强度（折纯）（千克/公顷）	化肥总施用量（折纯）/耕地面积
		灌溉用水量（立方米/公顷）	灌溉总耗水量/灌溉面积
	社会效益	农业技术成果应用（个）	
		带动劳动力就业人数（个）	
		农业技术成果转化率（%）	农业研究应用成果/总研究成果×100%
		职业农民培训人数（个）	
	创新特色	农业 R&D 经费投入比重（%）	研发支出/总支出×100%
		农业研发人员比重（%）	研发人员/从业人员×100%
		新产品产值在农业总产值中占比（%）	新产品产值/农业总产值×100%
		园区接待来访（人次）	
		园区媒体关注度（次）	
		园区荣誉（项）	
能力类指标	智慧生产	精准施肥比重（%）	精准施肥面积/耕地总面积×100%
		病虫害精准防控比重（%）	病虫害精准防控面积/耕地总面积×100%
	智能设施	智能温室建设投入占比（%）	智能温室建设投入/温室建设总投入×100%
		智能农业装备投入占比（%）	智能装备购置投入/装备购置总投入×100%
		信息化投入总额占固定资产投资比重（%）	信息化投入总额/固定投资总额×100%
		传感网覆盖率（%）	传感网覆盖面积/园区总面×100%
		无线网覆盖率（%）	无线网覆盖面积/园区总面积×100%
		园区一卡通普及率（%）	使用一卡通的人数/园区总人数×100%

（续表）

目标层	准则层	指标层	指标释义
能力类指标	智慧运营	信息网络接入速率（Mb/s）	园区网络接入速率
		特色在线服务普及率（%）	在线客户总数/总客户数×100%
		线上店铺农产品数（个）	
		回购率（%）	回购人数/总成交人数×100%
		转化率（%）	成交订单数量/来访用户数量×100%

5.3.3　构造判断矩阵

首先，建立层次结构模型；其次，构造两两比较的判断矩阵；再次，由判断矩阵计算被比较因子相对权重；最后，采用方根法求出判断矩阵的特征根与特征向量并进行一致性检验。

随着评价指标体系的建立，上、下层次指标间的隶属关系也被确定，同一层次指标两两比较结果可用 1～9 标度法来表示（见表 3.5.3）。

表 3.5.3　判断矩阵 1～9 比率标度及其含义

标度	含义
1	表示两个因素具有同样重要性
3	表示一个因素比另一个因素稍重要
5	表示一个因素比另一个因素明显重要
7	表示一个因素比另一个因素强烈重要
9	表示一个因素比另一个因素极端重要
其他	为上述相邻判断的中间值

这样对于同一层次的 n 个指标，可得到两两比较判断矩阵 $A=(a_{ij})$，判断矩阵中的值应满足下列条件：

$$a_{ij}>0,\ a_{ij}=\frac{1}{a_{ji}}a_{ii}=1$$

5.3.4　计算指标权重

（1）计算判断矩阵 A 每一行数值的乘积 M_i，并计算其 n 次方根

$$\overline{W_i}=\sqrt[n]{M_i}=\sqrt[n]{\prod a_{ij}}$$

（2）对向量 $\overline{W_i}=\{\overline{W_1},\ \overline{W_2},\ \cdots,\ \overline{W_n}\}^T$ 正规化，即计算权数

$$W_i=\overline{W_i}/\sum\overline{W_i}$$

（3）计算判断矩阵的最大特征根

$$\lambda_{\max}=\sum_{i=1}^{n}\frac{(AW)_i}{nW_i}，式中，AW=\begin{bmatrix}a_{11} & a_{12} & \cdots & a_{1n}\\ a_{21} & a_{22} & \cdots & a_{2n}\\ \vdots & \vdots & \cdots & \vdots\\ a_{n1} & a_{n2} & \cdots & a_{nn}\end{bmatrix}\cdot\begin{bmatrix}W_1\\ W_2\\ \vdots\\ W_n\end{bmatrix}$$

5.3.5　单排序及其一致性检验

判断矩阵 A 的特根问题 $AW=\lambda_{\max}W$ 的解 W，经过归一化处理后即为同一层次相应因素对于上一层次某因素相对重要性的排序权值，这一过程称为层次单排序。为进行判断矩阵的一致性检验，需要计算一致性指标，如下：

（1）计算一致性指标 $R_I=(\lambda_{\max}-n)/(n-1)$

（2）查同阶矩阵平均一致性指标 R_I（见表 3.5.4）

表 3.5.4　一致性指标修正值

阶数	1	2	3	4	5	6	7	8	9
R_I	0	0	0.58	0.96	1.12	1.24	1.32	1.41	1.45

（3）计算一致性比率 C_R

$C_R=C_I/R_I$，当 $C_R=0$ 时，A 具有完全一致性；当 $C_R<0.1$ 时，认为层次单排序的结构 A 具有满意的一致性；当 $C_R\geqslant 0.1$ 时，A 具有非满意一致性，则应调整或放弃不采用。

5.3.6　层次总排序

计算各层元素对系统目标的合成权重并进行总排序，进而确定结构中最底层的各个元素在总目标中的重要程度。此过程是由最高层次到最低层次逐层进行的。

6 综合评价实证分析

6.1 已建成运营的智慧农业园区综合评价分析

6.1.1 研究对象

选取凯盛浩丰、垦源、杨凌三个已建成运营的智慧农业园区作为研究对象，根据前文的评价指标体系进行综合评价，以期为三个园区持续建设与发展提供思路。

（1）凯盛浩丰智慧农业园区位于山东省德州市临邑县，园区总占地面积约 1150 亩，总投资预计 16 亿元。通过引进国外先进的现代科学技术并运用大数据指导农业的生产与销售，实现生产全程可追溯，打造能持续生产且符合全球良好农业规范（Global GAP）产品的生产中心，提高农产品品质和产量。项目一期番茄温室占地面积 80000 米^2，2017 年已建成投产，年产番茄 4500 吨，产值约 5400 万元。该温室具有产量高、寿命长、恒温且能耗低等特点，可进行立体和无土栽培、自动化控制等领先的生产方式；采用环境控制的先进手段对雨水进行全面的回收和利用。同等面积的温室与传统大田种植相比，番茄年产量预计增加 5 倍，灌溉用水量为传统方法的 1/20，做到了高效保质地生产番茄。德州市政府、荷兰瓦赫宁根大学研究中心和建设运行企业将依托该园区在德州共建农业卓越中心，旨在推广现代设施农业和种植技术，服务当地农民，推动农业现代化发展。

（2）垦源智慧农业园区位于山东省临沂市兰陵县，是江苏绿港现代农业发展有限公司与山东新天地现代农业有限公司、国营兰陵农场三方共同合作项目，投资 3.9 亿元，占地面积 800 亩，主要种植小番茄与黄瓜，项目于 2018 年建成投产。建设了智能化玻璃温室 15 万米^2、工厂化种苗生产区及配套设施 8 万米^2、自动化分拣物流包装车间 7000 米^2、农业高科技展示 13000 米^2、1+X 模式家庭农场区 3 万米^2、培训中心 2000 米^2 及办公配套等设施 3000 米^2。项目未来将成为集智能化生产、标准化育苗、自动化包装物流、高科技展示、科技培训推广、三产融合为一体的智慧农业园区，为引领临沂地区现代农业发展奠定基础。此外，该项目将带动辐射生产基地 1 万余亩，产值增加 2 亿元，育苗能力到达 6000 万～1 亿株，满足 3 万～5 万亩设施蔬菜的种苗需求，带动就业人员 1200 人，每年培训带动农民 2000 人，具有很大的社会效益。

（3）杨凌智慧农业示范园区总投资 4.6 亿元，位于陕西省咸阳市杨陵区，占地面积 720 亩，已运营投产。主要种植西红柿、草莓、花卉，其中草莓产业集种植、储藏、加工、销售于一体。杨凌作为国家级高新技术产业示范区，肩负着提高农业高新技术的样板责任。园区有 60 多个国家和省部级科研平台，农林水等 70 多个学科、近 6000 名科教人员的有力支撑。政企、农企合作正在成为推进农业智慧化、产业化进程的重要助力。园区实现智慧农业 5G 信息化控制，集成荷兰技术建设 3 万米^2 的智慧温室 1 座，探索单品种适度规模化农业产业化经营模式，建设 512 亩具有国内自主知识产权的 7 种类型日光温室 39 座，超大跨度拱棚 69 座。按照绿色生态发展理念，建设 15 亩产能 5000 吨的生态肥生产线。在获得良好收益的基础上带动农民就业，增加收入。

6.1.2 评价方法

层次分析法（Analytic Hierarchy Process，AHP）是将复杂问题分解成若干层次，由专家和决策者对所列指标通过两两比较重要程度而逐层进行判断评分，利用计算判断矩阵的特征向量确定下层指标对上层指标的重要程度，从而得到基层指标对总体目标或综合评价指标重要性的排列结果即指标权重。

专家打分法的原理是通过匿名方式征询专家的意见，并统一整理和归纳专家意见，客观地综合多个专家经验和主观评判，对大量难以采用技术方法进行定量分析的因素或指标做出合理地估算。本研究在采用层次分析法确定智慧农业园区评价指标体系和综合评价模型的基础上，结合专家打分法确定各指标权重，两种方法结合更有利于评价过程的科学性。

6.1.3 数据来源

使用的数据包括：各地区历年的统计年鉴、企业和园区的产值报告、园区规划建设相关统计资料，以及对每个样本园区进行线上或实地调研所采集的数据等。

6.2 评价结果

6.2.1 计算各指标权重

（1）一级指标权重的确定

利用 YAAHP 软件录入数据并进行层次分析，确定指标隶属关系，依照层次分析法的步骤，邀请有关专家对主要指标进行打分，得到两两相对重要程度。目标层的 2 个一级指标，其权重表见表 3.6.1 所列。

表 3.6.1 一级指标权重表

判断矩阵——决策目标 判断矩阵一致性比例：0.0001；对总目标的权重：1.0000			
决策目标	成效	能力	W_i
成效	1.0000	2.6207	0.7238
能力	0.3816	1.0000	0.2762

(2) 二级指标权重的确定

相对于目标层的 7 个二级指标，其相对权重表见表 3.6.2 和表 3.6.3 所列。

表 3.6.2　二级成效类指标权重表

判断矩阵——成效　判断矩阵一致性比例：0.0615；对总目标的权重：0.7238					
成效	经济效益	生态效益	社会效益	创新特色	W_i
经济效益	1.0000	5.3133	7.3986	7.0000	0.6548
生态效益	0.1882	1.0000	1.0000	3.6840	0.1535
社会效益	0.1352	1.0000	1.0000	3.0000	0.1328
创新特色	0.1429	0.2714	0.3333	1.0000	0.0589

表 3.6.3　二级能力类指标权重表

判断矩阵——能力　判断矩阵一致性比例：0.0051；对总目标的权重：0.2762				
能力	智慧生产	智能设施	智慧运营	W_i
智慧生产	1.0000	5.0133	2.0801	0.5869
智能设施	0.1995	1.0000	0.3333	0.1091
智慧运营	0.4807	3.0003	1.0000	0.3040

(3) 三级指标权重的确定

相对于总目标的三级指标权重的确定，见表 3.6.4～表 3.6.10 所列。

表 3.6.4　经济效益相对于总目标权重表

判断矩阵——经济效益　判断矩阵一致性比例：0.0081；对总目标的权重：0.4739					
经济效益	园区总产值	单位面积产值	人均劳动纯收入	电商的年营业收入	W_i
园区总产值	1.0000	1.9574	1.0000	3.9149	0.3562
单位面积产值	0.5109	1.0000	0.6057	3.3019	0.2163
人均劳动纯收入	1.0000	1.6510	1.0000	4.3267	0.3487
电商的年营业收入	0.2554	0.3029	0.2311	1.0000	0.0788

表 3.6.5　生态效益相对于总目标权重表

判断矩阵——生态效益　判断矩阵一致性比例：0.0057；对总目标的权重：0.1111				
生态效益	农药使用量	化肥施用强度（折纯）	灌溉用水量	W_i
农药使用量	1.0000	0.3816	0.3029	0.1454
化肥施用强度（折纯）	2.6205	1.0000	1.0000	0.4109
灌溉用水量	3.3014	1.0000	1.0000	0.4437

表 3.6.6 社会效益相对于总目标权重表

判断矩阵——社会效益 判断矩阵一致性比例：0.0344；对总目标的权重：0.0961					
社会效益	农业技术成果应用	带动劳动力就业人数	农业技术成果转化率	职业农民培训人数	W_i
农业技术成果应用	1.0000	4.6416	0.2752	3.5569	0.2428
带动劳动力就业人数	0.2154	1.0000	0.1529	1.4422	0.0788
农业技术成果转化率	3.6342	6.5421	1.0000	9.0000	0.6165
职业农民培训人数	0.2811	0.6934	0.1111	1.0000	0.0619

表 3.6.7 创新特色相对于总目标权重表

判断矩阵——创新特色 判断矩阵一致性比例：0.0887；对总目标的权重：0.0426							
创新特色	农业 R&D 经费投入比重	农业研发人员比重	新产品产值在农业总产值中占比	园区接待来访	园区媒体关注度	园区荣誉	W_i
农业 R&D 经费投入比重	1.0000	3.0000	4.6416	6.3164	9.0000	6.6494	0.4358
农业研发人员比重	0.3333	1.0000	6.6494	5.0000	5.8480	4.0000	0.2757
新产品产值在农业总产值中占比	0.2154	0.1504	1.0000	3.0000	3.0000	5.0000	0.1317
园区接待来访	0.1583	0.2000	0.3333	1.0000	3.0000	1.8171	0.0723
园区媒体关注度	0.1111	0.1710	0.3333	0.3333	1.0000	1.0000	0.0389
园区荣誉	0.1504	0.2500	0.2000	0.5503	1.0000	1.0000	0.0456

表 3.6.8 智慧生产相对于总目标权重表

判断矩阵——智慧生产 判断矩阵一致性比例：0.0001；对总目标的权重：0.1622			
智慧生产	精准施肥比重	病虫害精准防控比重	W_i
精准施肥比重	1.0000	2.0801	0.6753
病虫害精准防控比重	0.4807	1.0000	0.3247

表 3.6.9 智能设施相对于总目标权重表

判断矩阵——智能设施 判断矩阵一致性比例：0.0615；对总目标的权重：0.0301							
智能设施	智能温室建设投入占比	智能农业装备投入占比	信息化投入总额占固定资产投资比重	传感网覆盖率	无线网覆盖率	园区一卡通普及率	W_i
智能温室建设投入占比	1.0000	0.3333	3.0000	3.3019	5.0000	5.0000	0.2508
智能农业装备投入占比	3.0000	1.0000	3.0000	5.0000	5.0000	5.0000	0.3878

（续表）

智能设施	智能温室建设投入占比	智能农业装备投入占比	信息化投入总额占固定资产投资比重	传感网覆盖率	无线网覆盖率	园区一卡通普及率	W_i
信息化投入总额占固定资产投资比重	0.3333	0.3333	1.0000	3.0000	5.0000	3.5569	0.1692
传感网覆盖率	0.3029	0.2000	0.3333	1.0000	3.0000	2.8845	0.0957
无线网覆盖率	0.2000	0.2000	0.2000	0.3333	1.0000	1.0000	0.0473
园区一卡通普及率	0.2000	0.2000	0.2811	0.3467	1.0000	1.0000	0.0492

表 3.6.10 智慧运营相对于总目标权重表

判断矩阵——智慧运营 判断矩阵一致性比例：0.0561；对总目标的权重：0.084						
智慧运营	信息网络接入速率	特色在线服务普及率	线上店铺农产品数	回购率	转化率	W_i
信息网络接入速率	1.0000	0.3333	0.2154	0.1504	0.1202	0.0368
特色在线服务普及率	3.0003	1.0000	0.3333	0.2000	0.1366	0.0681
线上店铺农产品数	4.6425	3.0003	1.0000	0.3816	0.1788	0.1322
回购率	6.6489	5.0000	2.6205	1.0000	0.3333	0.2501
转化率	8.3195	7.3206	5.5928	3.0003	1.0000	0.5128

最终权重结果见表 3.6.11 所列。

表 3.6.11 最终权重结果

指标层	权重
园区总产值	0.1688
单位面积产值	0.1025
人均劳动纯收入	0.1652
电商的年营业收入	0.0373
农药使用量	0.0162
化肥施用强度	0.0457
灌溉用水量	0.0493
农业技术成果应用	0.0233
带动劳动力就业人数	0.0076
农业技术成果转化率	0.0592

（续表）

指标层	权重
职业农民培训人数	0.0059
农业R&D经费投入比重	0.0186
农业研发人员比重	0.0117
新产品产值在农业总产值中占比	0.0056
园区接待来访	0.0031
园区媒体关注度	0.0017
园区荣誉	0.0019
精准施肥比重	0.1096
病虫害精准防控比重	0.0527
智能温室建设投入占比	0.0075
智能农业装备投入占比	0.0117
信息化投入总额占固定资产投资比重	0.0051
传感网覆盖率	0.0029
无线网覆盖率	0.0014
园区一卡通普及率	0.0015
信息网络接入速率	0.0031
特色在线服务普及率	0.0057
线上店铺农产品数	0.0112
回购率	0.0210
转化率	0.0430

6.2.2 各指标数据处理

通过实地调研对三个园区原始数据整理并进行去量纲处理（见表3.6.12）。

表3.6.12 三个已建成园区评价指标无量纲化数据

指标层	凯盛浩丰智慧农业园区	垦源智慧农业园区	杨凌智慧农业示范园区
园区总产值	1.00	0.10	0.96
单位面积产值	0.75	0.11	1.00
人均劳动纯收入	1.00	0.01	0.27

（续表）

指标层	凯盛浩丰智慧农业园区	垦源智慧农业园区	杨凌智慧农业示范园区
电商的年营业收入	1.00	0.00	0.26
农药使用量	1.00	0.00	0.01
化肥施用强度	1.00	0.03	0.11
灌溉用水量	1.00	0.03	0.00
农业技术成果应用	0.00	1.00	0.88
带动劳动力就业人数	0.40	1.00	0.06
农业技术成果转化率	0.00	0.60	1.00
职业农民培训人数	0.08	1.00	0.01
农业R&D经费投入比重	0.05	0.01	1.00
农业研发人员比重	0.24	1.00	0.91
新产品产值在农业总产值中占比	0.63	0.00	1.00
园区接待来访	0.03	0.05	1.00
园区媒体关注度	0.10	0.02	1.00
园区荣誉	0.28	0.12	1.00
精准施肥比重	1.00	0.42	0.90
病虫害精准防控比重	1.00	0.42	0.90
智能温室建设投入占比	0.36	1.00	0.78
智能农业装备投入占比	0.27	0.92	1.00
信息化投入总额占固定资产投资比重	0.37	1.00	0.37
传感网覆盖率	1.00	0.46	0.70
无线网覆盖率	1.00	0.00	0.90
园区一卡通普及率	0.00	0.00	0.00
信息网络接入速率	1.00	0.40	0.10
特色在线服务普及率	0.00	0.00	1.00
线上店铺农产品数	1.00	0.00	1.00
回购率	1.00	0.00	0.38
转化率	0.00	0.00	0.00

6.2.3　评价结果分析

加权计算总评分结果：凯盛浩丰智慧农业园区综合评价得分最高，综合得分为78.3分；杨凌智慧农业示范园区次之，综合得分为64.3分；垦源智慧农业园区最低，综合得分为21.0分（百分制计分）。

表3.6.13　三个已建成运营园区综合评价结果

指标层	凯盛浩丰	垦源	杨凌
园区总产值	0.172	0.017	0.166
单位面积产值	0.077	0.011	0.104
人均劳动纯收入	0.169	0.002	0.046
电商的年营业收入	0.038	0.000	0.010
农药使用量	0.016	0.000	0.000
化肥施用强度	0.044	0.002	0.005
灌溉用水量	0.048	0.001	0.000
农业技术成果应用	0.000	0.023	0.020
带动劳动力就业人数	0.003	0.007	0.000
农业技术成果转化率	0.000	0.035	0.059
职业农民培训人数	0.000	0.006	0.000
农业R&D经费投入比重	0.001	0.000	0.018
农业研发人员比重	0.003	0.011	0.010
新产品产值在农业总产值中占比	0.003	0.000	0.005
园区接待来访	0.000	0.000	0.003
园区媒体关注度	0.000	0.000	0.002
园区荣誉	0.000	0.000	0.002
精准施肥比重	0.110	0.046	0.099
病虫害精准防控比重	0.053	0.022	0.047
智能温室建设投入占比	0.003	0.008	0.006
智能农业装备投入占比	0.003	0.011	0.012
信息化投入总额占固定资产投资比重	0.002	0.005	0.002
传感网覆盖率	0.003	0.001	0.002
无线网覆盖率	0.001	0.000	0.001
园区一卡通普及率	0	0	0
信息网络接入速率	0.003	0.001	0.000
特色在线服务普及率	0.000	0.000	0.005
线上店铺农产品数	0.011	0.000	0.011
回购率	0.021	0.000	0.008
转化率	0	0	0
总评分	0.783	0.210	0.643

6.3 未建成运营的智慧农业园区综合评价分析

6.3.1 选取研究对象

选取正在规划建设中的土淘金智慧农业园区，此园区也是规划实证案例。以已建成运营的凯盛浩丰智慧农业园区、垦源智慧农业园区、杨凌智慧农业示范园区为基准进行综合效益评价，为将来运营提供参考和发展指引。

6.3.2 各指标数据处理

实地调研整理收集相关数据，并对原始调查数据去量纲处理（见表 3.6.14）。

表 3.6.14 实证案例园区评价指标无量纲化数据

指标层	土淘金智慧农业园区
园区总产值	0.10
单位面积产值	0.10
人均劳动纯收入	0.07
电商的年营业收入	0.15
农药使用量	0.00
化肥施用强度	0.00
灌溉用水量	0.00
农业技术成果应用	0.08
带动劳动力就业人数	0.43
农业技术成果转化率	0.00
职业农民培训人数	0.06
农业 R&D 经费投入比重	0.00
农业研发人员比重	1.06
新产品产值在农业总产值中占比	0.00
园区接待来访	0.00
园区媒体关注度	0.01
园区荣誉	0.00
精准施肥比重	0.70
病虫害精准防控比重	0.80
智能温室建设投入占比	0.00
智能农业装备投入占比	0.00

（续表）

指标层	土淘金智慧农业园区
信息化投入总额占固定资产投资比重	0.00
传感网覆盖率	0.70
无线网覆盖率	0.25
园区一卡通普及率	0.00
信息网络接入速率	0.20
特色在线服务普及率	3.00
线上店铺农产品数	1.10
回购率	0.63
转化率	0.00

6.3.3 评价结果分析

加权计算综合评分结果：土淘金智慧农业园区规划综合评价得分为22.5分（百分制计分），与前文垦源智慧农业园区综合评价结果相接近。

表3.6.15 实证案例园区综合评价结果分析表

指标层	土淘金
园区总产值	0.017
单位面积产值	0.010
人均劳动纯收入	0.013
电商的年营业收入	0.006
农药使用量	0.000
化肥施用强度	0.000
灌溉用水量	0.000
农业技术成果应用	0.002
带动劳动力就业人数	0.003
农业技术成果转化率	0.000
职业农民培训人数	0.000
农业R&D经费投入比重	0.000
农业研发人员比重	0.012
新产品产值在农业总产值中占比	0.000
园区接待来访	0.000
园区媒体关注度	0.000
园区荣誉	0.000

（续表）

指标层	土淘金
精准施肥比重	0.077
病虫害精准防控比重	0.042
智能温室建设投入占比	0.000
智能农业装备投入占比	0.000
信息化投入总额占固定资产投资比重	0.000
传感网覆盖率	0.002
无线网覆盖率	0.000
园区一卡通普及率	0.000
信息网络接入速率	0.001
特色在线服务普及率	0.016
线上店铺农产品数	0.012
回购率	0.013
转化率	0.000
总评分	0.225

6.4 实证结果分析及讨论

6.4.1 评价结果分析

四个园区的指标值和评价效益值分别表示为凯盛浩丰智慧农业园区（Y_1、T_1）；垦源智慧农业园区（Y_2、T_2）；杨凌智慧农业示范园区（Y_3、T_3）；土淘金智慧农业园区（Y_4、T_4）。四个智慧农业园区综合评价表见表 3.6.16 所列。

表 3.6.16 四个智慧农业园区综合评价表

综合效益	指标	权重	指标值				评价效益值			
			Y_1	Y_2	Y_3	Y_4	T_1	T_2	T_3	T_4
经济效益	园区总产值	0.1688	1.00	0.10	0.96	0.10	0.1688	0.0169	0.1620	0.0169
	单位面积产值	0.1025	0.75	0.11	1.00	0.10	0.0769	0.0113	0.1025	0.0103
	人均劳动纯收入	0.1652	1.00	0.01	0.27	0.07	0.1652	0.0017	0.0446	0.0116
	电商的年营业收入	0.0373	1.00	0.00	0.26	0.15	0.0373	0.000	0.0097	0.0056
							0.4482	0.0299	0.3188	0.0444
生态效益	农药使用量	0.0162	1.00	0.00	0.01	0.00	0.0162	0.000	0.0002	0.000
	化肥施用强度	0.0457	1.00	0.03	0.11	0.00	0.0457	0.0014	0.0050	0.000
	灌溉用水量	0.0493	1.00	0.03	0.00	0.00	0.0493	0.0015	0.000	0.000
							0.1112	0.0029	0.0052	0.000

（续表）

综合效益	指标	权重	指标值				评价效益值			
			Y_1	Y_2	Y_3	Y_4	T_1	T_2	T_3	T_4
社会效益	农业技术成果应用	0.0233	0.00	1.00	0.88	0.08	0.000	0.0233	0.0205	0.0019
	带动劳动力就业人数	0.0076	0.40	1.00	0.06	0.43	0.003	0.0076	0.0005	0.0033
	农业技术成果转化率	0.0592	0.00	0.60	1.00	0.00	0.000	0.0355	0.0592	0.000
	职业农民培训人数	0.0059	0.08	1.00	0.01	0.06	0.0005	0.0059	0.0001	0.0004
							0.0035	0.0723	0.0803	0.0056
创新特色	农业 R&D 经费投入比重	0.0186	0.05	0.01	1.00	0.00	0.0009	0.0002	0.0186	0.000
	农业研发人员比重	0.0117	0.24	1.00	0.91	1.06	0.0028	0.0117	0.0106	0.0124
	新产品产值在农业总产值中占比	0.0056	0.63	0.00	1.00	0.00	0.0035	0.000	0.0056	0.000
	园区接待来访	0.0031	0.03	0.05	1.00	0.00	0.0001	0.0002	0.0031	0.000
	园区媒体关注度	0.0017	0.10	0.02	1.00	0.01	0.0002	0.000	0.0017	0.000
	园区荣誉	0.0019	0.28	0.12	1.00	0.00	0.000	0.000	0.0019	0.000
							0.0080	0.0123	0.0415	0.0124
智慧生产	精准施肥比重	0.1096	1.00	0.42	0.90	0.70	0.1096	0.0460	0.0986	0.0767
	病虫害精准防控比重	0.0527	1.00	0.42	0.90	0.80	0.0527	0.0221	0.0474	0.0422
							0.1623	0.0681	0.146	0.1189
智能设施	智能温室建设投入占比	0.0075	0.36	1.00	0.78	0.00	0.0027	0.0075	0.0059	0.000
	智能农业装备投入占比	0.0117	0.27	0.92	1.00	0.00	0.0032	0.0108	0.0117	0.000
	信息化投入总额占固定资产投资比重	0.0051	0.37	1.00	0.37	0.00	0.0019	0.005	0.0019	0.000
	传感网覆盖率	0.0029	1.00	0.46	0.70	0.70	0.0029	0.001	0.0020	0.0020
	无线网覆盖率	0.0014	1.00	0.00	0.90	0.25	0.001	0.000	0.0013	0.000
	园区一卡通普及率	0.0015	0	0	0	0.00	0	0	0	0.000
							0.0121	0.0247	0.0228	0.0020
智慧运营	信息网络接入速率	0.0031	1.00	0.40	0.10	0.20	0.0031	0.0012	0.0003	0.0006
	特色在线服务普及率	0.0057	0.00	0.00	1.00	3.00	0.000	0.000	0.0057	0.0171
	线上店铺农产品数	0.0112	1.00	0.00	1.00	1.10	0.0112	0.000	0.0112	0.0123
	回购率	0.0210	1.00	0.00	0.38	0.63	0.0210	0.000	0.0080	0.0132
	转化率	0.0430	0.00	0.00	0.00	0.00	0	0	0	0.000
							0.0353	0.0012	0.0252	0.0432
							0.7806	0.2114	0.6398	0.2265

从上表可以看出四个智慧农业园区的综合效益：T_1（0.7806）>T_3（0.6398）>T_4（0.2265）>T_2（0.2114）。

从经济效益来看，凯盛浩丰智慧农业园区的效益最优，其次是杨凌智慧农业示范园区，T_1（0.4482）>T_3（0.3188）>T_4（0.0444）>T_2（0.0299）；从生态效益来看，同样是凯盛浩丰智慧农业园区最优，T_1（0.1112）>T_3（0.0052）>T_2（0.0029）>T_4（0.000）；从社会效益来看，杨凌智慧农业示范园区最优，垦源智慧农业园区次之，T_3（0.0803）>T_2（0.0723）>T_4（0.0056）>T_1（0.0035）；从创新特色来看，杨凌智慧农业示范园区最优，T_3（0.0415）>T_4（0.0124）>T_2（0.0123）>T_1（0.0080）；从智慧生产来看，凯盛浩丰智慧农业园区的效益最优，T_1（0.1623）>T_3（0.146）>T_4（0.1189）>T_2（0.0681）；从智能设施来看，垦源智慧农业园区最优，其次是杨凌智慧农业示范园区，T_2（0.0247）>T_3（0.0228）>T_1（0.0121）>T_4（0.0020）；从智慧运营来看，土淘金智慧农业园区预期规划运营的效益较好，T_4（0.0432）>T_1（0.0353）>T_3（0.0252）>T_2（0.001）。

6.4.2 讨论

对四个智慧农业园区的评价结果进行分析。首先，三个已建成运营的智慧农业园区优劣差距明显。凯盛浩丰智慧农业园区与杨凌智慧农业示范园区差距较小，但垦源智慧农业园区较前两者差异显著。其次，土淘金智慧农业园区未来的发展能力有望超过垦源智慧农业园区，项目规划建设的可行性较高。

（1）优劣势分析

① 发展建设

凯盛浩丰智慧农业园区相较于杨凌智慧示范园区与垦源智慧农业园区起步较早，有一定的发展基础，不管是从经济效益、生态效益、智慧生产及运营上都领先于其他园区。杨凌智慧农业示范园区虽然建成时间不长，但因杨凌智慧农业示范园区是国家级高新技术产业示范区，有丰富的高新技术与人才支持，并且政府扶持与支持力度大，园区农业的产业化、智慧化进程发展较快。而土淘金智慧农业园区经济效益发展目前落后于其他园区，其尚处于建设阶段，未完全投入使用。

② 区位分析

从地理位置来看，杨凌智慧示范园区位于陕西省咸阳市杨陵区，相对于位于山东省县城的凯盛浩丰智慧农业园区和垦源智慧农业园区来说，交通更为便捷，电子商务及对外物流运输也更为方便。周边市场较为宽广，区域经济也较为发达。因此，游客的收入水平也相对较高，消费能力随之提高，园区的收益较为可观。

③ 园区环境

目前，凯盛浩丰智慧农业园区将智慧生产与智慧运营相结合，做到了经济与生态效益相协调，在发展园区经济的同时，保护自然环境。

杨凌智慧农业示范园区建设最为完整，特色的休闲民宿、生态餐厅、生态厨房，以及田园餐厅、拍照打卡圣地百花园、盆景园等各大配套设施与园区融为一体，尽显生态农业特色。吸引了大量游客，人气较高。土淘金智慧农业园区处于建设中，周边环境基础较差，访客数量少，重访率也随之降低。

④ 智慧项目

从园区的重点智慧项目分析，杨凌智慧农业示范园区的重点智慧项目建设最多，垦源智慧农业园区和凯盛浩丰智慧农业园区次之，杨凌智慧农业示范园区涉及智能异型玻璃温室、物流 AGV 户外无人运输系统、超级大棚、生态有机肥研发等。其中，在温室建设中运用到中东连栋膜温室与北美连栋膜温室的核心技术，技术引领创新。因此，杨凌智慧农业示范园区的创新特色明显高于其他三个园区。垦源智慧农业园区重点智慧项目包括高科技智能化玻璃温室，双模温室，连栋温室，蔬菜自动化分拣、包装、冷藏冷链加工物流区，实现就地生产、加工、配送；引进世界上最先进的栽培技术和优良品种。而凯盛浩丰智慧农业园区重点智慧项目是智慧农业大棚结合物联网技术，以及大数据和农产品溯源技术，单体智慧大棚建设量大、产出效益高。因此，单从经济效益来看，凯盛浩丰智慧农业园区明显高于杨凌智慧农业示范园区与垦源智慧农业园区，这与凯盛浩丰智慧农业园区把握好了园区的智慧生产与智慧运营两大方面有很大的关系。

⑤ 技术投入

凯盛浩丰智慧农业园区和杨凌智慧农业示范园区相较于其他两个园区信息化技术投入更高，同时把控好园区的智慧生产及运营，给园区及农户都带来了较大收益。

（2）发展建议

由于土淘金智慧农业园区的建设刚刚起步，它在很多方面都还没有发展健全，需要在发展中逐步完善。

① 加快园区建设

进行分期建设，确保园区核心区域规划建设工作尽快完成，以促进生产及接待游客，避免长时间的建设造成的经济损失及对生态环境的影响。

② 注重产业功能多元化

目前园区正在规划建设中，除规划的九大仙草作为主导产业外，还设计欢乐采摘园进行其他类瓜果蔬菜的种植。致力于打造精品现代农业，建立园区多功能结构，改变原来单一的产品结构，与不同的产业和产品的产业链形成组合，达成建设多功能智慧农业园区的目标。

③ 引进优秀人才

在高新技术产业化的时代背景下积极引进具有综合素质的优秀人才尤为重要，需要高校对人才进行多方位的培养，要求人才不仅在技术方面过硬，同时也要有一定的领导组织和经营能力。同时，园区要通过一些政策制度来为科研人才营造良好的研究和生活环境。

④ 注重用户体验

在规划建设前期参观的用户体验感一般，会影响园区的重访率。因此，仙草或其他果蔬成熟的季节，园区可短暂停工，对园区加以布置，让前来参观的游客看到园区未来的发展前景，向往智慧农业园区的建成。

⑤ 强化信息化技术对智慧农业园区的引领

一是使科技创新成为园区发展的核心动力，强化信息化技术在农业智慧生产中的应用，推动智能设施升级及技术集成创新，促进农业产业链向中高端迈进；培育并集聚高新企业，提高农业科研成果转化率，借助“互联网＋”提升园区建设质量和水平。二是把增加绿色优质农产品供给放在更加突出的位置，积极推广高效生态循环农业模式，降低农业生产成本，促进农产品向绿色化发展。

⑥ 加大品牌宣传力度

品牌建设和管理对企业提升品牌影响力至关重要，要引导企业重视品牌塑造。目前，游客对土淘金智慧农业园区的认知度较低，但土淘金公司已拓展销售渠道，采用线上线下相结合的形式，利用微信公众号、自主开发 App 的站内推广等方式进行宣传，随着流量的增加，后期的宣传效果及效益将会逐渐递增。

⑦ 加强园区信息化建设

要注重园区信息宣传，选拔并储备高素质人才，形成业务能力较强的工作队伍，把控好每个宣传稿件的质量。与此同时，园区管理部门要积极参与协调和配合，重点抓好园区运营与管理、生产与服务、市场与电商等方面。

⑧ 向优秀园区学习

土淘金智慧农业园区完成建设计划进度的同时要积极借鉴其他园区的可取之处，多去现场交流学习。避免盲从，找到适合园区自身品牌发展的道路，形成特色，提高园区的竞争力。

7 结　论

本研究构建了智慧农业园区规划的方法体系，主要包括：①规划主要内容从生态角度、科技角度、规划角度入手，对智慧农业园区功能及特征进行分析并建立规划的逻辑框架。②对智慧农业园区现状进行调研访谈等前期研究，统筹规划、分步实施、建设集约、因地制宜、科学设计等原则对园区进行总体规划设计，根据前期分析确定园区未来发展定位。③对园区进行科学合理的专项规划设计及智能化设施建设。此智慧农业园区规划的方法体系已在土淘金智慧农业园区规划和建设中得到运用。

通过构建智慧农业园区的评价指标体系和综合评价模型，筛选了30个三级指标从成效与能力两大方面对凯盛浩丰智慧农业园区、杨凌智慧农业示范园区、垦源智慧农业园区、土淘金智慧农业园区进行综合评价，得出凯盛浩丰智慧农业园区、杨凌智慧农业示范园区2个已建成运营的园区综合效益比正在建设中的土淘金智慧农业园区要高，而土淘金智慧农业园区的综合效益比山东垦源智慧农业园区要高，预计土淘金智慧农业园区未来运营后产生的效益较好，发展具有一定前景。而从经济效益、生态效益、智慧生产来看，凯盛浩丰智慧农业园区的发展最优；从社会效益和创新特色来看，杨凌智慧农业示范园区的效益最好；从智能设施来看，垦源智慧农业园区设施基础良好；但从智慧运营来看，垦源智慧农业园区运营效果欠佳，未来还需在园区智慧运营及创新水平等方面进一步提高，土淘金智慧农业园区预期规划运营效益较好。未来土淘金智慧农业园区将加快园区建设，引进优秀人才，实现产业功能多元化，加强园区信息化建设。

通过构建智慧农业园区规划方法体系并建立综合评价模型进行综合评价，结果能够较好地反映智慧农业园区的规划及运营效益，说明本研究进行智慧农业园区规划设计与综合评价的科学性与合理性。

8 参考文献

[1] 胡桐．浙江宁海县现代农业园区建设及其管理对策研究［D］．杭州：浙江农林大学，2019.

[2] 王芳，纪雪梅，田红．中国农村信息化政策计量研究与内容分析［J］．图书情报知识，2013(01)：36－46＋77.

[3] Liu Chun. An evaluation of China's evolving broadband policy：An ecosystem's perspective［J］. Telecommunications Policy，2017，41 (1)：1－11.

[4] 张庭伟．规划的协调作用及中国规划面临的挑战［J］．城市规划，2014，38 (01)：35－40.

[5] 李满，李世峰，欧阳映鸿．基于熵权法的涿鹿县现代农业发展水平评价分析［J］．中国农业大学学报，2014，19 (05)：236－243.

[6] 黄鹏．我国高技术产业技术创新效率的差异性分析［D］．重庆：重庆大学，2014.

[7] 冯蔓蔓．国家现代农业示范区发展现状及运行机制研究［D］．北京：中国农业科学院研究生院，2014.

[8] 赵丹丹．浙江金华国家农业科技园区发展能力研究［D］．杭州：浙江农林大学，2019.

[9] 高鹏伟．智慧园区的设计规划实施［D］．大连：大连交通大学，2016.

[10] 蔡予强．市场导向型的智慧园区系统发展战略分析与研究［D］．桂林：广西师范大学，2015.

[11] 杨健超．现代农业园区规划设计研究与实践［D］．合肥：安徽农业大学，2017.

[12] 胡桐．浙江宁海县现代农业园区建设及其管理对策研究［D］．杭州：浙江农林大学，2019.

[13] 卢松．基于产业导向的美丽乡村规划研究［J］．智能城市，2019，5 (20)：123－124.

[14] 张滨丽，卞兴超．基于AHP的黑龙江省智慧农业综合效益评估［J］．中国农业资源与区划，2019，40 (02)：109－115.

[15] 雷玲，钟琼林．陕西省农业科技园区综合效益对比评价［J］．西北农林科技大学学报（社会科学版），2018，18 (03)：141－150.

[16] 傅建祥，罗慧．我国现代农业示范园区综合评价 [J]．西北农林科技大学学报（社会科学版），2017，17（04）：106－113.

[17] 雷玲，陈悦．杨凌农业科技示范园区创新能力评价 [J]．中国农业资源与区划，2018，39（08）：211－217.

[18] 谢玲红，吕开宇，夏英．乡村振兴视角下农业科技园区绩效评价及提升方向——以106个国家农业科技园区为例 [J]．中国科技论坛，2019（09）：162－172.

第四篇　基于产业融合理念的休闲农业园区规划设计与评价

随着经济的发展步伐逐渐加快，人们的收入虽然增高，但生活工作压力也与日俱增。快节奏的城市生活让人们对休闲生活更加向往。随着人们对休闲方式要求的逐渐提高，一种新的休闲方式——休闲农业也在逐步发展壮大。国家对农业发展的关注度较高，人们对休闲的需求较强，两者结合的休闲农业也顺应了国家发展的需求。目前，休闲农业园区的发展呈现良好的趋势，部分园区的发展也带来了可观的效益，但是，也导致很多人盲目跟风，休闲农业发展存在的诸多问题也逐渐显现出来。

现以国内外休闲农业的研究为基础，从国内发展现状为背景，针对休闲农业园区发展中反映出来的问题，对休闲农业园区的发展进行研究。在休闲农业园区发展所需的相关理论的支撑下，研究出休闲农业园区规划发展的系统方法及规划设计中所要注意的主要问题。并以林泉生态庄园的规划设计方案作为实例研究分析。

为验证休闲农业园区规划设计方案是否科学合理，找出园区发展中存在的优缺点，对休闲农业园区进行综合评价研究，主要从经济效益、社会效益、生态效益三方面评价指标入手，构建休闲农业园区的评价指标体系，并采用 AHP 对林泉生态庄园进行评价分析。另外，选取两个园区进行对比分析，从中分析出园区存在的问题，并制定相应的改进措施和发展目标。

本研究的目的是让园区的经营者对园区的规划设计有一个整体的了解，对园区的发展有一个客观系统的认识，评价体系的研究可以对今后园区的发展、管理、建设起到一定的指导作用。

1 引　言

休闲农业园区集休闲、度假、观光等功能于一体，将农村一、二、三产业进行一定的贯穿，是一个综合发展的园区。随着经济的迅速发展，生活水平的进步，以及生活工作压力的增加，人们对能更好回归自然的休闲园区的需求与日俱增。而休闲农业是符合经济发展与市场需求的朝阳产业，是可以推动农业产业结构调整、带动农民增收和新农村建设的一举多效的新兴产业。因此，休闲农业园区具有广阔的发展前景。

1.1　研究背景

随着经济快速稳步发展，休闲农业园区的发展步伐也在逐步加快，其建设发展所带来的经济、社会和生态效益得到园区经营者、有关政府部门以及游客的广泛认可。

目前，我国休闲农业的建设规模逐渐扩大，园区具备的功能也在逐步增多，休闲农业的发展模式变得丰富多样，发展内涵也伴随教育和休闲活动的普及不断丰富，呈现出良好的发展态势。在政策的指引下，休闲农业园区的规划逐渐趋向于理性化。

我国休闲农业正在加速发展的过程中，且呈现良好的发展势头，这种发展符合休闲农业的发展需要，而且有利于经济的转型。

从现实看来，园区在快速发展的同时其规划设计也存在诸多问题。例如，园区没有明显的区位优势；缺乏较为系统的景观规划；得不到良好的农业技术指导；基础设施差；景观小品的建设较为普通；休闲活动没有特色等一系列问题。鉴于此，休闲农业园区良好的设计和系统的发展是非常重要的。

1.2　研究意义

休闲农业园区作为新生的朝阳产业，受到人们关注的同时，其建设发展的重要意义也不断深入人心。

主要从两方面对休闲农业园区进行研究，一是休闲农业园区的规划设计，主要包括园区的总体布局、景观设计、基础设施建设、特色休闲项目等设计，从而形成系统的规划体系以供其他园区参考；二是休闲农业园区评价体系的建立，其目的是验证园区规划设计与评价研究方式的科学性，同时发现园区发展中存在的不足，为园区今后的发展改进提供相应的指导。因此，休闲农业园区的规划设计与综合评价具有重要意义。

1.2.1 休闲农业园区的建设有利于推动农业的发展

“以农为本”的思想在春秋战国时期就已形成，“民以食为天”的思想从古至今更是深入人心。休闲农业的发展能够融合其他相关产业，它将农业单一的粮食种植功能向生态休闲、文化传承等功能进行了拓展。来自各地的游客给园区带来经济收入外，还带来当地有价值的科技信息，与园区科技状况进行交流，引进先进的种植技术和培育新的品种。休闲农业是在推动农业发展的基础前提下，提供观赏、采摘、餐饮、度假、教育体验等功能，休闲农业园区的建设可谓是一举多得。

1.2.2 休闲农业园区发展有助于促进农业增产、农民增收

休闲农业园区的发展顺应了国家发展趋势，打破了我国未来农业经营主体的稳定性和持续性难题；休闲农业园区的建设既促进农业发展，又可通过规模经营实现生态环境的维护。休闲农业可以直接带动农民收入、促进农村经济建设，对社会主义新农村建设发展起到积极作用。

1.2.3 规划设计有助于休闲农业园区的建设与发展

通过科学的规划建设，休闲农业园区能够营建现代农业园区的环境，发挥整体效益，有利于改善农业园区的生态环境，优化园区的功能布局，增强园区的综合竞争力。休闲农业园区作为一个新兴的农业产业，其良好的规划设计不仅关系到园区自身的长远发展，而且关系到中国大环境下农业园区的大发展。

1.2.4 休闲农业园区的建设有利于推进乡村振兴建设

各地政府部门对乡村振兴建设十分关注，很多地方紧跟政府的政策要求，积极推进农村的改造建设任务。而休闲农业发展能够更好地整合农村资源，并能对农村环境进行改善；在一定程度上培养锻炼出一批懂农业种植技术、会经营管理的新型农民，从而带动农村整体水平的提高，推进乡村振兴建设。另外，发展较好的乡村也可为其他乡村的发展起到带动作用。

1.2.5 综合评价有助于促进农业园区的健康持续发展

对休闲农业园区进行综合评价，可以得到更加客观、合理的评价结果，以此也能反映出农业园区规划发展中的问题，可以发现园区规划运营的优缺点，及时的扬长避短。同时，客观地评价农业园区，让经营者对园区今后的建设发展有更为直观的指导依据，正确的管理决策也将在未来的工作中发挥重要作用；此外，农业园区的规划设计与综合评价具有一定的理论意义和较强的实用性，除了有利于促进园区健康持续发展，也可以为其他园区的规划设计与运营起到一定的示范作用。

2 相关理论与国内外研究进展

2.1 相关概念

2.1.1 休闲

古往今来，休闲之事便从未间断。休闲主要是指缓解生理上的辛劳和心理上的压力。科学、文明的休闲方式，能有效地推动人们压力的释放，包括智力、体力、生理和心理机能等各个方面的释放。休闲可以使我们以自己舒适自在的方式进行放松，这种休闲自由的状态可以让我们更好地感受生活中的美好，让我们时刻紧绷的神经得到放松休息、愉悦身心。

亚里士多德作为第一位对休闲进行研究的学者，其观点具有一定的影响意义。他认为，休闲能让人们觉得幸福，很多事物也是围绕休闲进行展开的。除此之外，还有其他学者对休闲也有自己的认识，这些观点对西方文明的演化与发展有着深远的影响。

休闲研究之父 Dumazdier 对“休闲”一词的含义有独到见解。他认为好的休闲要满足四个最基本的条件：一是人们感知的自由；二是人们行为的出发点是由内心的驱动而非外在因素的影响；三是可以让人感到身心愉悦；四是满足休息、娱乐和自我超越的需要。

但是，休闲并不意味着是对自己的一种放纵，休闲的过程中不得忽视自己对他人、对社会所担负的责任，休闲过程中要以道德素养为基准且不得超越法律的约束范畴。

2.1.2 休闲产业

休闲产业是指与人的休闲生活有着密切联系的产业，休闲产业包括餐饮业、服务业等多个层面，这些也是国家经济发展的重要支柱产业。休闲产业涉及的范围较广，如度假旅游、餐饮业、服务业、风景名胜、影视摄影、交通运输、休闲设施、休闲项目等，以及相互作用互为补充所形成的休闲产业链或休闲产业群。

对于休闲产业，研究者也有自己的见解。于光远认为，休闲产业是一个以满足休闲过程中人们的不同需求而逐步发展起来的，它是人们休闲生活实现的基本条件。李再永认为，休闲产业是在经济发展到一定程度、人们的生活水平逐步提升、闲暇时间的逐渐增加后所发展起来的产业。休闲产业在保证农业产品的生产加工的基础上，要想满足人们更多的需求，就需要更多的产业合作，才能更大程度满足人们更高层次的精神追求。

2.1.3 观光农业

观光农业宏观上包括休闲农业、都市农业、旅游农业等不同内容。随着农业的发展、农村经济的不断进步，观光农业逐渐发展起来。

观光农业将农业种植与旅游发展相结合，是一种新的组合形式。它将丰富的农业资源、秀美的自然风景和其他因素相结合，通过精心规划设计，合理开发和利用。除了提供一个休闲观光的场所，同时为人们提供健康的绿色农产品。

观光农业作为新的农业生产形式，它在发展农业生产的同时，也对环境起到一定的保护作用，农业与旅游业相结合，在提高农业生产效益的同时对发展农村经济也有积极作用。

2.2 休闲农业发展研究

农业单一的生产种植模式发展到一定程度后与旅游业相结合，所形成的新发展形式就是休闲农业，它是具有多种功能的农旅结合的新型旅游形式。休闲农业作为一种新型的农业生产经营方式，其研究发展具有重要的经济价值、社会效益和生态意义。

2.2.1 休闲农业

休闲农业作为新的旅游形式，它主要是为游客提供休闲娱乐、旅游度假、农业体验、体育健身等多方面需求。它是通过合理的规划设计和开发，综合利用现有的农业资源、农业设施、自然风光、风俗文化等地方特色和旅游资源规划设计而成。

休闲农业引入到中国首选是台湾地区，随着社会的发展，园区的逐渐发展，慢慢地被译成很多版本，如生态农业、观光农业等。休闲农业主要分布在距离城市较近且交通便利的乡镇周边，它主要利用农村的农业资源、田园风光、科技生产技术等资源组织规划形成的。

总的来说，休闲农业是以农业为主题，将自然风景、农业资源和农村文化相结合，满足游客多种需求。

2.2.2 休闲农业特征及功能

（1）休闲农业特征

休闲农业可以让游客欣赏到秀美的田园风光、品尝新鲜瓜果并参与采摘，体验丰收带来的乐趣。休闲农业的发展还能促进周边相关产业的发展，对当地经济、社会和生态效益的增长都有十分重要的意义。休闲农业的主要特征如下。

① 综合性强

休闲农业的发展综合了餐饮、服务、食品加工销售、运输等多个行业的协作发展，因此能给人们提供更为周到细致的服务。休闲农业的发展，不仅对农业发展起到重大的推动作用，也带动周边产业的发展，形成相互协作、互为补充、共同发展的局面，成为农业发展新的经济增长点。

② 地域文化差异

我国地域辽阔，不同的地理位置有着不同的地形地貌、人文景观和风俗习惯等。不同的地形地貌形成不同的休闲景观，高山上的树林，平原中的稻谷，不同的景观都给人不同的感受；不同的风俗习惯造就不同的文化特色，如具有地方特色的剪纸、泥人、刺绣等；除此之外，还有不同的休闲活动，像是傣族的孔雀舞、朝鲜的长鼓舞，就近来说有东北秧歌、安徽花鼓灯等，这些都是休闲农业发展中所展现的不同区域休闲文化。

③ 参与性强

不同季节有不同的瓜果蔬菜成熟，并且伴有温室大棚种植，游客可随时参与瓜果蔬菜的采摘，体会田园劳作的乐趣。除此之外，不同的季节设有不同的休闲娱乐项目，并设有科普教育展示，让游客可以寓教于乐，得到更好的休闲娱乐。

④ 经营项目多

休闲农业主要包括种植、采摘、农产品加工、农产品销售、科技示范展示、农业文化科普教育等多个方面。各部分相互配合、相互协调，给游客带来更多的休闲体验，保证长期而稳定地客源。

⑤ 综合效益好

通过休闲农业的发展，促进当地经济的发展，促进农民收入。同时创造更多的就业机会，带动就业，具有较高的社会效益。此外，休闲农业的发展对保护生态环境也有积极作用，生态效益显著。

（2）休闲农业功能

① 经济功能

休闲农业的发展为人们提供观赏、体验、品尝、购物等消费服务，使农业由传统的农产品生产与加工销售向多元化产业方向发展，使农业资源转化为旅游资源，与此同时，优化了农村产业结构，促进经济的快速发展，农民收入水平也逐渐提高。

② 社会功能

休闲农业的发展一方面促进经济发展，带动就业；另一方面可以为游客提供休闲、观光、度假的场所，让人们更好地融入大自然，体验农耕生活的乐趣。同时，人们感受到农村纯朴的民风与大自然清新的环境，可以起到净化心灵的作用。

③ 生态功能

休闲农业的发展从某种程度上提高了人们对生态环境的保护意识，休闲农业的发展不仅美化了环境，而且对提高人们的生活环境质量有着一定的改善作用。休闲农业的发展有利于生态环境的健康持续发展。

④ 教育功能

休闲农业可以使游客充分了解不同地区的农业文明、农耕文化，认识各种农耕用具；学习农业知识，学习简单的耕种技巧，了解各种蔬菜水果的特性和收获播种季节，参与农活感受收获的喜悦。

⑤ 文化功能

从社会的发展来看，年轻的一代对农耕工具、农耕文化等农村元素的了解越来越少，大多数的知识只是来源于书本，缺乏实践。休闲农业的发展可以更好地学习了解当地农耕文化，结合农业生产现状及景观资源，打造有文化底蕴的农业园区，为游客普及农耕文化的相关知识。

⑥ 休闲功能

休闲农业最主要的作用就是为广大游客提供休闲观光、休闲娱乐、休闲度假等服务，休闲农业所创造的环境有利于人们缓解生活工作带来的压力；大自然的清新空气有利于人们调养身心；鲜美的蔬菜瓜果满足了人们对绿色生活、健康饮食的要求。

2.3 休闲农业与农业、旅游业的关系

2.3.1 农业

农业属于第一产业，它作为经济发展的一个重要组成部分，其发展意义也尤为重要。它主要是通过粮食的生产加工以及禽类的饲养发展起来的产业。人们广泛意义上所了解的农业主要包括种植业、养殖业、林业、畜牧业等产业形式。例如，种植业是进行粮食种植；养殖业是对家禽等的畜养，其中也包括水产品的养殖；林业则是对林木的培育种植；畜牧业也是很多地方的主要产业。很多人单纯地将农业理解为种植业，即粮食的种植，这是人们对农业狭义上的理解。但是无论人们对农业有怎样不同的理解，其农业发展的重要意义是不可忽视的。

2.3.2 旅游业

根据我们生活中的经验来说，旅游业就是到风景优美的地方进行休息放松，游览参观不同的风景名胜，除了休闲活动以外也能学到相应的文化知识。在旅游中，我们所需要的衣、食、游、购、住、行都包括在内，因此旅游业是一个综合性较强的行业。其中，餐饮、住宿、交通运输是旅游业的组成部分，且是不可或缺的三个部分。

旅游业是依托于旅游资源，以旅游设施的条件，为游客提供旅游的服务业。旅游业的发展，可以有效缓解工作和生活压力，增加人与人之间的接触、人与自然的沟通。旅游活动作为一种新的先进的社会消费形式，在满足基本的生活需求外，还有更高层次的精神追求。旅游可以更好地把物质生活和文化生活的消费有机地进行结合，给人们提供更好的休闲度假方面的需求。

2.3.3 休闲农业与农业、旅游业的关系

休闲农业与农业共同之处是与“农”挂钩，休闲农业是农业多方面发展的一个重要体现，它主要利用自然条件、农业资源、农耕文化等实现自身的发展。休闲农业是对农业资源的深度开发，能更好地推动农业的发展。

休闲农业作为农业发展的重要组成部分，国家对其发展的关注度越来越高。中央一号文件指出，农业在确保其基础发展的同时，要逐渐向休闲观光等功能靠拢。休闲农业的发展势必会促进经济发展、带动就业，而且对生态环境保护也有积极作用。因此要将农业的发展思路进行扩展和延伸，努力开发农业的潜在功能，不断优化其产业结构的发展。

于文丽在论文中提到，休闲农业是把农业种植、食品生产加工、农业科技、休闲娱乐、观光度假等多类型活动融为一体，为游客提供欣赏大自然美景、参与农耕播种、享受休闲乐趣的农业旅游活动。

休闲农业和旅游业虽然有相通之处，都具有放松度假等功能，但两者有一定区别。休闲农业除了

满足人们旅游放松的需求外，更加注重游客对农活参与和农情体验的感受，在农耕文化的发展、农业技术应用等方面具有一定的教育功能，所有的休闲活动都是围绕农业展开的。

随着经济的发展、旅游资源的不断开发，休闲农业逐渐显现出自己的优势。休闲农业的功能除基本的农业生产外，还可以促进生态环境的改善。休闲农业的发展既兼顾农业发展，同时也具备其他休闲功能，这也是休闲农业进一步发展的一个良好契机。

大部分的学者认为农业与旅游业相互依存、互为补充、共同进步，呈现一种共存共荣的现象。农业旅游的快速发展势必会带来大量的客流，这对园区内部及园区周边的餐饮、服务、交通运输等也带来一笔相当可观的收益，园区的发展可以有效地促进当地经济的发展，繁荣农村经济建设。

随着城市的快速发展，人们收入逐渐增加，但是生活工作所带来的压力使游客对旅游的需求逐渐增大，对旅游的形式要求也逐渐多样化。休闲农业的发展，让人们可以品尝农家饭菜、体验农事活动、欣赏自然风景，从而缓解心理压力。传统农业主要是农产品生产，休闲农业不仅满足农产品生产的功能，也为人们提供休闲旅游服务。休闲农业的发展体现了农业功能的突破和创新。

潘媛媛在其硕士论文中提到，休闲农业是以农业为基础，以休闲为目的，以服务为手段的农业经营方式，它主要是对农村资源进行合理的开发利用。而游客所需的放松、文娱、参观、健身等多种服务需求也可同时得到满足，这也是其发展建设的重要意义所在。

我国作为一个农业大国，要想促进农业的发展就需要开辟出一条新的发展思路。休闲农业就是其中的发展方式之一，它改变了农业单一种植模式，更有利于促进我国传统农业向现代农业的转变，实现农业的长足发展。

农业和旅游业的结合，形成了新的休闲农业。其自身发展的多样性以及服务功能的全面性吸引着大量游客前来。作为一种新型产业，它的发展建设是存在巨大潜力的。

2.4 国内外研究现状

休闲农业园区是由原来的粮食种植逐渐向观光、休闲、娱乐、教育等功能靠近的综合园区，是农业发展到一定程度的高级形式。

2.4.1 国外研究现状

国外休闲农业起步较早，在16世纪“农业景观最美”逐渐成为流行的思想。1865年，意大利组织建成“农业与旅游全国协会”，休闲农业也由此开始逐步兴起。19世纪50年代后期，休闲农业专业人才涌现，休闲农业作为一种新兴的产业起步，并进入发展阶段。20世纪70年代，逐渐开始在日本和欧洲等发达国家形成了一定产业规模的休闲农业。很多学者都对休闲农业及其相关内容进行了研究，从不同的角度剖析休闲农业的特征、功能、评价体系等，并对其重要作用做了一定的阐述。

Shapley认为，随着社会的发展，部分传统农业慢慢会被休闲农业取代，休闲农业的发展更能提高农民收入，为农民带来更多的就业机会。Walmsley认为，休闲农业的建设发展可以为游客提供休闲的场所，满足人们休闲娱乐的需求，同时促进乡村旅游业的发展。Sonnino认为，休闲农业是指在农业生产劳动的基础上，由园区经营者和家人一起经营为游客提供服务的接待活动。Deborah认为，休闲农业是集农业种植、休闲、度假、娱乐、教育等一体经营活动，让人们更好地体验农业带来的乐趣。

Cecilia Hegarty 在研究休闲农业和乡村旅游发展的重要潜力后认为，其多样性将成为决定园区发展资源是否充足的一个重要保障。

总体而言，国外休闲农业从效益、功能等几个方面进行了研究和讨论，并围绕休闲农业的发展潜力等研究角度进行了一定的研究，已逐步形成较为成熟的理论体系。

2.4.2 国内研究现状

我国休闲农业起步较晚，同国外发展历程相比有一定差距，我国虽说还是发展中国家，但已经具备了发展一定规模休闲经济的能力，并呈现蓬勃发展的趋势。国外的研究可作为我国研究的基础依据，结合中国休闲农业发展特点，形成我国独有的休闲农业发展模式。

我国的现代休闲农业最早兴起于台湾地区，由台北市率先组织茶农规划建设木栅观光茶园。20 世纪 90 年代初，在深圳、上海、浙江等经济发达地区休闲农业园区逐渐发展起来。

目前，我国的休闲农业基本上还是属于家庭式的经营方式，园区规划建设还面临着一些问题，如土地流转、经营模式的改革创新等。在一些较发达的城市已经出现一些综合性较强的休闲农业区，功能设施较为完善，但数量有限，质量也有待提高。

许多人看到了休闲农业的发展希望，积极进行建设发展，但是很多却没有良好的业绩。究其原因，主要是对休闲农业园区的发展还缺乏一定的理论指导；政府部门没有做到正确引导；经营者盲目模仿其他园区，没有特色。因此，对休闲农业园区的发展研究还要结合出现的问题与各地区的实际情况进行更深入的探讨和研究。

2014 年 10 月，第十四届中国农业园区研讨会活动在湖南省成功举办。会议由农业部人力资源开发中心、中国农学会以及当地有关政府部门等联合举办，中国农学会农业科技园区分会负责实施。会议中，200 多名代表围绕“园区和城乡一体化发展，园区建设和新城市化”这一主题进行交流学习。大家各抒己见，纷纷针对农业园区的建设发展献言献策。

在经营者高涨的热情下、在学者的研究讨论下、在政府部门的大力支持下，休闲农业正呈现一个良好的发展态势。而随着休闲农业的快速发展，其提高农民收入、提供就业机会、促进不同产业的相互融合、促进城乡经济发展、对周边村落辐射带动等作用日渐显现出来。

国内外相比较来看，国外最先开展休闲农业研究，研究领域较为宽泛，但也出现滞后于实践的发展状况。国内研究步伐在日渐加快，研究内容较之前变得广泛。尽管如此，在快速发展的同时，国内的研究同样存在一些问题和缺陷，还需要根据实际发展中所反映出来的问题进行完善。

3 研究内容与方法

3.1 研究内容

以现代农业园区的现有状况为基础，以园区的规划设计思想和系统规划设计理论为参考，在已有基础上将理论研究和规划设计相结合，以休闲农业园区的规划设计为重点，从生态、旅游、规划等角度对其进行研究。以林泉生态庄园的规划设计研究为例，以农业园区规划设计的相关理论为参考，结合园区自身的特点，从整体上分析了农业园区的规划体系，内容涉及国内外发展现状、需求、目标定位、园区选址、市场定位、总体布局、专项规划、基础设施建设、经营管理等方面。在休闲农业园区规划体系的基础上，建立休闲农业园区的评价体系，运用 AHP 层次分析法，从经济指标、生态指标、社会指标三个方面对规划设计方案进行研究评价，由此得知园区规划设计是否科学实用及存在问题等。

3.2 研究方法

从目前农业园区规划与建设中存在的问题出发，对农业园区的规划设计与综合评价进行研究，在规划中应该根据不同地区农业生产发展的特点、环境和资源，采用不同的设计模式和方法，研究不同的规划设计方法。拟采用的主要研究方法有理论与实际相结合、定性与定量相结合两种研究方法。

3.2.1 理论与实际相结合

通过对国内外各类园区规划设计中所体现景观设计思想、设计方法、支撑理论等的研究学习，对休闲农业园区的基本概念和发展特性等做相应的论述，从中分析归纳出合理的设计体系。结合相关规划设计项目，研究凤阳周边农业园区、示范园等发展状况，将理论研究与实例分析相结合，真正实现理论联系实际这一研究学习方法，这对进一步研究有着至关重要的作用。

3.2.2 定性与定量相结合

运用层次分析法建立农业园区的规划设计评价指标体系。通过将各因素所能反映的问题，根据主观判断和客观现实进行分层次研究，并进行比较，确定其重要性。利用数学公式确立各个指标的权重，既要确定专家打分是否合理，也要对指标进行一致性检验。针对园区所提供的数据，由于单位及作用的差异，要先进行无量纲化处理，再将权重和无量纲后的指标进行计算分析得出总排序。

4 休闲农业园区规划体系分析

园区的发展以休闲农业园区作为载体，以发展休闲农业为核心，它的发展在一定程度上反映了当地园区发展的基本状况。因此，休闲农业园区规划设计显得尤为重要。

4.1 休闲农业园区规划理论的研究角度

4.1.1 生态角度

休闲农业园区的规划建设一定程度上可以起到改善环境质量、保护自然生态平衡、塑造良好乡村风貌的作用。

休闲农业园区的规划建设可提高人们保护环境的意识。园区的规划建设除了保留传统农业自身的生态性外，还可以让游客亲身感受生态环境保护所带来的舒适环境，感染游客形成良好的保护生态环境的习惯。

王丽华等提出，休闲农业发展要以生态环保观念为前提，只有确立生态循环的发展理念，才能更好地保护环境，促进农业以及农业园区的可持续发展。

休闲农业作为一种绿色生态产业，既可以美化环境、保护生态平衡，而且在提高城市生态环境质量方面发挥着积极的作用。

休闲农业的发展不同于其他旅游资源开发所带来的负面环境影响，休闲农业园区的规划建设是在其原有农业发展的基础上，对其进行规划建设改造，保留其原有的自然生态特征。

4.1.2 旅游角度

旅游越来越被大众所偏爱，这成了人们休闲生活不可缺少的一部分。每逢节假日，人们旅游的热情更是高涨。旅游景点给所在城市带来的经济增长效益更是显而易见的，新闻中对旅游带来的效益的报道更是不胜枚举。新旅游景点的开发受到开发商的关注，更受到政府部门的支持。旅游业已经逐渐成为促进经济发展的重要方面。

然而随着资源的利用开发，旅游环境也出现这样那样的问题，人们对旅游的要求也更倾向于生态旅游，更注重旅游环境的好坏。见惯了人工造景的各类园区，农业园区回归自然、贴近生活的特色逐渐受到广大游客的青睐，人们更愿意体验休闲自在的纯朴生活。

农业与旅游业协同发展，以旅助农，大力发展旅游观光农业，开辟一条农业、休闲、观光、度假的旅游新思路。

4.1.3 规划角度

从规划的角度来说，园区的建设除了保留原有的生态性外，其规划的好坏也影响着园区的发展。人们看腻了城市的高楼林立、车水马龙，农业园区的休闲风光更容易聚拢人心。原始的菜地、果园、农家乐缺乏一定的特色，在每个村落随处可见，不能对游客起到一定的吸引作用。而休闲农业园区的规划设计是将现有的农村资源进行精心的规划整合，使其变成一个具有农业特色的现代化园区。其规划设计主要包括道路设计、景观小品安放、休闲娱乐设施建设等方方面面，道路设计环路让游客不会重复路程，且支路的设计会将指引游客到不同的景观区域，让游客感受移步易景。

作物、水果、蔬菜等有其不同的成熟季节，避免园区受季节的影响，园区的规划设计又显现出其优势，可以将园区进行区域划分，做到四季有景，处处都是放松休闲的好地方。

综上所述，在休闲农业园区的建设发展中，规划设计是不可或缺的研究思考角度，只有对园区进行规划设计的研究，才能形成园区自己所独有的特色，吸引大量的游客观光驻足。

4.2 休闲农业园区规划设计的支撑理论基础

4.2.1 绿色产业理论

目前，绿色消费受到大家的喜爱，其绿色产品的销售也有广泛的市场，一系列绿色产业的发展更是受到人们的关注。究其原因是，在恶劣环境、巨大的生活工作压力以及良好的生态环境下，人们对健康饮食、健康生活的理念越来越重视。而绿色产业理论在利用现代科学技术的基础上，对具有较好优势的绿色资源进行开发利用。支持减少污染或基本不对环境造成污染的产业，积极维护改善生态环境，促进生态环境的健康发展。

绿色产业要想得到好的发展，生态农业的发展是关键。将良好的农业环境与先进的科学技术有机结合，便于绿色农产品的加工销售。在良好的环境、先进技术的支持下，休闲农业才能得到更好的发展。

4.2.2 植物群落学理论

在植物景观的设计安排上，将生态学原理作为指导，以四季常绿植物为主要装饰，保证一定程度的林木覆盖率，并以花卉作为装饰搭配，营造景观的层次感，形成赏心悦目的视觉效果。合理的植物群落安排，还可以起到降噪的效果。

平面绿化设计，注意垂直布景。如园区廊道装饰性相对较弱，可以采用紫藤、葡萄等藤蔓植物作为装饰，遮阴且美观，夏天用处更是明显，体现了人性化的设计；绿化景观结构，在规划设计上可以垂直布景营造绿化景观，如建筑小品、花架、脚手架、亭子等。此外，应尽可能营造一些园林景观，可以尝试扩大绿色空间，也可创建一个三维景观。

按照园区不同功能分区的特性，种植不同类型的树木、花卉等，使园区的景观除了整体层次感和色彩层次感较强外，每个功能分区都有其不同的特色。

充分利用植物改善环境质量的功能，为游客提供健康舒心的园区环境，如丁香、柠檬、茉莉等，它们可以将空气进行消毒，原因是它们可以分泌杀菌素，杀死有害细菌；而白掌、桂花、垂叶榕、常春藤等，能有效吸收大量的苯、三氯乙烯以及吸收烟所产生的烟雾等有害气体。这些健康的植物，若合理地应用于园区内，将给游客带来健康的旅游环境，增加园区的客源。

4.2.3 旅游经济学理论

随着旅游业的大力发展以及其强劲的发展势头，旅游经济学这一新兴学科悄然升起。旅游经济学是一个有机系统的学科，它是指运用经济学的研究方法和研究理论对旅游经济进行系统的研究，其理论性和应用性都较强。

马里奥在《旅游经济讲义》续篇中提到，目前人们对旅游经济学的研究领域还较为狭窄，主要集中在游客人数、游客重访率、游客消费等问题上，此研究对了解旅游活动规律还是具有一定积极作用的。从休闲农业园区的发展看，这些研究可以准确地分析出大部分游客的喜好以及园区在某方面暴露的问题。由此可针对游客的喜好和出现的问题进行整改，使其更被大众所接受。

4.2.4 景观生态学理论

景观生态学是生态学一个新的分支。它主要是研究不同的景观所组成的生态系统是否合理，每个景观之间是否可以相互协调。

运用景观生态学的相关理论，改变传统农业单一的生产方式，保留农业生产的发展特性外融入旅游景观的设计利用，形成具有特色的农业景观。

休闲农业园区是农业景观发展到一定程度所呈现出来的一种形态。它以景观生态学理论为指导，从生态、景观、空间布局等方面入手，构建人、文、自然相统一的生态格局。运用景观设计的方式方法，在园区中融入自然风光、人文风俗，提升休闲农业园区的品位与地位。

4.2.5 农业循环经济学理论

马世骏、叶谦吉曾提出把华夏传统农业的精髓与现代先进的农业技术进行结合，建设具有中国特色的农业可持续发展模式。

史云等提倡休闲农业发展必须坚持低碳原则，减少碳源，增加碳汇，坚持因地制宜和可持续发展相协调。

发展循环农业，是对农业的发展方式进行调整，促进经济发展的同时也维护农业的健康发展。发展循环农业对提升现代农业发展质量，拓宽农业发展思路，发展节约友好型社会的意义重大。

发展循环农业，首先要坚持以人为本，并从根源上减轻农业污染，这是维护农业健康发展的根本途径，在实现农业持续发展的基础上，加强对农村可持续发展的管理监督力度。

农业循环经济的优点是高技术、高循环、高效率、低投入，因此循环经济的发展模式应用度也越来越高。

4.3 休闲农业园区规划设计

4.3.1 规划原则

（1）因地制宜，科学规划

园区所在地都有其不同的地形地貌和土壤资源等，因此要根据园区所在地的特征因地制宜规划，以便将资源充分利用，建造特色的园区。基于农业资源的地方特色，坚持全面协调的可持续发展战略，在保护农业资源和农业生态环境的基础上，以突出园区特色为重点，对园区进行科学的规划设计，并开发新的产业链促进园区发展。

（2）市场导向，优化开发

发展园区特色农产品，创建品牌。参照政府确立的发展方向以及市场导向，产品的设计要被市场和游客所喜爱，以此来增强园区的综合竞争力。园区要根据当地的农业资源条件和园区自身优势，对产品进行不同的包装和宣传，形成园区独特的产业，创造园区自己的旅游产品，这才是独一无二，不可被模仿的。

（3）突出特色，塑造形象

深度挖掘园区存在的优势，因地制宜地进行规划设计，树立园区的发展特色。对此，先塑造发展形象，如“远看是农园、近看是花园、走进是乐园”。农园就要形成规模化种植，除观赏作用外也要体现农业特色；花园就需要对园区进行景观造景，使植物色彩丰富且错落有致，层次感强；乐园是发展园区的休闲娱乐项目。

（4）整合经济，产业富民

通过对园区进行规划设计，改变传统的农业生产方式。通过对农业资源的综合利用，对风土人情的挖掘，以及先进农业技术的引进，形成以农业为基础、以科技为依托、以风土人情为文化背景、以田园风光为亮点的休闲农业园区。通过园区的发展，带动农民就业，促进农业经济收入，发展乡村旅游业，以此带动周边产业的大力发展。

（5）循序渐进，协调发展

园区的规划建设要循序渐进，有计划地分期进行建设。在建设过程中出现问题要及时纠正，投资资金合理利用，避免资金浪费和分配不均。在施工过程中做到统筹协调且对资源的利用也要注重循环再生原则，合理利用资源，做到园区的协调发展。

（6）科技示范，辐射带动

因地制宜设置农业科技示范区、休闲观光区和科普教育基地等，打造科技支撑有力、辐射带动强劲、地方特色鲜明、自然环境优美的现代休闲农业园区，为乡村建设提供新模式。

4.3.2 园区选址

第一，园区的区位选择是影响园区建设发展的一个首要问题。园区距离城市的距离，是决定园区客流量的一个重要因素。园区在城市近郊，对城市的居民来说路程短，自驾游更为方便；而园区位置距离城市过远会影响游客的选择，毕竟游客不愿意将时间过多的浪费在路途上。此外，园区位置距离城市较近，也便于新鲜产品及时销售，不会因路途的遥远颠簸导致蔬菜瓜果食品变质。

第二，园区周边的交通状况也是影响园区发展的一个因素。园区周边交通方便，路况较好，一方面便于游客的驱车驾驶，另一方面四通八达的路网有利于园区特色产品对外运输和销售。

第三，园区周边自然资源。一定的地形优势、良好的土地状况、充足的水资源都是决定园区发展的先天性优势。气候温和、雨量适中、日照充足等是保证园区农业生产不可或缺的自然条件。

第四，区域环境状况。规划区域内需要保证环境优美，无工业三废污染，适宜生产现代化的安全的农副产品。

4.3.3 园区定位

对园区的整体情况进行调查分析后，确定园区的定位，包括其发展定位、市场定位、功能定位等。

发展定位是对园区建设的初步设想，集思广益提出建设发展思路。从自然生态、农业生产、科学教育、艺术、环境、旅游六个基础方面对园区进行相应的发展思路发散，树立休闲农业园区的发展特色，并对园区有机农产品的销售制定相应的发展方案，确立一个综合的建设发展计划。

根据当地的实际情况确立能辐射的周边市场，营造适当的经济圈，分为核心市场、拓展市场、机会市场。核心市场是园区周边旅途较短的休闲市场；拓展市场是园区所在省内的旅游度假市场；机会市场是面向全国的度假市场以及参观访问群体等。

休闲农业园区的规划中，功能定位的确立是十分重要的。基于园区的主要功能，合理的对园区进行规划。确立不同的功能分区，使每个功能分区协调配套且具有独有的特色。

4.3.4 总体布局

园区的总体布局要根据园区的地理条件、区位优势、自然资源等现状进行功能分区的划分，各区域间相互协调、互为补充，合理利用土地、水源等资源。

在园区外围及园区主要游览道路旁，按从低到高的种植原则种植樱花、香樟、枫树等较为高大美观的树木，除了遮阴外可形成一道天然屏障，对园区外围不良景观进行遮挡。园区内部设计时除保留传统粮食作物生产种植外，发展特色蔬菜种植、瓜果采摘、花卉苗木育苗等产业，合理利用现有土地资源，提高土地产出效益的同时兼具休闲娱乐功能。

在园区总体布局规划设计时，道路整体规划必不可少。道路设计是要合理地贯穿于各功能分区，引导游客游览不同的景观外，要避免道路的重复给游客带来体力上的消耗。在道路的设计上，可根据不同地形地貌设计出不同的道路形象，使园区的总体布局更加生动。在主要道路上，根据区域特征设计不同的景观视景点，避免景点过于集中，从而避免游客在某一地点过度集中。

因此，功能分区和道路设计是规划时优先考虑的两个问题，这也是确立园区总体布局的两个重要因素。在此基础上对各个区域进行细致的细节设计，将主要的建筑位置确定后，对各个区域进行绿化造景，营造“点聚成线，线连成面”的绿化系统。

（1）景观节“点”。“点”的规划设计主要是围绕建筑周边进行绿化，结合建筑特色和周围环境种植合适的苗木，形成良好的景观效果，如玻璃花房的建设，规划时要兼顾自然环境和建筑自身特色，突出花房的特色，旨在营造宁静、清幽、秀美的生态环境。植物选择上考虑观赏型果树、保健树种和部分花卉，如樱花、枇杷、栀子花等香花树种。

（2）景观轴“线”。“线”是指在园区主次道路两侧形成的景观轴线。在道路两侧立体种植银杏、枫树、樱花等树木，将其设计为生态走廊，起遮荫作用。次干道的路边种植特色的花灌木和地被植物，如杜鹃、迎春、野蔷薇等花灌木及紫花地丁、蒲公英等果园常见地被植物，形成花叶烂漫、果林飘香的观光步道。

（3）形成平“面”。“面”由“点”和“线”组合而成。将园区的各景观节“点”进行精心点缀，利用园区道路串联成“线”，点线相连形成景观平面，打造“点聚成线，线连成面”的绿化系统。

休闲农业园区总体布局设计要在保留农业自然特色的同时，与城市生活形成良好的对接，形成“可览、可游、可居”的环境景观，构建一个城市、郊区、田间三方协调的空间休闲系统。

4.3.5 专项规划

专项规划是根据园区景观与游客的普遍需求所设计的休闲娱乐项目，主要包括衣、食、游、购、住等方面。衣，当地特色服饰，让游客更好地融入园区的特色环境；食，绿色健康饮食，根据不同园区风格设计生态餐厅或者农家乐等，给游客提供新鲜绿色的食物；游，游览游玩，按照主要景观路线游玩，不同功能分区内根据园区特色设置不同的游览主题；购，购物，园区设有当地特产销售展示中心，还有当季新鲜蔬菜瓜果的销售；住，住宿，针对大型的休闲园区，为游客设置住宿场所，现代化旅店或是农家屋等。

专项规划还根据园区具备的特色，设计不同的娱乐活动。例如，展销中心进行书画比赛；景观林道举行生态婚礼；花卉苗木区举行童年写生；缤纷果林区举办采摘节等活动。

4.3.6 基础设施建设

在园区的基础建设主要包括水、电、路、网四个主要工程，保障园区道路通畅、运输便捷、给排水渠道流畅、用电方便、网络配套。

水——给排水，建立园区内部给水管网系统，并对雨水进行集中收集。排水的设计要避免对园区和周围环境造成污染，做到污水集中处理。

电——供电，线路应尽量短直，少穿越园区道路，减少与其他线路等障碍的交叉跨越，便于铺设及维护。

路——交通运输，主要分为生产线路和旅游线路，并将园区划分成形式不同、大小不一的空间。

网——网络，网络主要是满足日常办公和园区公共服务设施，以及园区对外网络销售的需要。

4.3.7 经营者管理

园区发展得好坏和经营者的管理能力密不可分，管理者需要管别人，通过团队工作实现目标。一个优秀的管理者首先要具备良好的道德文化素质，除了领导员工还要为员工起到表率作用；其次，要学会积极学习接受新的发展思路，对园区的发展建设有其独到的见解；最后，还要广纳贤才，大家齐心协力为园区的发展共同努力。

5 规划实证

林泉生态庄园位于临泉县单桥镇，是临泉单桥省级现代农业示范区核心区，规划面积为940亩。

以科学发展观为指导，以农业规模化经营、品牌化运作为支撑，秉持“绿色、生态、循环”现代农业规划理念。园区以“富硒葡萄”为主导产业，开发“生态度假村”“葡萄文化博物馆”等休闲场所，满足市民休闲、娱乐、养生的需求。

园区通过规划、各景点相互协调，形成特色鲜明的景观布局。同时根据季节转换，套种不同种类的树木花卉，创造“春花烂漫、夏荫浓郁、秋色绚丽、冬景苍翠”的观光效果，使得游客一年四季都能游园赏景，领略自然风光和田园野趣，享受浪漫休闲生活。

园区规划通过政府政策支持、科技植入等方式，打造国内知名农业科技示范园、农业休闲旅游示范基地，成为全省领先的“精品乡村旅游”示范区，促进安徽省乃至全国生态休闲农业建设。

5.1　林泉生态庄园概况

5.1.1　区域现状调查

（1）区位及交通状况

园区地处阜阳市临泉县单桥镇，临近县城，靠近市区，紧依阜新高速公路入口，交通便利，地理位置十分优越（见图4.5.1）。

（2）自然资源现状

① 地形地貌：临泉县位于皖北地区，地域属淮北平原，地下水丰富且为中性偏碱性淡水，是很好的生活和灌溉用水，此种水质对农业的生产种植较为有利。

林泉生态庄园总面积1218亩，园区西北高东南低，但海拔差距较小，整体看来地势较为平坦。其地形地貌适宜农业的发展，利于园区的规划设计。

② 土壤状况：该地区土质酸碱性适合植物生长，而且砂浆黑土的保肥力较强。

③ 水资源状况：临泉县境内有泉河、润河、流鞍河、界南河、临艾河等河流，水资源比较丰富。

④ 气候条件：属大陆性暖温带半湿润季风气候区，四季分明，气候温和，雨量适中，日照充足。

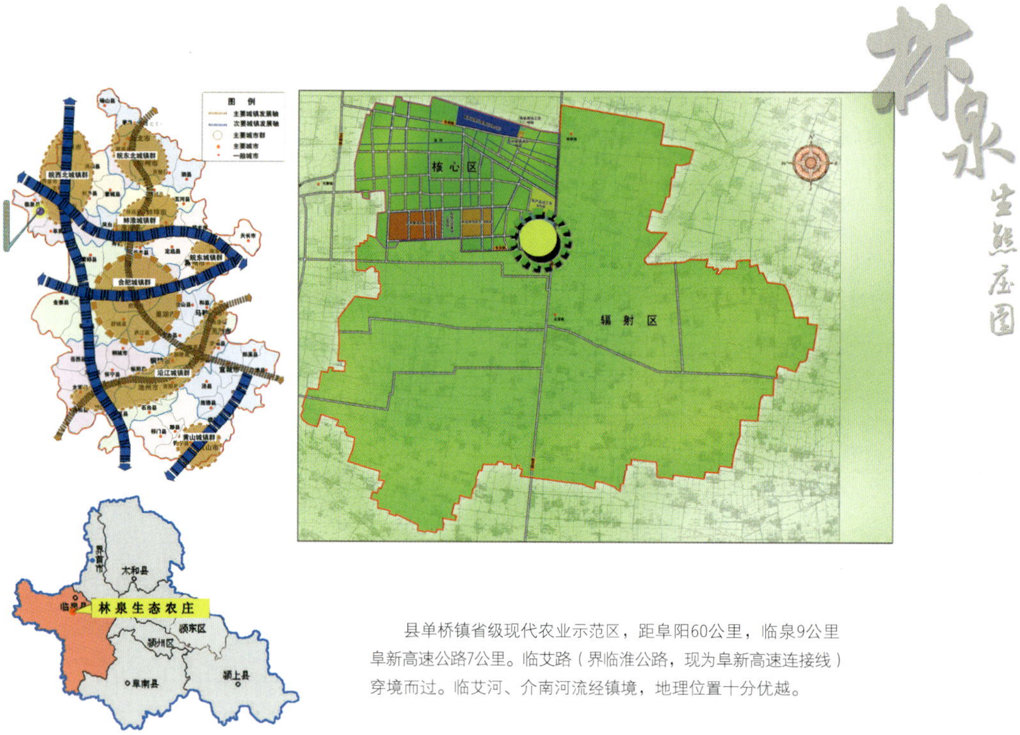

图 4.5.1　区位图

春寒而多雨，冬干而少雪，夏热而雨水充足，秋高而天气晴朗。

（3）土地利用现状

园区目前用地主要为耕地、园地、林地、道路交通用地及水域（见图 4.5.2）。

图 4.5.2　项目现状图

5.1.2 现状分析评价

（1）有利条件

园区周边交通便捷，具有较为明显的区位优越。

规划区内水资源充足，水质较为干净没有污染，土地肥沃，为植物的种植提供了良好的生长基础。气候宜人，适宜休闲农业的发展。

（2）存在问题

现阶段，各类农业园区逐渐发展起来。园区数量虽有增加，但园区内娱乐项目、休闲景观等没有特色，规划设计千篇一律，园区存在被同化的可能。

园区现已经铺设出简单的水泥路，但道路功能设计不合理，形式设计不美观。导致游览路线不明朗、运输道路不明确，道路系统较为混乱。

园区内没有建筑，相应的配套服务还不够完善。现在规模是1218亩，除葡萄种植外没有其他项目，因此经济效益会受到影响。

产业单一，各产业之间相关联系少，园区资源不能高效整合，经济效益不高；科技研发能力薄弱，对葡萄种植示范区的科技研发提出了难题。

5.2 定位、策略及目标

5.2.1 发展定位

把林泉生态庄园打造以富硒葡萄为主，农业种植为辅，集科技示范、休闲娱乐、餐饮住宿、会议接待等多功能于一体的综合性园区。

5.2.2 市场定位

“立足阜阳，拓展周边，辐射全省”（见图4.5.3）

一级市场（核心市场）：阜阳市及其周边三小时车程的休闲市场；

二级市场（拓展市场）：皖北地区自驾游客度假市场；

三级市场（机会市场）：安徽省休闲度假游客市场，以及各类参观访问群体。

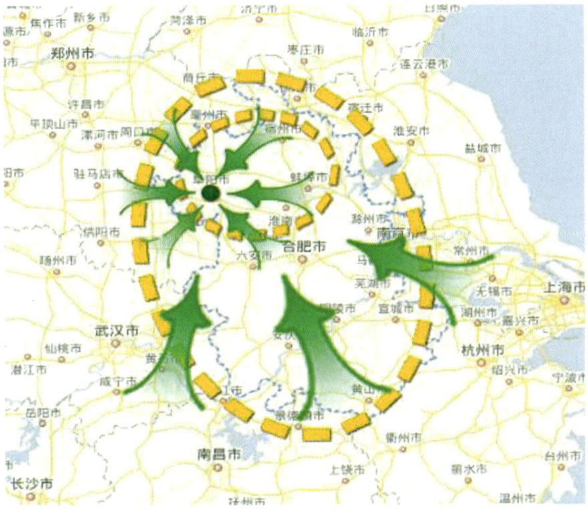

图4.5.3 周边市场

5.2.3 发展策略

亲近自然。园区建设发展要突出自然美、生态美，达到人与自然和谐，更好地体现游览观光这一功能。因此，园区的景观设计灵感要来源自然，取材自然，减少人工造景，为游客提供一个舒适的游玩环境。

从原始生态、科普教育、艺术氛围、休闲度假等方面进行设计，最大限度地使农业生产科技化、园区环境自然化、农耕文化全面化、园区建设现代化。

将土地资源进行整合，提高土地利用率，提升单位产值，增加经济收益。在改善园区生态环境的基础上，充分运用现代化技术，走出一条生态环境好、科技含量高的良性发展道路。

5.2.4 发展目标

园区将通过自身努力和政策扶持，大力发展休闲农业，将林泉生态庄园“一厅、一网、两带、两区、三园”的设计模式进行推广，使其成为其他园区学习的典范。随着园区的发展，将其打造成皖北地区农业科技示范基地、省内优秀休闲农业园区，并逐步打造成安徽省城乡融合、共同发展的城郊农业开发模式典范（见图 4.5.4）。

5.3 总体布局

5.3.1 布局原则

（1）因地制宜，突出重点

园区要在考虑各功能分区基础条件的前提下进行整体设计、因地制宜、因势利导、统筹协调，合理安排。各功能区做到主题明朗，主次有序，配套设施完善，综合体现出新理念的设计和运用、新品种的研发和推广、新技术的集成和示范。

（2）生态高效，统筹布局

休闲农业的发展要以环境保护为前提，以可持续发展为指导，借鉴引用循环经济发展模式，以保护为主，开发为辅，使得经济效益最大化，达到经济、社会和生态效益的和谐统一。

（3）拓展产业，协调发展

在园区原有单一种植的基础上，积极发展农产品存储、保鲜、深加工等产业，增加农产品的附加值。产销购一体化，延长产业链，拓展二、三产业，实现一、二、三产业协调发展。

5.3.2 总体布局

整个庄园的空间布局为“一轴、一线、六区、两入口”（见图 4.5.5）。

（1）一轴：景观主轴，此景观路线贯穿园区的东西，连接着各功能分区。

（2）一线：旅游路线观光带，是嵌入各功能区的景观路线，外形似展翅待飞的凤鸟，在园区形成环形路线，引导游客到达园区各景点。

（3）六区：

入口接待服务区：主要有生态大门、滨水景观带、生态停车场，彩虹苗圃等景观（见图 4.5.6 和图 4.5.7）。

图4.5.4 整体鸟瞰图

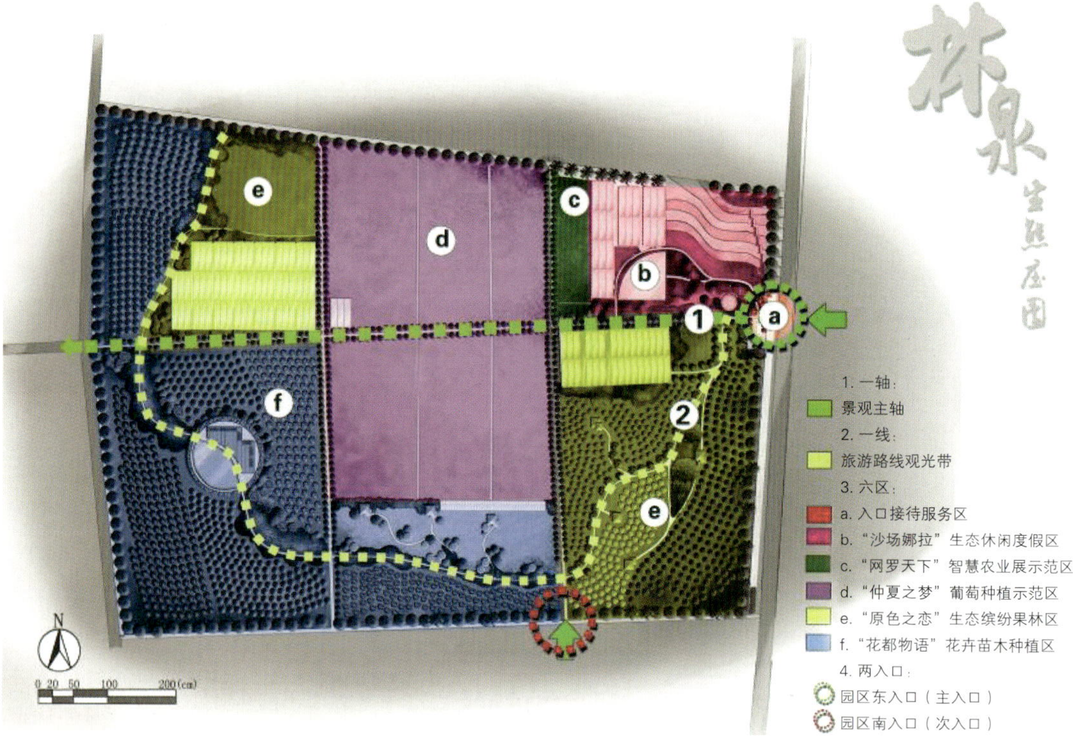

图 4.5.5　空间结构图

图 4.5.6　入口大门

“沙扬娜拉”生态休闲度假区：游客们在忙碌之后、休闲之余，来到生态庄园，观赏、采摘、野炊，然后到生态休闲度假区享受午后的甜点、傍晚的夕阳；茶语清心，廊桥遗梦；对着一天的劳累，一天的回忆，轻轻地说声，“沙扬娜拉”。该区主要建设生态餐厅、度假木屋、文化长廊、音乐休闲吧、DIY 工坊等。

“仲夏之梦”葡萄种植示范区：仲夏的葡萄，是甜中带酸，酸中有甜，游客们在葡萄文化主题区，采摘满意的葡萄，品尝酸甜的初恋味道。取自于莎士比亚的爱情喜剧“仲夏夜之梦”，也寓意品尝美味

1.园区主入口
2.生态餐厅
3.儿童游乐区
4.彩虹花海
5.特色蔬菜温室
6.物联网展示区
7.山茶、冬枣温室
8.黄桃种植区
9.石榴种植区
10.晚秋黄梨种植区
11.葡萄博物馆、地下酒窖
12.葡萄种植示范区
13.葡萄新品种引进示范区
14.特色葡萄种植示范区
15.葡萄高新技术种植示范区
16.珍贵花卉温室
17.薰衣草种植区
18.花卉种植区
19.乔木育苗区
20.育苗技术展示温室
21.观景休息区
22.灌木育苗区
23.蓝莓、草莓温室
24.瓜果种植区
25.苗木成苗区
26.园区次入口
N
0 20 50 100 200（m）

图4.5.7　总平面图

葡萄的每一对情侣和爱人，愿有情人终成眷属。该区主要建设葡萄新品种引种、新技术示范，红酒工坊、地下酒窖，富硒葡萄及其他水果种植、采摘、品尝等。

“原色之恋”生态缤纷果林区：让游客体验到幸福的感觉，幸福的人看什么颜色都是幸福的，而无论是“赤橙黄绿青蓝紫”都是由三原色组成，游客与自己的恋人、爱人、亲人漫步在由三原色组成的缤纷果林区时，一边观赏缤纷的色彩，一边感受浓浓的幸福味道。该区前期主要种植春雪桃、冬枣、核桃等，后期开发草莓、西瓜种植基地。

“花都物语”花卉苗木种植区：每一朵花都有自己的语言，每一个人都有自己的爱情，你的爱情是什么样的花，你的爱情是什么样的语言，花都物语，寻找一朵属于你的爱情的花。该区培育和种植珍稀花草和绿化盆景等。

“网罗天下”智慧农业展示范区：以物联网平台技术为载体，构造智慧庄园。

(4) 两入口：园区有东、南两个方向的入口，其中，东入口是园区的主入口，主要是游客入口，南入口则是生产运输的入口。

5.3.3 分区规划

(1) 入口接待服务区

入口接待服务区位于庄园东部主入口，是观光农业的名片，游客借此形成对整个庄园的初步印象。该区规划面积 5.45 亩。规划内容包括园区的入口广场、大门以及滨水景观带的设计，既要融合园区自然景观又要凸显文化特色，让游客耳目一新。本区种植不同颜色的长寿花，通过鲜花颜色与品种套种，形成“彩虹落人间”景观。入口左侧建设生态停车场等。

(2) 生态休闲度假区

生态休闲度假区以生态餐厅为主，集餐饮、休闲、住宿、会议等为一体的综合服务区，其面积为 5.44 亩。生态餐厅东临文化长廊，长廊内展示园区的主要景观和特色瓜果蔬菜，以及相应的农耕文化。配有讲解员，让游客边游边学，在园区得到快乐也收获知识。生态餐厅周边草地上建设儿童健身游乐设施，供孩子玩耍。

(3) 葡萄种植示范区

特色葡萄生态种植是项目建设的核心，位于园区中心位置，占地面积为 234.63 亩。主要包括葡萄种植示范区 103.01 亩、高新技术种植区 36.55 亩、特色葡萄种植示范区 49.84 亩、新品种引进种植示范区 45.04 亩等四个区域，同时还建设有储藏保鲜室、地下酒窖和品酒楼 0.19 亩。能够为游客提供葡萄知识科普、品尝和鉴定葡萄酒、学习葡萄种植技术等，重点打造和宣传以“富硒葡萄”为特色的文化品牌。

(4) 生态缤纷果林区

生态缤纷果林区规划面积 250.83 亩。规划前期在园区东南部，临近入口区位置，种植各类水果，主要品种包括春雪桃、冬枣等。西北部修建 20.51 亩的玻璃温室大棚，种植冬枣、山茶花等，利用果树花期果实成熟期的不同，延长果林区的游玩期。规划后期在庄园西北部修建温室大棚 87.15 亩种植草莓、蓝莓、西瓜、圣女果等。园区入口左侧建立生态停车场、农家院，周围增加娱乐健身设施。

该区中的休闲采摘区是在果实成熟季节，供游客自由采摘、体验农园劳动的休闲活动场所，让游客不仅能够愉悦身心，而且能够品尝新鲜的果蔬。大棚种植使得游客在冬天享受田园乐趣。另外，该区农产品还通过对外销售，为园区带来经济效益。

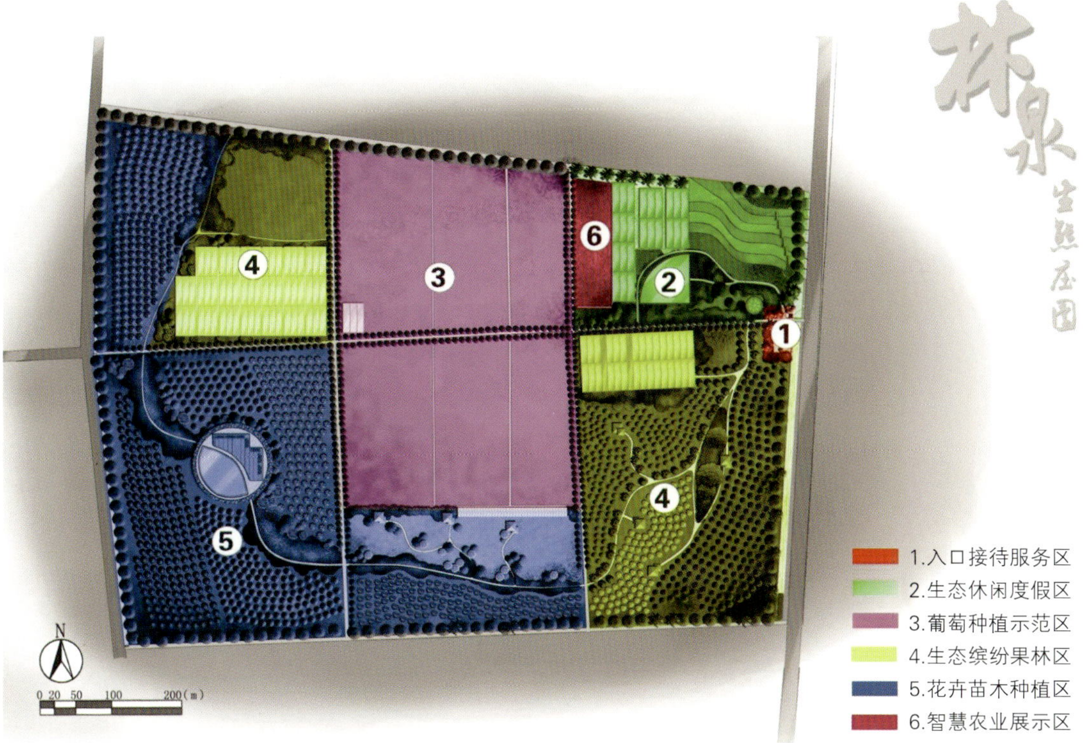

图 4.5.8　功能分区图

（5）花卉苗木种植区

花卉苗木种植区规划面积 428.36 亩，主要位于园区西南部。该区分为 338.25 亩花卉种植区、3.69 亩珍贵花卉盆景温室及 86.42 亩苗木种植区，主要为市场需求量大、经济价值高的花卉苗木，不同种花卉苗木成带状培育，利用其色彩和高度的差异，形成多彩景观带，营造出“彩虹落人间”的视觉效果；彩虹花圃区套种软籽石榴，增加经济效益。同时，通过实行林下生态养殖，进一步提高经济和环境效益。此外在园区西北部预留一块场地种植草坪，为园区后续开发提供空间。

（6）智慧农业展示区

智慧农业展示区临近休闲度假区，规划面积 14.90 亩。该区主要以物联网平台技术为载体，构建智慧庄园。通过现代科学技术，对园区瓜果蔬菜的生产、加工及运输等环节进行控制管理。保障庄园农产品质量及安全，维护消费者权益，赢得公众信赖，有利于园区的“生态”品牌推广。

5.4　专项规划

5.4.1　重点产品设计

项目重点产品有一厅、一网、两带、两区、三园。

（1）一厅：生态餐厅（见图 4.5.9）

将简洁古朴的农家装潢与现代科技大棚设施等结合起来，运用生态学和景观学原理进行花卉摆放和苗木种植等，营造生态健康餐饮理念。生态餐厅所有食材都来源于园区生态、无公害种养殖区的产品。生态餐厅还为游客提供会议、住宿和养生等服务。

图 4.5.9　生态餐厅

（2）一网：物联网

以物联网技术平台为支撑，建设智慧庄园。通过现代科学技术的应用，对园区瓜果蔬菜的生产、加工及运输等环节进行数字化的控制管理，并为游客创造一个可供查询的平台。在多方协作下努力提升园区有机农产品的质量标准，让广大游客品尝购买到放心的瓜果蔬菜。

（3）两带：休闲观光带、主题园林带（见图 4.5.10）

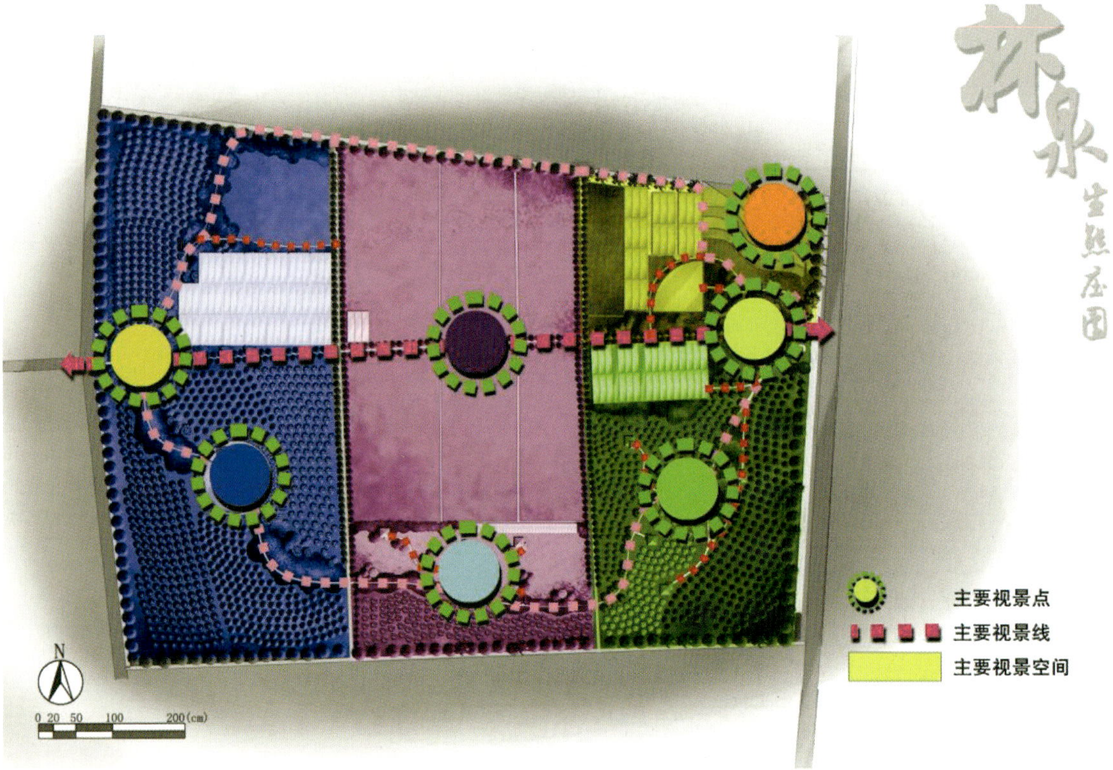

图 4.5.10　视景分析图

① 休闲观光带（沿旅游路线）

涵盖园区观光路线两侧区域，是景观规划核心。旅游路线形似振翅欲飞的凤鸟，其羽翼和尾羽镶嵌在整个庄园，形成环形路线，引导游客游览园区美景。

在休闲观光带设有生态文化长廊，利用不同的植物花卉组合，给游客一种“移步易景”的视觉感受。

② 主题园林带（沿交通主干道）

园区有一条交通主干道，横贯东西。园区规划沿交通主干道，建设“主题园林”带，如“葡萄文化主题园”“果蔬采摘园”“彩虹苑”等“园中园”。在道路路牙边，种植套种景观花卉、苗木，如红枫，银杏，垂柳、美人蕉等。春天银杏葱翠，夏天绿柳成荫，秋天红枫艳艳。路边设有木质亭台楼阁、景观小品供游客休憩、娱乐。

（4）两区：高科技种植实验区、新品种引种培育区

① 高科技种植实验区

主要栽培技术：

a. 日光温室葡萄栽培技术

在温室大棚培育葡萄，便于提高葡萄日照时间和控制田间湿度，还能够有效防治病虫害，提高葡萄品质。

b. 葡萄嫁接技术

嫁接技术具有成本低、培育快等优点，园区在进行传统嫁接培育的同时，积极探索 SO_4 砧木嫁接技术。

c. 有机葡萄种植技术

生态农庄挖掘自身优势、明确发展方向，研究推广有机葡萄技术，努力打造农产品名优品牌。

d. 农业物联网技术

物联网技术的引入可以实现对大棚温度、湿度等的实时控制。根据相应的种植环境要求，通过电脑、手机进行控制灌溉，同时在大棚内安装移动视频监控，管理者可以随时观察大棚内情况。

② 新品种引种培育区

优良品种：夏黑葡萄、京亚葡萄、红乳葡萄、京秀葡萄（见图 4. 5. 11）。

图 4. 5. 11　夏黑葡萄、京亚葡萄、红乳葡萄、京秀葡萄

（5）三园：葡萄文化主题园、鲜果乐园、彩虹花海

① 葡萄文化主题园

葡萄文化主题园作为园区的主打特色，主要包括葡萄种植示范区、高新技术种植示范区、新品种引进示范区、特色葡萄种植示范区、地下酒窖等。葡萄主题园的建设让游客在体验采摘的同时了解葡萄文化、葡萄酒文化并体验葡萄酒的酿造。

② 鲜果乐园

鲜果乐园特指园区果树种植区和温室大棚。它以富硒葡萄种植为主，其他果树种植为辅，多样化果蔬种植，四季不间断的水果采摘，打造一个真正的农家果蔬采摘乐园。香甜可口的水果，一部分供游客采摘，另一部分销售到超市。果园内设大理石桌椅，供游人休憩。

③ 彩虹花海

在庄园入口，利用花卉品种色泽的差异，设计划分区块，形成“赤、橙、黄、绿、青、蓝、紫”等条状视觉效果。同时，在“彩虹”上建设曲折的廊道，为游客提供不同的视觉观看点。

5.4.2 活动策划

葡萄节：每年葡萄成熟期，举办葡萄采摘节，吸引游客参与，并推广销售葡萄，增加园区经济效益。

葡萄酒节：酿制葡萄酒，并建设高标准酒窖，储存世界各地著名葡萄酒，策划综合娱乐等节目。为开发高端市场，每年举办适当规模的品酒大会，吸引政、商等名流，宣传富硒葡萄酒，扩大企业品牌影响。

葡萄酿酒体验：游客自己采摘葡萄，亲自参与葡萄酒的酿制，感受自己动手制作美酒的快乐。

兰亭诗会：定期举办诗会，邀请著名书画家和诗人出席，诗会内容包括诗词创作、书画现场秀等多项文化活动，在娱乐的同时传承传统文化、渲染文化氛围。

童年写生：生活在钢筋水泥浇筑的城市里的青少年儿童，渴望亲近大自然，他们的童年需要“原始的绿色”。定期举办“童年写生竞赛”，培养少年的环保意识，陶冶他们的情操。

DIY 纪念品：园区的木质小屋陈列有 DIY 的基本工具和材料，供游客选用，自制纪念品如树叶做的书签等。

生态婚礼：对整天沉浸在都市喧闹的人们来说，在美丽的生态农庄举行婚礼是难忘的人生回忆。利用生态庄园得天独厚的自然景色，合理搭配流行元素，为新人提供个性化的婚礼。新人也可在园区采景，拍摄唯美婚纱照。

5.4.3 营销策略

葡萄的种类繁多，虽口感各有不同，但营养价值都极高，尤其富硒葡萄更是深受人们的喜爱。硒元素具有抗氧化、延缓衰老、防治心血管疾病等多种功能，食用富硒葡萄对身体有着很多好处，葡萄酒也可促进人体对铁的吸收。

除葡萄外，不同季节园区还有各类生态果蔬供大家选购，如冬枣、山楂、石榴、黄瓜、圣女果等。

（1）营销模式

直销、电子商务销售。

（2）销售方案

① 富硒葡萄

销售方案一：游客自主采摘，园区以优惠价销售。

销售方案二：与超市对接，批发销售新鲜葡萄。

② 葡萄酒

销售方案一：成立林泉葡萄酒收藏家俱乐部，实行会员优惠制度，游客可以会员价购买优质葡萄酒。

销售方案二：与高档餐厅、KTV 以及大型超市合作，借助公共平台销售。

③ 生态水果

销售方案一：面向游客，直接销售。

销售方案二：与超市、专卖店对接，批发销售。

5.5 基础设施建设

5.5.1 道路交通系统（见图 4.5.12 和图 4.5.13）

出入口设置：庄园共设置两个出入口：一个是游客出入口，另一个是生产性出入口。游客入口位于庄园东部，与临艾路相连。生产性出入口位于庄园西部，与花卉、苗木种植区相连接。

主干道：路宽 6 米，长约 1020 米，设置车行道和人行道，路边设绿化带。主干道可以满足小型轿车等车辆交通需求，是游客游览庄园和农业生产运输车辆行驶的主要道路。主干道能为庄园内各功能区提供联系，与庄园各出入口相连。

次干道：路宽 4 米，长约 3200 米，主要为了满足内部交通循环和农业运输的需求。次干道作为园区的基本交通网络，游客能够由次干道自由抵达各景点。

支路：路宽 2 米，总长度 1200 米，为庄园各景点连接道路，同时方便农业生产经营。

停车场：位于园区主入口左侧，地面铺装采用嵌草铺转，间隔 3 米种植高大植物，除了能优化停车场环境，有了树木的遮阴夏天进入车内将不会有闷热感，也体现了人性化的设计。

交通转换与组织：为体现庄园的生态、环保原则，除农业生产需求外，游客需步行或骑自行车、电瓶车进入庄园道路系统，在各景点观光游览。

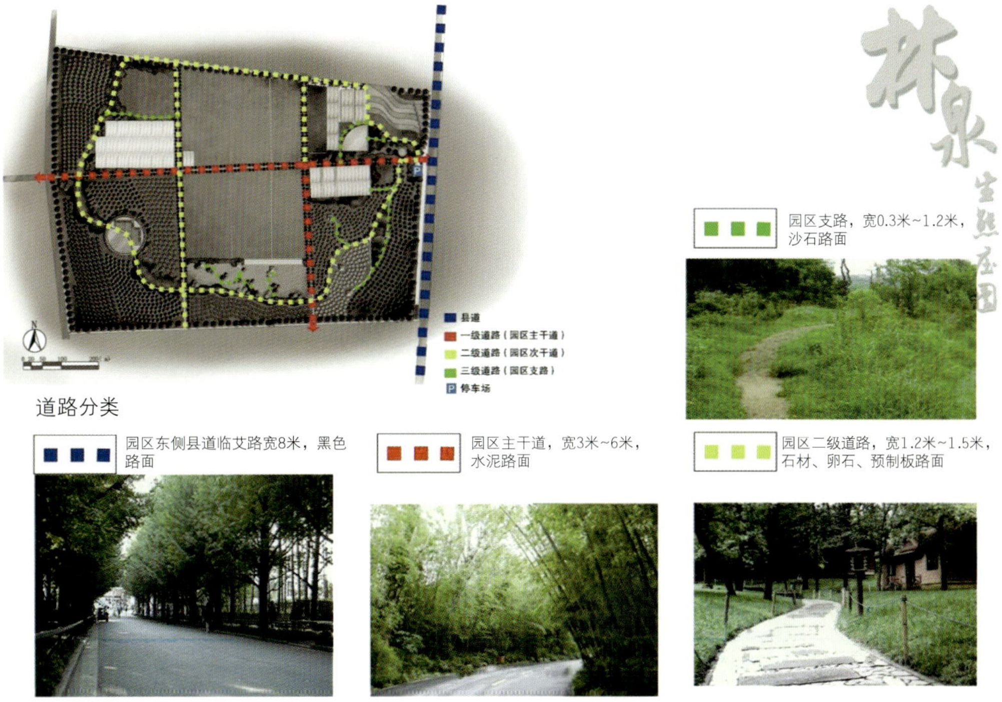

图 4.5.12 交通分析图一

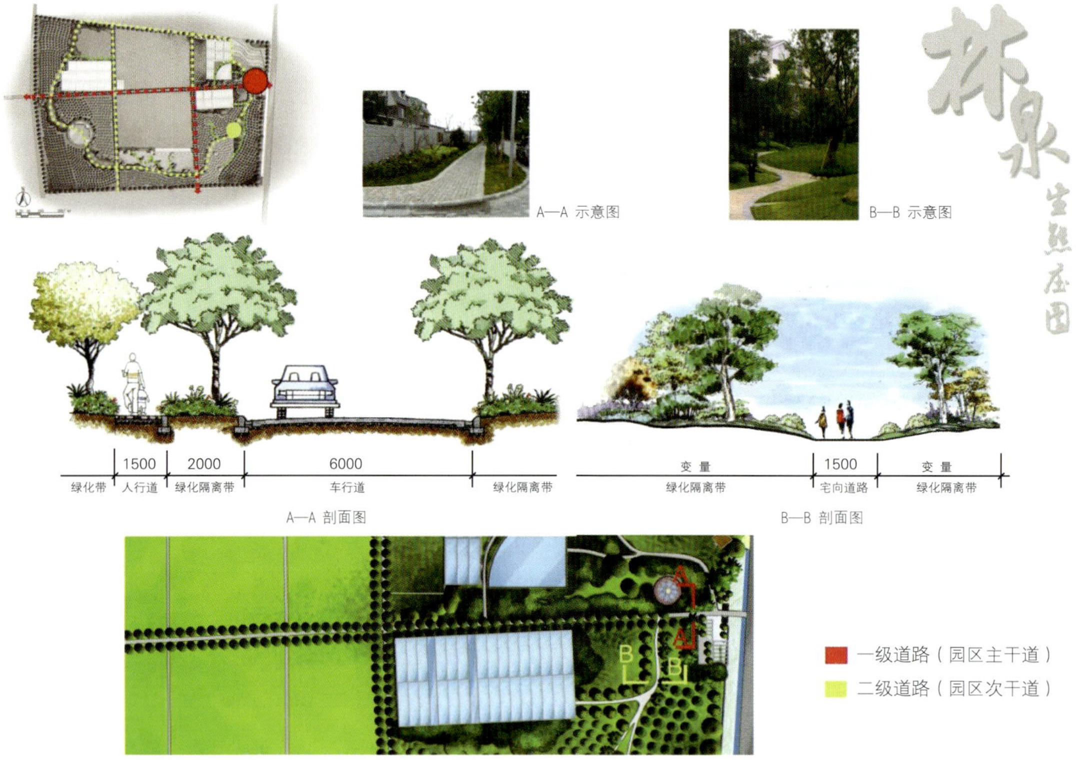

图 4.5.13　交通分析图二——道路剖面图（单位：毫米）

5.5.2　灌溉方式

为节约水资源，提高利用率，降低成本，因此要根据不同作物习性和土地现状，选择最优的灌溉方式。

葡萄种植区采用低压管道输水；蔬菜种植区、花卉区采用喷灌；温室大棚采用滴灌方式并配合测土配方施肥技术。采用不同的灌溉方式，既起到节水的目的，同时又符合植物的生长习性，起到增收的目的。

5.5.3　给排水工程

(1) 给水工程规划

① 水源地选取

园区的用水水源主要是地下水。

② 给水系统规划

建立园区的内部给水系统。园区主要水源为地下水，机井的建设必不可少。室内给水管采用 DN32 入户，DN25 的管连接各个用水房间。

(2) 排水工程规划

园区排水系统采用雨污分流制。生活污水集中进行处理，雨水分片收集排入排水渠。

5.5.4　电力工程

规划用地范围内电力线路均要求采用地下电缆铺设，尽量位于无人工铺装的地下，便于管理。

5.5.5 电信工程

分别在办公区和生态餐厅设置固定电话。通信线路均采用管道埋地铺设，既安全又美观。

5.5.6 有线电视工程

有线电视网络主要满足庄园办公及公共服务设施需求，规划由专业部门通过附近村镇接入信息。

以上给排水工程、电力工程、电信工程、有线电视工程，有着各自专业的技术要求与标准，具体的铺设安装由专人进行设计，园区规划设计中仅是罗列必要的基础设施建设。

5.6 效益分析

(1) 经济效益分析

庄园建成后可通过出售花卉苗木、有机农产品，提供休闲娱乐项目、餐饮住宿、会议接待等收费项目获得经济效益。

庄园建成全部达产后，年均总收入为 8420 万元，扣除物化成本，可得净收益约 5052 万元，经济效益明显，投资回报率高，效益可观，前景广阔。

(2) 社会效益分析

园区运用先进科学技术，积极带动周边地区科学技术的发展，以资源循环高效利用为出发点，力求最大限度节约资源。

一方面，园区发展对周边地区的发展有着积极的推动作用，既开拓自身的发展空间，又为区域经济发展创造良好的契机；另一方面，园区的发展为农村劳动力创造了就业机会，增加了农民收入。

(3) 生态效益分析

园区植被丰富，覆盖度达到 90%以上，这对改善区域环境、空气质量、气候等有着明显优势。由于园区植被丰富，为各种生物提供了优越的生存空间，区域生物多样性不断丰富。

园区不断发展，积极引进人才，充分利用农艺及生物技术减少病虫害造成的损失，从而有效控制化肥、农药的使用量，减少环境污染，保护生态环境。

5.7 保障措施

5.7.1 政策保障

近年来，中央一号文件持续关注“三农”问题，大力推动资源要素向农村转移，使林泉生态庄园的发展充满生机和活力。林泉生态庄园的发展，要充分抓住安徽省政府强力推进观光休闲农业发展的大好时机，依附政府政策和资金支持，完善园区基础设施建设，保障园区顺利、高效建设。

5.7.2 人才保障

加强与安徽科技学院等高等院校的合作，大力引进省内外高校科技人才，为园区提供技术服务和科学管理，并对当地农民进行相关科技知识培训，整体上提高园区的科技水平。

5.7.3 资金保障

把握和利用好惠农政策，积极争取政府资金支持。企业通过招商引资，积极筹集建设款项。建设期间合理利用资金，资金去向明确，以免因资金问题延误工期。

6 评价实证

随着休闲农业园区逐渐发展壮大，园区的好坏、发展现状、发展潜力等问题也逐渐受到关注，因此对园区的评价显得尤为重要。目前对休闲农业园区的评价主要是从经济、社会、生态三个方面进行，综合评价对休闲农业园区的发展有着重要的指导意义。

6.1 评价指标体系的构建

6.1.1 评价的目的和意义

休闲农业园区作为一种综合性较强的园区，它的发展也受到更多的重视。随着经济的发展，人们对生活质量要求的提高，休闲农业园区的发展存在着巨大的潜力。休闲农业园区的规划设计是否合理，设施建设是否完善，对社会、经济、生态三方面发展是否起到积极作用，这些都需要对园区进行一个综合评价，得出合理有据的评价结果，为园区更好地发展提供有效的依据。

评价指标体系的建立能够全面系统地对园区进行评价。一方面，通过对园区的评价，让决策者对园区的发展现状和发展思路有一个清楚的认识，以做出正确的决策，确立正确的发展目标。另一方面，休闲农业园区的评价，在一定程度上可以督促经营者们努力提高资源利用率、提升园区的发展质量、优化产业结构，提高园区的经济、社会、生态三方面效益，促进园区的可持续发展。

因此，对休闲农业园区的规划设计方案的评价，可以对园区发展有一个系统全面地认识，这对园区今后的发展有着重要意义。

6.1.2 评价指标体系建立的原则

休闲农业园区评价指标的选择，要从园区发展的实际出发，确立科学合理的评价指标。具体而言，要遵循以下原则：

（1）全面性原则。休闲农业的发展涉及休闲度假、观光采摘、科技示范、农业生产等多方面，园区功能较多，评价单位较广，单方面指标很难准确地反映问题，因此评价指标的选择应做到全面。

（2）系统性原则。一方面运用系统的理论和方法，针对园区现状确立评价指标；另一方面，休闲农业园区的发展涉及各个行业，如餐饮业、运输业、服务业等，因此指标的确立要确保各行业的相互联系。

（3）代表性原则。为避免相似指标的重复计算，指标的选择要能反映不同方面的不同问题，要具有较强的代表性。各个具有代表性的指标综合起来反映园区发展存在的优缺点。

（4）科学性原则。评价指标的选择要建立在园区发展的实际情况之上，要根据园区的发展实际确立相关的评价指标，运用科学的评价分析方法，正确科学地反映园区发展中存在的问题。一般来说，指标的选择宜全国通用。

（5）可操作性原则。评价指标所需要的一些数据要易于获得，且方便进行计算和评价分析。

（6）层次性原则。将确定的评价指标按照类别进行层次区分，将各指标分层次处理分析。

6.1.3 评价指标体系的构建

休闲农业园区的建设发展涉及面广，建立科学全面的评价指标体系才能对园区进行准确的评价。

对休闲农业园区进行正确的综合评价，首先要选择能反映园区发展状况、系统全面的指标，且指标的选择要科学、容易获得和计算。评级指标作为基础，评价原则作为支撑，从经济、社会、生态三个方面进行综合评价，休闲农业园区的综合评价一共分为三个层次，其中分为3个一级指标和21个二级指标。

（1）目标层：休闲农业园区综合评价。

（2）准则层：从经济指标、社会指标、生态指标三个方面对园区进行对比分析。

（3）指标层：是准则层的下属指标，是相对于准则层更为具体的园区各方面指标。此层指标共21个，通过对该层指标的计算分析可以反映准则层的指标状态。

其中，对于经营规模、年度总收入、投资利润率、特色农产品销售额、对区域财政增长的贡献率、无公害、绿色或有机农产品产值比重、化肥使用量、农药使用量、畜禽粪便利用率、林木覆盖率等具体的指标，由园区提供；游客体验感受等感受性指标是对园区游客调查所得（见表4.6.1）。

表4.6.1 休闲农业园区评价指标体系

目标层	准则层	指标层
休闲农业园区综合评价	经济指标 B_1	经营规模 C_1
		年度总收入 C_2
		特色农产品销售额 C_3
		员工年收入 C_4
		投资利润率 C_5
		游客消费收入 C_6
	社会指标 B_2	年游客数量 C_7
		带动就业人数 C_8
		对区域财政增长的贡献率 C_9
		优新良种良法覆盖率 C_{10}
		无公害、绿色或有机农产品产值比重 C_{11}
		科技人才比重 C_{12}
		游客重访率 C_{13}
		游客体验感受 C_{14}

（续表）

目标层	准则层	指标层
休闲农业园区综合评价	生态指标 B_3	化肥使用量 C_{15}
		农药使用量 C_{16}
		有机肥使用量 C_{17}
		畜禽粪便利用率 C_{18}
		秸秆利用率 C_{19}
		林木覆盖率 C_{20}
		园区周边空气质量达标率 C_{21}

6.2　评价方法的确定

AHP是一种应用较广的评价方法，它可以将定性问题和定量数据进行统一分析，它是集主观判断和客观实际于一体的分析方法。层次分析法作为一个系统性较强的分析方法，休闲农业园区存在多指标、多目标、多准则的特性，可将其进行系统分析。而且层次分析法的计算操作相对简单，所得结果清晰明确。

本研究确定以AHP为主，专家打分法为辅的评价方法，两种评价方法有机结合对休闲农业园区进行科学合理的综合评价。

专家打分法确定各指标的重要性，然后运用层次分析法，通过计算确定各指标的权重。然后对园区的各个指标进行分析，得出最终的评价结果。两种评价方法的选择，可以避免单一评价方法所导致的结果有失偏颇、缺乏说服力度，提高评价结果的科学性和可信度。

6.3　评价模型的建立

6.3.1　确定指标权重

指标层的各个指标都有其自身不同的重要性，其作用和能反映的问题各不相同，因此要给各个指标赋予相应的权重，而权重确定是否科学对评价结果的公平公正性有着很大的影响。权重确立过程如下：

（1）专家打分。聘请经验丰富的专家对指标的重要性进行对比打分，建立判断矩阵 C（式5－1）。由于专家打分主观性较强，因此规定了统一的打分标准（见表4.6.2）。

表 4.6.2 层次分析法 1～9 标度方法表

标度	含义
1	表示两个因素相比，具有形同重要性
3	两个因素相比，前者比后者明显重要
5	两个因素相比，前者比后者极端重要
其他	表示上述相邻判断的中间值
倒数	若因素 i 与因素 j 的重要性之比为 b_{ij}，那么因素 j 与因素 i 重要性之比为 $b_{ji}=1/b_{ij}$

$$C=\begin{bmatrix} c_{11} & \cdots & c_{1j} & \cdots & c_{1n} \\ \vdots & & \vdots & & \vdots \\ c_{i1} & \cdots & c_{ij} & \cdots & c_{in} \\ \vdots & & \vdots & & \vdots \\ c_{n1} & \cdots & c_{nj} & \cdots & c_{nn} \end{bmatrix}$$

式中，c_{ij} 为第 i 个因素和第 j 个因素相比较的重要性指标。

(2) 权重计算。按照如下公式对权重进行计算。

$$W_i=\prod_{j=1}^{n} c_{ij}\ (i,\ j=1,\ 2,\ \cdots,\ n)$$

$$\overline{w_i}=\sqrt[n]{W_i}$$

$$w_i=\overline{w_i}/\sum_{i=1}^{n}\overline{w_i}$$

(3) 一致性检验

一致性检验的目的是验证专家打分是否科学。结果通过一致性检验方为合格，才能对权重进行计算。判断的标准是采用随机一致性比率 CR，若 CR 小于 0.1，专家打分结果为权重计算的合格样本，公式如下：

$$CR=\frac{CI}{RI}$$

$$CI=\frac{\lambda_{\max}-n}{n-1}$$

$$\lambda_{\max}=\sum_{i=1}^{n}\frac{(AW)_i}{nW_i}$$

上式中，RI 为随机一致性指标(见表 4.6.3)。

表 4.6.3　随机一致性指标

矩阵阶数	3	4	5	6	7	8	9
RI	0.52	0.89	1.12	1.26	1.36	1.41	1.46

6.3.2　指标无量纲化

指标无量纲化。由于各项指标的作用、单位等存在差异，因此不能直接进行比较。要通过统一的无量纲化处理，方可对各指标进行分析计算。

此外，评价指标有效益型和成本型两种类型。效益型指标属性值越大越好，成本型指标则恰恰相反。

对效益型指标的无量纲处理公式：

$$r=\frac{X-X_{\min}}{X_{\max}-X_{\min}}$$

对成本型指标的无量纲处理公式：

$$r=\frac{X_{\max}-X}{X_{\max}-X_{\min}}$$

6.3.3　评价模型的建立

休闲农业园区评价指标体系中，每个指标都具有不同的意义，是从不同角度反映园区的综合发展状况。因此，要对休闲农业园区的总体状况进行综合评价分析，评价模型如下：

$$R=\sum_{i=1}^{3}b_i\left(\sum_{j=1}^{n}w_{ij}r_{ij}\right)$$

式中，R 为综合效益；b_i 为准则层指标权重；w_{ij} 为指标层各指标权重；r_{ij} 为休闲农业园区各指标的无量纲化数据。

6.4　园区各指标对总指标的权重

6.4.1　层次单排序及一致性检验

记 C_i 对 B_i 的权重为 w_j，B_j 对于 A 的权重为 b_i。构造两两判断矩阵，计算层次单排序及其一致性检验结果（见表 4.6.4）。

表 4.6.4 判断矩阵 $A-B_i$ 及其特征值

A	B_1	B_2	B_3	b_i
B_1	1	3	2	0.5455
B_2	1/3	1	2/3	0.1818
B_3	1/2	3/2	1	0.2727
$\lambda_{max}=3.0001$		$CI^{(1)}=0.0001$		
$RI^{(1)}=0.52$		$CR^{(1)}=0.0001<0.1$		

表 4.6.5 判断矩阵 B_1-C_i 及其特征值

B_1	C_1	C_2	C_3	C_4	C_5	C_6	w_{1j}
C_1	1	1/5	1/2	1/3	1/4	1/4	0.0526
C_2	5	1	5/2	5/3	5/4	5/4	0.2632
C_3	2	2/5	1	2/3	1/2	1/2	0.1053
C_4	3	3/5	3/2	1	3/4	3/4	0.1579
C_5	4	4/5	2	4/3	1	1	0.2105
C_6	4	4/5	2	4/3	1	1	0.2105
$\lambda_{max}=6.0006$				$CI_1^{(2)}=0.0001$			
$RI_1^{(2)}=1.26$				$CR_1^{(2)}=0.0001<0.1$			

表 4.6.6 判断矩阵 B_2-C_i 及其特征值

B_2	C_7	C_8	C_9	C_{10}	C_{11}	C_{12}	C_{13}	C_{14}	w_{2j}
C_7	1	5/4	5	5/3	5/3	5/2	5/2	5/3	0.2195
C_8	4/5	1	4	2	4/3	2	3/4	4/3	0.1637
C_9	1/5	1/4	1	1/2	1/3	1/2	1/3	1/3	0.0432
C_{10}	3 /5	1/2	2	1	2/3	1	2/3	2/3	0.0919
C_{11}	3/5	3/4	3	3/2	1	3/2	1	1	0.1297
C_{12}	2/5	1/2	2	1	2/3	1	2/3	2/3	0.0865
C_{13}	2/5	4/3	3	3/2	1	3/2	1	1	0.1358
C_{14}	3/5	3/4	3	3/2	1	3/2	1	1	0.1297
$\lambda_{max}=8.0760$					$CI_2^{(2)}=0.0109$				
$RI_2^{(2)}=1.410$					$CR_2^{(2)}=0.0077<0.1$				

表 4.6.7 判断矩阵 B_3- C_i 及其特征值

B_3	C_{15}	C_{16}	C_{17}	C_{18}	C_{19}	C_{20}	C_{21}	w_{3j}
C_{15}	1	2	1/2	2/3	1/2	2/3	2/3	0.0996
C_{16}	1/2	1	1/4	1/3	1/4	1/3	1/3	0.0498
C_{17}	2	4	1	4/3	1	4/3	4/3	0.1992
C_{18}	3/2	3	3/4	1	3/4	1	1	0.1494
C_{19}	2	4	1	4/3	1	4/3	4/3	0.1992
C_{20}	3/2	3	3/4	1	3/4	1	5/3	0.1625
C_{21}	3/2	3	3/4	1	3/4	3/5	1	0.1403
$\lambda_{max}=7.0269$				$CI_3^{(2)}=0.0045$				
$RI_3^{(2)}=1.36$				$CR_3^{(2)}=0.0033<0.1$				

6.4.2 层次总排序及一致性检验

经济指标（B_1）、社会指标（B_2）、生态指标（B_3）三个指标的个数各不相同，因此对三个指标的权重进行加权修正，公式如下：

$$\overline{b_i}=\frac{n_i b_i}{\sum_{j=1}^{n} n_j b_j}$$

式中，$n_i(i=1,2,3)$ 是 B_i 下属指标个数；$\overline{b_i}$ 为修正后指标 B_i 对于总指标的权重。

由式(5-11)可得修正后的 B_1、B_2、B_3 权重向量为$(\overline{b_1},\overline{b_2},\overline{b_3})=(0.49,0.22,0.29)$。

记 W'_j 为各指标 C_i 对于总指标 A 的权重，则有 $W'_j=\overline{b_i}W_j$，得

$(W'_1W'_2W'_3W'_4W'_5W'_6)=(0.0258,0.1290,0.0516,0.0774,0.1031,0.1031)$

$(W'_7W'_8W'_9W'_{10}W'_{11}W'_{12}W'_{13}W'_{14})=(0.0483,0.0360,0.0095,0.0202,0.0285,0.0190,0.0299,0.0285)$

$(W'_{14}W'_{15}W'_{16}W'_{17}W'_{18}W'_{19}W'_{20}W'_{21})=(0.0289,0.0144,0.0578,0.0433,0.0578,0.0471,0.0408)$

由组合一致性检验公式得 $CR=CR^{(1)}+\left(\sum_{i=1}^{3}b_iCI_i^{(2)}\right)/\left(\sum_{i=n}^{3}b_iRI_i^{(2)}\right)=0.0030<0.1$ 满足组合一致性要求。

6.4.3 园区评价指标权重

C 层各指标的权重根据 $W_{ij}=w_{j\times}b_i$ 可得。其中，b_i 为准则层(B)对目标层(A)排序权重；w_j 为指标层(C)对准则层(B)单排序值(见表 4.6.8)。

表 4.6.8 评价指标权重

一级指标		序号	二级指标		评级指标权重
指标	权重		指标		
经济指标	0.49	1	经营规模	0.0526	0.0258
		2	年度总收入	0.2632	0.129
		3	特色农产品销售额	0.1053	0.0516
		4	员工年收入	0.1579	0.0774
		5	投资利润率	0.2105	0.1031
		6	游客消费收入	0.2105	0.1031
社会指标	0.22	7	年游客数量	0.2195	0.0483
		8	带动就业人数	0.1637	0.036
		9	对区域财政增长的贡献率	0.0432	0.0095
		10	优新良种良法覆盖率	0.0919	0.0202
		11	无公害、绿色或有机农产品产值比重	0.1297	0.0285
		12	科技人才比重	0.0865	0.019
		13	游客重访率	0.1358	0.0299
		14	游客体验感受	0.1297	0.0285
生态指标	0.29	15	化肥使用量	0.0996	0.0289
		16	农药使用量	0.0498	0.0144
		17	有机肥使用量	0.1992	0.0578
		18	畜禽类便利用率	0.1494	0.0433
		19	秸秆利用率	0.1992	0.0578
		20	林木覆盖率	0.1625	0.0471
		21	园区周边空气质量达标率	0.1403	0.0408

6.5 休闲农业园区综合效益评价分析

选取三个园区作为评价对象，对三个园区的经济、社会、生态三方面指标进行评价分析，对园区的综合效益进行对比分析，从中分析出园区发展中的优缺点，并对园区提出相应的改进措施。

6.5.1 案例园区概况

（1）禾泉农庄

禾泉农庄位于蚌埠市西郊荆涂风景区，毗邻 206 国道，交通便利。农庄依山傍水，景色宜人。它以休闲观光旅游、展示皖北农耕民俗风情、弘扬大禹文化为主要特色。庄园内设有养殖场，主要养殖梅花鹿、果园土鸡等；有机果园内种植游客喜欢的各种果树，有怀远石榴、美国蓝莓、冬枣等，同时农庄也是安徽著名特色产品怀远石榴的科研、繁育基地；园区的苗圃内种有果树苗木和绿化苗木；此外，园区内还有很多休闲农业项目，如垂钓中心、休闲会所等，园区还提供餐饮、住宿和会议接待等。

农庄奉行的有机农业是一种无污染、不破坏生态系统、并能给消费者提供健康、安全农产品与休闲服务的经营方式，力争实现种植、养殖、乡村旅游和有机农业于一体的完美结合。禾泉农庄是游客休闲度假的好去处，在这可以领略淮河流域古老的农耕文明，观赏多姿的田园风光。

图 4.6.1　禾泉农庄

（2）海上明珠生态园

海上明珠生态园位于蚌埠市燕山乡，距蚌埠机场、京台高速较近，交通便捷。园区以草莓经营为主，配合果蔬采摘，娱乐观光，休闲垂钓等娱乐项目。海上明珠生态园以“低碳环保，健康于民”为宗旨，致力于为游客提供生态环保的休闲场所。

海上明珠生态园主要分为四个区域：草莓、蔬菜采摘区；休闲垂钓娱乐区；良种繁殖、农事体验区；农家餐饮区。其中，草莓采摘活动能吸引大量游客，主要是家庭亲子、同学朋友组团聚会等人群；而垂钓更是老少皆宜，广受欢迎。良种繁殖、农事体验区主要是方便大家参观，并科普相应的农业知识。农家乐可以将游客在园区采摘的新鲜蔬菜进行加工，更是满足人们对绿色生活健康饮食的需求。

目前，海上明珠生态园正在规划扩建中，扩建后可以种植更多种类的水果，供人们在不同季节采摘品尝；园区也将中药材科研、养生休闲观光列为发展目标，园内共种植中药材 100 余种，20 多个品种的“太白七药”，以及牡丹、芍药和秦岭蕙兰等。此外，园区将建设生态酒店、儿童乐园等休闲场所，给人们提供更为全面的服务。

图 4.6.2　海上明珠生态园

（3）林泉生态庄园

林泉生态庄园位于临泉县单桥镇，是临泉单桥省级现代农业示范区核心区，占地面积940亩。临近县城、靠近市区，临泉县临艾公路穿境而过，交通便利，地理位置优越。临艾河、界南河流经镇境，有了一定的水源保障。

林泉生态庄园地势平坦视野开阔，其砂浆黑土等土壤土质稳定，保肥力强，十分适宜种植作物。园区所在地雨量适中、光照充足、四季分明。

园区正在规划建设中，目前以原有富硒葡萄的种植、采摘、销售为主，其他休闲娱乐项目正在建设中。

图4.6.3　林泉生态庄园

6.5.2　园区综合效益评价

根据上述对园区指标值的无量纲化处理所得数据和各个评价指标权重，计算各个园区的综合效益。三个园区的指标值和评价效益值分别表示为禾泉农庄（Y_1、T_1）；海上明珠生态园（Y_2、T_2）；林泉生态庄园（Y_3、T_3），具体的计算结果见表4.6.9所列。

表4.6.9　评价效益值

综合效益	指标	权重	指标值			评价效益值		
			Y_1	Y_2	Y_3	T_1	T_2	T_3
经济指标	经营规模	0.0258	0.3916	1	0	0.0101	0.0258	0
	年度总收入	0.129	1	0.9199	0	0.1290	0.1187	0
	特色产品销售额	0.0516	0.7297	1	0	0.0377	0.0516	0
	员工年收入	0.0774	0.2857	1	0	0.0221	0.0774	0
	投资利润率	0.1031	0	1	0	0	0.1031	0
	游客平均收入	0.1031	1	0.6444	0	0.1031	0.0664	0
						0.3020	0.4430	0

（续表）

综合效益	指标	权重	指标值			评价效益值		
			Y_1	Y_2	Y_3	T_1	T_2	T_3
社会指标	年游客数量	0.0483	1	0.2676	0	0.0483	0.0129	0
	带动就业人数	0.036	0.664	1	0	0.0239	0.0360	0
	对区域财政增长的贡献率	0.0095	0	0	0	0	0	0
	优新良种良法覆盖率	0.0202	0	0	1	0	0	0.0202
	无公害、绿色或有机农产品产值比重	0.0285	1	0.9	0	0.0285	0.0257	0
	科技人才比重	0.019	1	1	0	0.0190	0.0190	0
	游客重访率	0.0299	0.5714	1	0	0.0171	0.0299	0
	游客体验感受	0.0285	1	1	0	0.0285	0.0285	0
						0.1653	0.1520	0.0202
生态指标	化肥使用量	0.0289	1	0.544	0	0.0289	0.0157	0
	农药使用量	0.0144	1	0.333	0	0.0144	0.0048	0
	有机肥使用量	0.0578	1	0	0.6667	0.0578	0	0.0385
	畜禽粪便利用率	0.0433	1	0	0	0.0433	0	0
	秸秆利用率	0.0578	0.5	1	0	0.0289	0.0578	0
	林木覆盖率	0.0471	1	0	0.7143	0.0471	0	0.0336
	园区周边空气质量水平	0.0408	1	0.4	0	0.0408	0.0163	0
						0.2612	0.0946	0.0721
总计						0.7285	0.6896	0.1846

从上表可以看出三个休闲农业园区的综合效益排序 T_1（0.7285）＞T_2（0.6896）＞T_3（0.1846）。

从经济效益来看，海上明珠（T_2）的效益最优，T_2（0.4430）＞T_1（0.3020）＞T_3（0）；从社会效益来看，禾泉农庄（T_1）最优，T_1（0.1653）＞T_2（0.1520）＞T_3（0.0202）；从生态效益来看，同样是禾泉农庄（T_1）最优，T_1（0.2612）＞T_2（0.0946）＞T_3（0.0721）。

6.5.3 评价结果分析

针对三个休闲农业园区的评价结果分析，三个园区的发展是有明显差距的。禾泉农庄和海上明珠生态园差距较小，但是林泉生态庄园较前两者差异十分显著。下面对三个园区的优劣势进行分析，并提出相应的解决措施。

（1）优劣势分析

① 发展建设

禾泉农庄和海上明珠生态园，两者发展起步较早，有一定的发展基础，两者不管是从经济效益、生态效益还是社会效益上都远远领先于林泉生态庄园，而林泉生态庄园2013年开始进行规划建设，发展刚起步，因而相对落后。

② 区位分析

就地理位置而言，禾泉农庄和海上明珠生态园都位于蚌埠市，较位于临泉县的林泉生态庄园来说，交通更为便捷，路况更为优越。且前两者周边市场较为广阔，所在区域经济也较为发达，因此，游客的收入水平较临泉县游客的收入水平高，消费水平也随之提高，园区的效益也就凸显出来。

③ 园区环境

目前，禾泉农庄是三个园区中规划建设最为完整的园区，园区内风景秀丽、景色宜人，吸引着大量休闲娱乐的游客。海上明珠生态园的景色虽不如禾泉农庄，但园区内干净整洁，同样让游客感到舒适。林泉生态庄园处于建设中，有车经过便尘土飞扬，环境较差，自然游客数量较少，且游客重访率较低。

④ 特色项目建设

从园区的休闲项目来分析，禾泉农庄经营服务项目最多，涉及垂钓、休闲采摘、餐饮、住宿和会议接待等，可接待的游客类型较为广泛，且一年四季都有带动经济的项目，不受季节限制；海上明珠生态园目前是以草莓为主打产品，以蔬菜和农家乐的发展为辅，且园区也在扩建，努力发展多种休闲项目相结合的休闲农业园区。从经济效益方面来看，海上明珠生态园的效益很不错，草莓广受欢迎，草莓的销售力度大，相较于市场贩卖的“畸形”草莓，人们更青睐有机草莓，有大量回头客涌入园区，因此给园区带来可观的经济效益。相较于海上明珠生态园的草莓销售来看，林泉生态庄园的富硒葡萄的采摘销售较为落后，除前面叙述的两点原因外，其销售方式也有待改进。

（2）解决措施

林泉生态庄园刚开始建设，它在很多方面还没有发展健全，需要在发展中逐步完善。鉴于禾泉农庄和海上明珠生态园的良好效益，应多向其学习。

① 加快园区建设

林泉生态庄园应对园区进行分期建设，确保核心区规划建设尽快完成，以接待游客。

② 增加销售种类

目前园区除去正在规划建设的土地外，还有大量的空闲地没有得到良好的利用。因此，在进行规划建设期间，要将空闲土地进行合理地利用，栽种可短期内收益的瓜果蔬菜，并对其进行销售，从而增加经济效益，解决葡萄单品种销售导致收益低的问题。

③ 优秀人才的引进

园区虽然刚刚起步，其良好的经营管理方式、销售手段可以让园区快速提升。因此，园区的发展建设需要各方面的人才。优秀人才的引进可以加快园区的建设发展。

④ 注重游客的体验感受

由于园区正在规划建设，环境较差，施工也会带来一定程度上的噪声污染，前来采摘葡萄的游客难免对环境有所排斥，降低了游客的重访率。因此，在葡萄成熟季节暂停大型施工，如生态餐厅的建设等，转为园区绿化，如栽种果树、蔬菜等。

⑤ 加大宣传力度

目前，游客对园区的认知度比较低，游客主要来自周边村落，消费能力较低。且园区主要经营项目仅为葡萄的采摘销售。因此，要加大对园区的宣传力度，目前虽仅有葡萄的采摘和销售，但是富硒葡萄同普通葡萄相比，营养价值更为丰富，应积极创建自己的品牌，加大对富硒葡萄的宣传。园区建设发展到一定的程度后，可以通过网络等线上方式进行宣传。

7 结　论

随着休闲农业园区逐渐发展壮大，休闲农业园区的规划设计不仅对园区本身发展具有重要意义，而且对乡镇的发展也有积极的推动作用。

在国内外研究现状的基础上，以园区的规划设计思想和系统规划设计理论为参考，结合现阶段国内休闲农业园区的发展现状，对休闲农业园区的规划设计进行研究。首先，从研究背景、研究意义入手，了解休闲农业园区发展的重要意义和重要性；其次，对休闲农业的相关概念、相关特性等进行概述了解，确定园区正确的发展方向、制定科学合理的发展目标；再次，对休闲农业园区规划体系进行研究，主要从生态、旅游、规划三个角度研究理论出发，对园区的选址、总体布局、基础设施建设等方面进行研究，确立休闲农业园区规划建设的主要方面，形成宜广泛通用的规划设计模式；最后，主要采用层次分析法结合林泉生态庄园的规划设计方案来论证休闲农业园区规划体系、规划方法科学性，这对休闲农业园区的建设发展起到一定的指导作用。

另外，运用层次分析法，从经济指标、生态指标、社会指标三个方面对休闲农业园区进行研究评价，通过评价结果发现园区在发展建设中存在一些需要纠正的问题。对休闲农业园区的综合评价，除了论证园区建设发展的合理性，其中反映出的问题也对今后的发展起到了建设性的意见引导。

8 参考文献

[1] 马惠娣，王国政．休闲产业将是我国新的经济增长点［N］．科技日报，2000－07－14（003）．

[2] 郭焕成，吕明伟，任国柱．休闲农业园区规划设计［M］．北京：中国建筑工业出版社，2007：46－49.

[3] 郭焕成，吕明伟．休闲农业与乡村旅游发展工作手册［M］．北京：中国建筑工业出版社，2008.

[4] 张璐．基于中国知网（CNKI）的我国休闲观光农业发展文献计量学研究［D］．南京：南京农业大学，2012.

[5] 于文丽．生态休闲农业园规划设计研究［D］．泰安：山东农业大学，2014.

[6] 赵航．休闲农业发展的理论与实践［D］．福州：福建师范大学，2012.

[7] 张天柱，吴卫华，陆林，等．现代观光旅游农业园区规划与案例分析［M］．北京：中国轻工业出版社，2011：52－54

[8] 潘媛媛．我国休闲产业的SWOT分析与对策［D］．秦皇岛：燕山大学，2010.

[9] 黄毅斌，刘晖，翁伯琦．生态农业观光园规划：理论与案例［M］．北京：中国农业科学技术出版社，2012：14－16.

[10] 王浩，李晓颖．生态农业观光园规划［M］．北京：中国林业出版社，2011：2－3

[11] 郭焕成，吕明伟，任国柱．休闲农业园区规划设计［M］．北京：中国建筑工业出版社，2007.

[12] 李仲广．旅游经济学［M］．北京：中国旅游出版社，2007：4－5.

[13] 包乌兰托亚．我国休闲农业资源开发与产业化发展研究［D］．青岛：中国海洋大学，2013.

[14] 何艳凤．休闲农业园区景观规划理论研究［D］．福州：福建师范大学，2013.

[15] 江晶．国家现代农业示范区运行机制与发展模式研究［D］．北京：中国农业科学院研究生院，2013.

[16] 王建花．农业循环经济发展模式研究［D］．福州：福建农林大学，2013.

[17] 冯玉珊．乡村旅游推动农村土地利用经济效益优化研究［D］．苏州：苏州大学，2014.

[18] 高小红．我国农业科技园区评价指标体系研究［D］．南京：南京农业大学，2006.

[19] 王树声．基于专家打分法和GIS相结合的城市灾害综合风险评价——以南方某县城为例[C] //城乡治理与规划改革——2014中国城市规划年会论文集（01城市安全与防灾规划），2014：226-235.

[20] 柳顺．基于数据包络分析的模糊综合评价方法及其应用[D]．杭州：浙江大学，2010.

[21] 张坤．观光农业园区道路系统规划与评价研究[D]．重庆：西南大学，2014.

[22] 王馨．基于数据包络分析的扬州市土地利用效率评价[D]．南京：南京农业大学，2012.

[23] 杜敏敏．铁路物流园区规划设计与评价[D]．济南：山东大学，2010.

[24] 谢淑娟，匡耀求，黄宁生，等．低碳农业评价指标体系的构建及对广东的评价[J]．生态环境学报，2013，22（06）：916-923.

9 附录——林泉生态庄园总体规划项目功能分区意向图

附图 4.1　专项规划图——入口接待区 1

附图 4.2　专项规划图——入口接待区 2

附图 4.3　专项规划图——入口接待区 3

入口停车场

附图 4.4　专项规划图——入口接待区 4

彩虹苗圃

附图 4.5　专项规划图——入口接待区 5

生态餐厅

附图 4.6　专项规划图——生态服务区 1

生态餐厅

附图 4.7　专项规划图——生态服务区 2

生态餐厅

附图 4.8　专项规划图——生态服务区 3

生态餐厅

附图 4.9　专项规划图——生态服务区 4

附图 4.10　专项规划图——特色蔬菜温室

附图 4.11　专项规划图——葡萄种植区 1

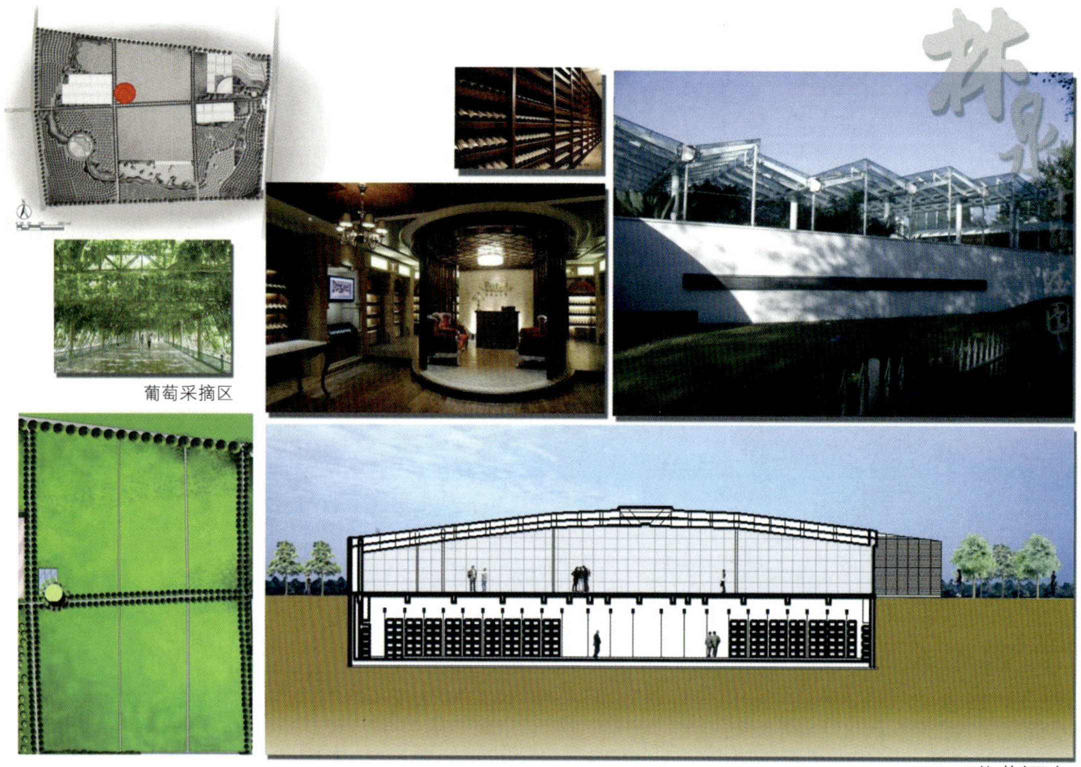

附图 4.12　专项规划图——葡萄种植区 2

附图 4.13　专项规划图——休闲采摘区 1

附图 4.14 专项规划图——休闲采摘区 2

附图 4.15 专项规划图——苗木培育区 1

附图 4.16 专项规划图——苗木培育区 2

附图 4.17 专项规划图——物联网示范区

图书在版编目（CIP）数据

现代农业园区规划设计与综合评价研究/肖新，李新伟，陈红著．—合肥：合肥工业大学出版社，2021.7

ISBN 978-7-5650-5276-7

Ⅰ.①现…　Ⅱ.①肖…②李…③陈…　Ⅲ.①农业园区—规划—研究—中国②农业园区—综合评价—研究—中国　Ⅳ.①F324.3

中国版本图书馆 CIP 数据核字（2021）第 145336 号

现代农业园区规划设计与综合评价研究

肖　新　李新伟　陈　红　著

责任编辑	张择瑞　赵　娜
责任校对	童晨晨　汪　钵
出版发行	合肥工业大学出版社
地　　址	（230009）合肥市屯溪路 193 号
网　　址	www.hfutpress.com.cn
电　　话	理工图书出版中心：0551-62903204 市场营销与储运管理中心：0551-62903198
开　　本	889 毫米×1194 毫米　1/16
印　　张	14.25
字　　数	330 千字
版　　次	2021 年 7 月第 1 版
印　　次	2021 年 7 月第 1 次印刷
印　　刷	安徽联众印刷有限公司
书　　号	ISBN 978-7-5650-5276-7
定　　价	98.00 元